河南省社会科学院学术书系·文库

中原经济区
城镇化模式创新研究

RESEARCH ON THE INNOVATION OF
URBANIZATION MODES IN CENTRAL PLAINS ECONOMIC ZONE

郭小燕 著

社会科学文献出版社
SOCIAL SCIENCES ACADEMIC PRESS (CHINA)

目录 CONTENTS

第一章
城镇化模式的理论构架

　　城镇化是伴随着工业化发展，非农产业在城镇集聚、农村人口向城镇集中的自然历史过程，是人类社会发展的客观趋势，是国家现代化的重要标志。城镇化模式是由城镇化动态演进过程中所表现出来的相对静止稳态和连续变动态的系统结构、动力机制、内容特征的总和。一个国家或地区的城镇化模式受到当地历史文化传统、经济基础、经济体制，以及区位条件、资源环境容量、个体偏好等多方面因素的影响。目前，理论界虽然从不同角度和层次对城镇化模式展开了多方面的研究，但是尚未形成一个统一系统的理论分析框架。本章将在分析城镇化基本理论的基础上，构建一个客观合理的城镇化模式的理论逻辑框架，以期为中原经济区乃至全国城镇化模式的创新实践提供理论支撑。

一　城镇化的基本理论

　　城镇化是农村人口转变为城市人口的现象，集中表现为城市数量不断增多和众多乡村人口日益向城镇聚集的历史过程，是一个国家由传统农村社会向现代城市社会发展的必然趋势。城镇化是经济社会发展的客观趋势，也是工业化、现代化的重要标志，加快推进城镇化是解决经济社会发展诸多矛盾的综合性必要条件。

（一）城镇化的内涵与特征

　　城镇化是人口由农村向城镇迁移聚集的过程，同时又表现为地域景观的变化、产业结构的转变、生产生活方式的变革，是人口、地域、社会经济组织形式和生产生活方式由传统乡村社会向现代城镇社会转化的过程。城镇化的特征主要体现在以下五个方面。

一是经济结构的转化。劳动力从第一产业向第二产业和第三产业转移，第一产业从业人员逐步减少，第二产业和第三产业从业人员逐步增多，农业活动逐步向非农业活动转化，第二产业和第三产业快速发展，城镇经济总量不断提高，产业结构不断优化升级，向高度化发展。经济结构的转化是城镇化的本质特征，也是城镇化发展的动力和决定因素。

二是城乡人口结构的转化。越来越多的人口逐步从分散的农村集聚到城镇，农村人口所占比重日渐减少，而城镇人口所占比重日渐增多。城乡人口结构的转化是城镇化的一般表现形式和量化特征。

三是城镇空间结构的转化。在各种生产要素和生产活动向城镇地区集聚的同时，农村人居空间向城镇地域转化，城镇空间形态扩张，城镇规模扩大，城镇数量增多，城镇建成区面积大幅扩大，从而带来了地域性质和景观结构由乡村向城镇的改变。

四是人们价值观念和生活方式的改变。伴随着越来越多的乡村人口转向城镇，以及城镇地域面积的扩大，城乡之间的沟通和交流不断加强，城市文化、价值观念、生活方式等不断向农村地区渗透和扩散，从而推动传统乡村文明走向现代城镇文明。人们价值观念和生活方式的改变是城镇化深层次的文化特征。

五是经济要素集聚方式的改变。随着城镇发展环境和基础设施的不断完善，产业集群化发展，城镇对资金、技术等要素的吸引、集聚能力也不断增强，人口、资本等各种经济要素更加畅通地在城乡之间流动，由此使得城镇的技术经济优势不断积累，日趋凸显，也助推了城镇化加快发展。

（二）影响城镇化的相关因素

影响城镇化的因素纷繁复杂，包括经济、社会、政治、文化、科技等各个方面，其中最主要的有经济增长、经济类型、产业结构和科技进步等四方面。

1. 经济增长与城镇化

据美国地理学家布莱恩·贝利研究，经济增长和城镇化发展密切相关，并呈现出规律性，即城镇化水平随着经济发展而上升，但其提高速度随着经济的进一步增长而越来越平缓，最后趋于稳定。一方面，经济发展推动了城镇化进程。随着经济水平和收入水平的不断提高，人们的需求层次和结构也不断提升，会有农产品向工业、服务业产品转移的倾向，带动投入结构和产出结构由第一产业向第二、第三产业大规模转移，由此促进城镇化加快发展。另一方面，城镇化发展也促进了经济发展。城镇化独具的集聚经济效益和外部经济效益，使得生产要素得到更加合理高效的组织，人口、资金、技术等生产要素能够大规模集中投入生产环节，从而大幅度提高劳动生产率，使得城镇创造积累的财富远远超过农村，促进了生产力的加速发展，大大提高了国民经济的整体水平。

2. 经济类型与城镇化

世界经济发展史表明，一个国家和地区经济发展的类型与城镇化发展密切相关，主要体现在经济发展的轻重工业比重不同和外向度差异上。从轻重工业比例来看，轻工业多属于劳动密集型产业，而重工业多属于资本密集型产业，二者对就业的吸纳能力不同，这就造成了不同地区由轻重工业比例不同引起的城镇化发展速度和城镇化水平的差异。从经济外向度来看，走内向型工业化道路的国家或地区，外向度不高，区域开放性小，生产要素区际流动缓慢，城镇化动力机制较弱，因而吸纳劳动力的能力较弱。而走外向型工业化道路的国家或地区，外向度高，区域开放性大，生产要素区际流动频繁，城镇化的动力机制较强，因而吸纳劳动力能力较强。因此二者对城镇化的促进作用也不相同。

3. 产业结构与城镇化

城镇化的实质，是由生产力变革所引起的人口和其他经济要素从农村向城市转移的过程。它表现在生产方式上，就是产业结构以及就业结构的大规模调整，即农业剩余劳动力向各非农产业部门转移。因此，产业结构的变动必然体现为城镇化的变动，工业、服务业就业所占比重每上升 1 个百分点，城镇化水平也大致提高 1 个百分点。例如，美国的城镇化水平在 1870～1970 年的 100 年间提高了约 53 个百分点，而同期第一产业就业比重下降了约 48 个百分点，第二产业则上升了 10 个百分点，第三产业上升了 38 个百分点。也就是说，在此期间城镇化水平的提高，主要得益于第三产业的增长，贡献份额约为 80%，其次得益于第二产业的增长，贡献份额约为 20%。

4. 科技进步与城镇化

科学技术是第一生产力。科技成果的普遍推广和应用，会大大提高劳动生产率，加速经济增长，同时深刻改变产业结构、劳动组织结构和物质空间结构，从而影响城镇化进程。首先，先进的农业技术加速了人口从农村向城镇的转移。迄今为止，人们在土地上获得的大部分回报，是由技术革新创造的。这就使得劳动投入减少到最低程度，从而推动人口向城镇转移。其次，便捷的运输技术推动了大城市、城市群和郊区化的发展。再次，发达的通信技术促进了城市文明的传播和社会的变革。现代通信方式具有"快速、准确、安全、方便"和"高容量、高频度、高效率"的特点，使得信息传播和扩散的成本大大降低，城市文明传播得以借助电子手段向更广大、更偏远的农村地区深入，因而有力地改变了农民的价值观念和生活方式，加快了城镇化步伐。

（三）城镇化的类型

城镇化的类型可以依据不同标准划分成若干形式，最常用的一种标准是按照城乡关系空间格局的变化和人口与非农业经济活动的不同来划分，主要表现为集中型城镇化、扩散型城镇化和就地型城镇化三种基本形式。

1. 集中型城镇化

集中型城镇化是指农村人口和非农业活动不断向城镇集中，并使城镇得到加速发展的过程。一般说来，在城镇化初级阶段，集中型城镇化占主导地位。因为这时推动城镇化发展的主要因素是农业的先导发展以及大工业的兴起，表现为农业剩余劳动力大规模向中心城市转移。与此同时，大规模工业投资也主要集中在少数具有良好基础设施条件的中心城市，使得中心城市的发展优于一般的城镇。我国 20 世纪 80 年代以前，基本上处在集中型城镇化的初级阶段。

2. 扩散型城镇化

扩散型城镇化是指城市的人口、生产要素、经济活动和基本功能不断向外传导和辐射，将其周围的非城镇地域转化为城镇地域，并影响和带动一定范围的次级城市和小城镇发展的过程。一般说来，在城镇化中级阶段乃至高级阶段，扩散型城镇化占主导地位。这一方面是因为城市经过一定阶段的发展，市区中心人口的高度密集已经带来一系列经济社会和生态问题，生产生活的成本大大提高，向郊区和周边卫星城转移成为必然；另一方面，随着公共交通、家庭小汽车和现代通信技术的发展，城市内部与外部的联系更为方便快捷，大大缩短了人们就业、生活、市场活动的空间距离，城市功能"有机疏散"的成本不断下降，从而促进了城市郊区的蓬勃发展和卫星城的兴起。

3. 就地型城镇化

就地型城镇化是指农村地区，由于某种特殊因素或者因为农村经济发展导致居住条件改善，人口得以集聚，投资活动增加，市场兴起活跃，工业和服务业加快发展，从而使得农村地域快速进化为城镇地域的过程。从诱导因素上看，可以分为以下几种：一是资源开发主导型就地城镇化，如四川钢城攀枝花、黑龙江石油城大庆等；二是对外交通主导型就地城镇化，如江西铁路城鹰潭、广东港口城湛江等；三是产业结构演变型就地城镇化，如福建服装城石狮、浙江印刷城龙港等；四是开发区型就地城镇化，如广东深圳、上海浦东等；五是农村经济发展型就地城镇化，如河南巩义竹林、河南新乡小冀等。

（四）城镇化发展的基本规律

纵观世界城镇化的发展历程，可以从以下几个方面或角度总结和概括城镇化发展的基本规律。

1. 城镇化的阶段性规律

1979 年，美国地理学家诺瑟姆发现，虽然世界各国城镇化的起步时间、发展速度和城镇化水平有很大差异，但总体来说，各国城镇化发展的轨迹都可以概括为一条平滑的 S 形曲线，体现出鲜明的阶段性规律。一般将城镇化进程划分为三个阶段：城镇化水平在 30% 以下为初级阶段；

30%～70%为中级阶段；70%以上为高级阶段。在初级阶段，农业经济占主导地位，城镇化进程缓慢；在中级阶段，工业规模迅速扩大，农业生产率大幅提高，农业人口迅速向城镇转移，城镇化呈加速发展态势；进入高级阶段，城镇化增长速度明显放缓，城乡差距明显缩小，城乡之间人口迁移出现动态平衡，城镇化呈现高级成熟相对稳定状态。

2. 城镇化与经济发展的互促共进规律

城镇化是经济发展的必然结果和重要标志，同时又极大地推进了经济社会的发展。经济发展和城镇化相互影响、相互推动，是正相关关系。人均国民生产总值、工业化、产业结构均与城镇化呈正相关关系。城镇化水平与人均国民生产总值呈现着强烈的正相关关系。两者呈共同增长趋势，当经济发展水平达到一定程度后，城镇化水平的提高速度将逐渐放慢。城镇化水平随着工业化的发展不断提高，这是世界各国城镇化与工业化的一般发展规律。一般而言，随着一个国家或地区的经济结构的变化，城镇化水平也会随之发生变化，具体地讲就是，城镇化发展与产业结构高度化相互促进，协调发展。

3. 城镇化的大城市超先增长规律

大城市超先增长规律是指大城市由于在资金、人才、信息、交通、市场、管理和效率等方面的优势，比小城市发展的速度快、质量高。大城市超先增长的主要表现形式有三方面：一是单个大城市人口的增加；二是大城市总数量的增加；三是大城市总人口的增加。根据城镇化阶段性规律，城镇化加速发展阶段，同时也是大城市超先增长的阶段；而大城市超先增长，又成为城镇化加速发展的重大推动力。

4. 城镇化的集聚扩散规律

城镇化在地理空间上表现出聚集——扩散——再聚集的规律。在城镇化过程中，聚集、扩散往往同时、交互起作用，只不过在不同的阶段上，二者的作用力、影响力是不同的。通常，在城镇化发展的初期和快速发展阶段，集聚效应突出显现，劳动力、资源以及资金、技术等生产要素不断向城镇汇集，城镇成为经济社会发展的核心增长极。而在城镇化发展进入中后期阶段后，城镇开始向周边扩散释放能量，扩散现象开始成为主流，此时，城镇化处于量变向质变的过渡时期。扩散到一定程度后，城镇化达到成熟阶段，聚集又成为主流。与此相联系，城镇规模结构的演变规律是大城市人口及其比重增长速度较快，大城市率先增长，然后中小城市、郊区人口的比重开始增长，最后城市群、城市带开始形成。

5. 城镇化的迁移驱动力规律

城镇化发展演进的一个根本表征就是农村人口向城镇的不断转移集聚，而这一过程中的迁移驱动作用遵循推拉理论。在拉力方面，城镇经济发展、工业增长和服务业发展带来越来越多的劳动力需求，城镇的现代生活方式吸引着农村人口向城镇转移。在推力方面，随着城镇化发展，先进生产技术、机械装备和管理方式向农村扩散，农业生产的规模化、机械化、产业化程度不断提升，大量农村劳动力从土地上解放出来，推动农村剩余劳动力走进城市向非农产业转移。城镇化的发展演进，是推力和拉力共同作用的结果。

（五）影响城镇化的经济规律

世界城镇化发展历史表明，城镇化是在一定经济规律的作用和影响下不断向前推进的，而不受人们的主观意志所左右。影响城镇化的经济规律主要包括集聚经济效益、规模经济效益、优位经济效益和外部经济效益等几方面。

1. 集聚经济效益

集聚经济效益是指由于人口、资本、技术等生产要素的集中所产生的高效益，其表现形态主要有同类企业的集聚经济和多类企业的集聚经济。

一是同类企业的集聚经济。同类企业集聚在同一个地区，无论对于厂商还是对于顾客来说，都可以从中得到分散布局所没有的好处。对顾客来说，集中布局的厂商给顾客提供了更丰富的商品、更便利的服务、更充分的信息、更多选择的机会，能够节省采购成本，扩大交易规模。对厂商来说，可以开展专业化协作，促进良性竞争，提高行业的整体效益。厂商集中布局，还能够促进企业之间的人流、物流、信息流的顺畅快捷运行，从而使每个企业都能分享集聚所带来的好处。

二是多类企业的集聚经济。多种类型的企业集聚在同一个地区，也同样具有很多好处。首先，集聚可以使厂商之间形成各种产业链，建立起较为完善的产业结构、技术结构和产品结构体系，有效地削减仓储、运输等费用，提高收益。其次，集聚能够满足消费者对不同商品的多元化需求，从而吸引更多的客源，开拓更大的市场。再次，集聚可以促进经济稳定。在经济生活中，很多商品的需求具有一定的周期性，因此单一类型的企业容易面临很大的市场风险，而不同的企业集聚，就可以协调各种不稳定因素，克服由于偶然性、季节性、周期性所导致的市场波动。

2. 规模经济效益

规模经济效益是指适度的规模所产生的最佳经济效益。企业规模经济的存在，主要是基于两个因素。一是专业化分工。在大规模的机器大生产中，众多的工人被予以专业化分工，每人都只专职负责生产的一个环节或产品的一个部件，他们的生产技能随着相对简单的重复劳动而得以提高，每个人的劳动生产率也得到提高，使得总成本下降。二是生产要素具有不可分割性。如果一台机器或一个工人可以在单位时间里生产100件产品，那么即使只生产5件产品，企业主也必须付出一台机器的购买成本和一个工人的工资成本，因此，企业主往往倾向于充分发挥生产潜力、扩大生产规模，从而有效地降低总成本。

城市是各类企业的集合体，企业的规模经济效应必然会反映在城市上。从单个企业来看，规模过小导致单位产品的固定成本过高，利润就减少。同样道理，随着城市规模的扩大，其基础设施和公共服务设施的利用效率就会逐步提高，城市的各项经济效益也会提高。至于城市规模多大最佳，国内外相关人士对此争议较大。尽管大城市要付出高昂的运行成本——交通拥堵、土地短缺、房价攀升、环境恶化等，但是大城市的其他优势——市场健全、技术先进、资讯发达、基础设施完善、生产要素充沛等仍然能够支撑它的发展。否则，在市场机制的自动调节下，城市的发展必会受到制约而走向反面。

3. 优位经济效益

优位经济效益是指优越的空间区位给城市带来的"额外"经济效益。优位经济效益的表现形式主要有三种。

一是地理优位，即地理位置处于条件相对优越的城镇，总是能得到更快的发展。地理优位包括濒海沿江型和临近中心型。濒海沿江型：世界上几大文明发祥地，都是位于大江大河或其入海口，如古埃及文明在尼罗河三角洲，古印度文明在恒河流域，古巴比伦文明在底格里斯河与幼发拉底河流域，中华文明在黄河与长江流域。在现代，世界上经济繁荣、人口稠密地区也大多位于濒海沿江地带，如纽约、洛杉矶、旧金山、东京、名古屋、香港、上海等大都市，都是濒海型。而芝加哥、伦敦、巴黎、柏林、莫斯科、首尔、新德里等大都市，都是沿江（湖）型。正是因为这些濒海沿江的地区具有交通便利、土地肥沃、地形平坦、水资源充足等优势，从而吸引人口和非农经济活动不断在此集聚，城镇因此得到了更好的发展。临近中心型：那些位于经济中心城市周边的地区，也往往能够接受中心城市的强大辐射，得到较快发展。比如我国珠三角地区以香港为龙头，长三角地区以上海为龙头，日本关西地区以大阪为龙头。我国最先开放的4个经济特区城市，享受同样的优惠政策却呈现出不同的发展势头：原本基础条件最薄弱的深圳和珠海，由于紧邻国际大都市香港和澳门，成为改革开放的桥头堡，大量外资、先进技术和管理经验源源不断地在此聚集，因此深圳和珠海成长最快，发展最好；而基础条件原本相对较优的汕头和厦门，则缺乏这样的外部环境，因此发展相对缓慢一些。

二是交通优位。交通条件往往是城市选址和城市发展的重要决定性因素。临近交通干线（铁路、公路、水路等）、交通交汇点或交通枢纽处（如港口、机场、火车站等）更容易形成城市，这些城市更有利于集聚人口和各类要素，从而推动城市的快速发展。这也是世界上的大都市必然建立在天然水域和良港附近的原因所在。

三是资源优位。自然资源具有天然的地区分布不平衡性和开采的垄断性特征，由此造成了地区之间资源使用价格的明显差异，从而影响着工业布局和城市分布。因此，在自然资源丰富的地区，尤其是重要或特殊的资源产地更容易形成城市，自然资源匮乏或长期难以利用的地区，其城镇化水平总是落后于资源丰富或利用条件较好的地区。

4. 外部经济效益

外部经济效益是指经济体内部效率提高，但其本身无须支付代价，而由其外部的经济行为所产生。对企业来说，其外部经济效益主要体现在三方面：一是技术外溢效应，即一个新企业的建立，总是会带来新的专利技术、生产方法、管理经验和营销行为，并随着人员流动、生产与贸易活动，向周边地区和相关部门逐渐扩散，把新的思想、技术和信息传递给相对落后的地方，引起后者的跟随学习和借鉴，从而得到提高。二是价格连锁效应，即一个新企业的建立，一般会造成其投入品价格的上涨、产出品价格的下跌。价格的变动对于有些企业来说，无疑将大获其利。三是投资乘数效应，即一个新企业的建立，总是会使与之相关的上游和下游产业得到发展，或者使原先闲置的生产能力得到发挥。

企业的外部经济都集中体现在城市的经济活动中，除此之外，城市还有一些特殊的外部经济现象。一是优质而廉价的劳动力市场。城市人口众多，就业竞争激烈，使得企业可以减少雇用劳动力特别是熟练工人和技术人员的工资成本；城市的文化、教育事业发达，使企业可以方便地寻求高素质的劳动者，并节约人力培训的附加成本。二是完备的基础设施和公共服务设施。这些设施主要是城市政府通过财政投资的方式进行建设，城市居民和企业则无偿或廉价地获得其服务，企业的一部分成本得以转嫁出去，收益水平也因此而提高。

二 城镇化模式选择的逻辑框架

(一) 国内外城镇化模式的理论研究综述

城镇化模式是指社会、经济结构转变过程中，由城镇化动态演进所表现出来的相对静止稳态和连续变动态的系统结构、动力机制、内容特征的总和。国外学者对城镇化模式的研究主要集中于两方面：①静态城镇化模式，包括 E. w. Burgess（1925）和 Babcock（1932）的同心圆模式，H. Hoyt（1939）的 扇形模式，C. D. Harris、E. L. Ullman（1945）、R. E. Dikinson（1947）和 G. E. Erickson（1954）的多核心模式，E. J. Taffe、B. J. Garner 和 M. H. Teatos（1963）的理想城市模式，L. H. Russwurm（1975）的区域城市模式和 Muller（1981）的大都市结构模式（见表1－1）。②动态的城镇化模式，主要包括两个领域，一是单城市或多城市的变化规律，二是城镇化的动力机制研究。其主要理论有科曾（Cozen）的周期性模式、埃里科森（Erickson）的要素运动模式、盖伊尔（H. S. Geyer）

和康图利（T. M. Kontuly）的差异化城市模式以及霍尔（P. Hall）的城市发展阶段模式（见表1－2）。

表1－1　静态城镇化模式对比分析

模　式	代表人物	特　征
同心圆模式	E. W. 伯吉斯（Burgess） 巴布科克（Babcock）	城市发展模式是以圆心为核心向外围不断扩散的过程；城市主要沿交通主干线分布
扇形模式	H. 霍伊特（Hoyt）	城市的模式总是从市中心向外沿主要交通干线或沿阻碍最小的路线向外延伸
多核心模式	C. D. 哈里斯（Harris） E. L. 乌尔曼（Ullman）	越是大城市其核心就越多、越专门化；行业区位、地价房租、集聚利益和扩散效益是导致城市地域模式分异的因素
理想城市模式	E. J. 塔弗（Taffe） B. J. 加纳（Garner） M. H. 蒂托斯（Teatos）	城市由中央商务区、中心边缘区、中间带、外缘带和近郊区组成
区域城市模式	L. H. 洛斯乌姆（Russwurm）	城市由城市核心区、城市边缘区、城市影响区和外缘带组成
大都市结构模式	穆勒（Muller）	城市由衰落的中心城市、内郊区、外郊区和城市边缘区组成

表1－2　动态城镇化模式对比分析

模　式	代表人物	特　征
周期性模式	科曾（Cozen）	城镇化呈现为加速期、减速期和静止期三阶段的特征
要素运动模式	埃里科森（Erickson）	城市结构模式的扩展分为三个阶段，即外溢—专业化阶段、分散—多样化阶段、填充—多核化阶段
差异化城市模式	盖伊尔（H. S. Geyer） 康图利（T. M. Kontuly）	差异化城市模式将城市分成三种类型：大城市、中等城市和小城市，并认为大、中、小城市的净迁移量的大小随时间而变化
城市发展阶段模式	霍尔（P. Hall）	从"年轻的"增长阶段发展到"年老的"稳定和衰落阶段，然后再进入一个新的发展周期

与国外学者对城镇化模式的研究相比，国内学者更加注重对中国不同时期城镇化模式的研究，主要从两个方面展开：①城市结构的模式。刘铮（1989）、徐更生（1987）、何耀华（1999）等认为发展小城镇是中国城镇化道路的"方向"和"捷径"；万萍（1986）、金本科（1986）、饶会林（1989）、李迫生（1988）、吴育华（2006）等认为大城市应优先发展；刘纯彬（1998）认为中国城镇化要以建设中等城市为重点；朱铁臻（2002）、牛凤瑞（2003）、杨益明（2007）等认为要采用多元的城镇化模式。②城镇化模式的静态研究。顾朝林、甄锋、张京详（2000）把我国城市的静态模式划分为集中块状结构类型、连片放射状结构类型、连片带状结构类型、双城或多城结构类型、分散类型、一城多镇结构类型和带卫星城的大城市结构类型；刘君德、王宇明（2000）认为中国城市空间扩展主要有圈层模式、飞地模式、轴向填充模式和带状扩展模式（见表1-3）。

表1-3 国内城镇化的主要模式

静态城镇化模式 I	静态城镇化模式 II	动态城镇化模式
集中块状结构类型	圈层模式	"大、中、小"城市模式
连片放射状结构类型	飞地模式	优先发展小城镇模式
双城或多城结构类型	轴向填充模式	优先发展大城市模式
连片带状结构类型	带状扩展模式	优先发展中等城市模式
分散类型		郊区城镇化模式
一城多镇结构类型		城乡一体化模式和城乡融合模式
带卫星城的大城市结构类型		多元城镇化模式

综上可见，国外学者对城镇化模式的研究，多注重从空间布局角度阐述城镇化的发展模式，而忽略了城镇化模式发展的动力机制和制度因素的研究。国内研究过于强调城市结构和城市规模对城镇化模式的影响，对于现代产业发展模式、城市经济发展模式、生态建设模式、人口转移模式、制度创新模式等缺乏研究。对城镇化模式选择的依据和影响条件研究不够深入，没有形成完整的理论框架。

（二）影响城镇化模式的因素

城镇化是社会生产力在发展过程中，由产业结构转换而引发的城镇化主体和客体在城市内部、城市之间、城市和乡村之间流动的一种现象或实践过程。在城镇化过程中，经济增长、产业结构转换与发展、城市集聚经济与规模经济等从不同层次为城镇化发展提供了动力。影响城镇化模式的因素主要包括实体因素和动力因素。

1. 城镇化模式的实体因素

城镇化模式的实体因素包括城镇化主体、城镇化载体和城镇化客体三方面。城镇化主体是指在城镇化过程中，追求自我利益的个人和团体，具体包括农民、城市人和政府。城镇化载体是指能够承载主体利益追求的实体或能量，具体包括商品、技术、信息和资本等。城镇化客体是指通过城镇化过程而积淀下来的构成城镇化模式的元素。从空间结构来看，包括节点、梯度、通道、网络，以及由网络界面构成的环和面。从空间形态来看，包括单中心城市、多中心城市、城市群和大都市区等。

2. 城镇化模式的动力因素

城镇化的发展存在着一定的动力因素，形成城镇化的动力机制。首先，经济增长是城镇化的主导动力。一方面，经济增长将会带动居民收入水平的提高，引起需求、消费模式的变化，推动产业结构的演化，促进生产要素的流动和集中，从而推进城镇化发展。另一方面，经济增长的区域性差异带动了城镇化发展。城市的经济增长和辐射带动作用，会自上而下推动乡村的城镇化进程。其次，产业结构演进是城镇化的内在动力。农业发展是城镇化的初始动力，为城市提供商品粮，为城市工业提供资金原始积累、生产原料、销售市场和劳动力等。工业是城镇化的根本动力，工业所具有的比较利益、规模化和专业化、初始利益棘轮效应、产业链条及连锁效应等特征，使得资本和人口高度集中，由此引发城市规模的不断扩张和城市数量的急剧增加。服务业是城镇化发展的后续动力，主要表现为，服务业为城镇化和工业化发展提供生产配套性服务和生活消费性服务。再次，城市效应是城镇化模式的自然动力。城市所具有的"场"效应和社会资本效应，增强了城市的吸引力和集聚力，从而推动了城镇化发展。最后，政府或市场是城镇化模式的制度动力。市场机制在城镇化过程中发挥重要的主导作用，而政府发挥着不可替代的宏观调控作用。

（三）城镇化模式的逻辑框架

通过对城镇化模式影响因素的分析，可以给出城镇化模式的逻辑框架。如图 1 - 1 所示，城镇化模式是城镇化过程的一个逻辑性的结论，通过农民、城市人和政府等城镇化主体的行为，通过商品、技术、信息和资本等城镇化载体，通过经济增长、产业升级、城市效应、市场和政府等动力机制作用，完成城镇化过程，表现出城镇化结果，即城镇化模式可以分三个层面来描述。第一层面是城镇化的动力机制模式，包括政府和市场的调控力、产业发展模式、城市内生发展模式、生态建设模式等。第二层面是城镇化空间发展模式，即单城市模式、多城市模式、复杂多城市模式和城乡统筹模式、人口转移模式等。第三层面是城镇化的制度创新模式。

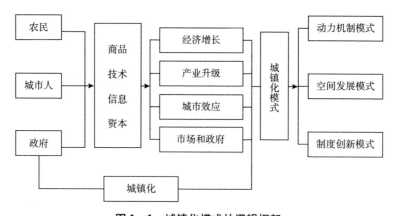

图 1 - 1　城镇化模式的逻辑框架

三　城镇化模式的构成及现实内容

按照上文城镇化模式的逻辑框架，城镇化模式的构成主要包括动力机制模式、空间发展模式和制度创新模式三个方面，每个构成下面又包括具体的现实内容，下面逐一进行描述。

（一）动力机制模式

推进城镇化发展的动力并不是单一的，而是由多种因素共同组成的，各因素间有着密切的关系，彼此相互影响，在城镇化进程中扮演着不同的角色。从上述分析可知，城镇化的动力机制模式，大致应该包括政府和市场的调控力、现代产业发展模式、城市经济内生增长模式、生态建设模式等。

1. 政府和市场的调控力

政府和市场都是推动城镇化的重要力量，但二者发挥着不同的作用。不同的政策对城镇化进程都会产生不同的影响。例如，新中国成立以来，我国实施的二元人口户籍管理制度，限制了人口流动，减缓了城镇化进程。近年来，我国实施一系列促进城镇化的政策，加快了城镇化进程。以市场为导向的城镇化，市场在资源配置过程中发挥决定性作用，具有较高的配置效率，对于促进人口和生产要素流动，推进城镇化发展具有重要作用。当前，推进新型城镇化必须充分发挥市场的主导作用和政府的引导作用，即市场发挥决定性作用，政府发挥有限主导作用，两者不可偏废。

2. 现代产业发展模式

产业是城镇化的基础，产业发展模式在城镇化发展过程中发挥着至关重要的作用。第一产业、第二产业和第三产业在不同的历史时期，对城镇化的推动作用也不相同。第一产业是城镇化的初始动力，在城镇化起步阶段和初期阶段发挥作用，主要是通过为城市提供粮食、原材料、资金原始积累、劳动力资源、消费市场等方式来实现。第二产业，尤其是工业化是推动城镇化的根本动力，工业化与城镇化相辅相成，呈现出明显的正相关性。在城镇化发展的初期和中期阶段，工业化具有比较利益高、规模化和专业化、产业链条联系等特征，对城镇化发展发挥着"核"动力的作用，直接或间接地推动城镇化。世界城镇化发展的实践证明，工业化对城镇化的推动力量十分巨大，目前，广大发展中国家仍然处在工业化的起步阶段或中期阶段，工业化对城镇化的"发动机"和"孵化器"作用体现得十分明显。第三产业，即服务业是城镇化持续发展的动力，也是城镇化的后续动力。主要表现为两个方面：一是提供生产配套性服务。二是提供生活消费性服务。同时，服务业的多数行业具有劳动密集型特点，就业弹性高，能提供更多的就业机会。综上所述，以农业发展为代表的农村"推力"和以工业化、服务业发展为代表的城市"拉力"共同作用，推动城镇化不断向前发展。而在城镇化发展的不同时期，各个产业发挥着不同的作用。判断城镇化发展阶段，选择适当的现代产业发展模式，重点发展符合实际的主导产业，是推动城镇化快速发展的重要方面。

3. 城市经济内生增长模式

促进城市经济发展是推进城镇化的基础和重要内容。经济学理论认为，经济长期增长不是由于外部力量，而是经济体系内部力量作用的结果；同时，政府政策对增长具有重要影响。由此可见，经济的内生动力与政府政策在推动经济发展的过程中发挥着不同的作用。经济发展既需要经济系统自身内生动力的持续推动，也需要政府政策的外生拉动。而经济系统自身的内生动力是最根本的推动力量，处于决定性地位；政府政策起引导性作用。依靠投资、消费、出口还是创新促进城市经济增长是城市经济内生增长模式的重要内容。当前，培育内生动力才是促进我国城镇化实现可持续发展、均衡发展和创新发展的关键所在。

4. 生态建设模式

党的十八大报告提出要大力推进生态文明建设，把生态文明建设放在突出地位，融入经济建设、政治建设、文化建设、社会建设各方面和全过程，"五位一体"地建设中国特色社会主义。加强生态建设不仅是科学推进新型城镇化的重要内容，也是改善人居环境、提升生活质量的重要保障，在城镇化推进过程中占据着极其重要的地位。优化国土空间开发格局、促进资源节约集约利用、加强生态建设和环境保护、加强生态文明制度建设是生态建设模式的主体内容。

（二）空间发展模式

城镇化的空间发展模式主要是描述城镇化在空间的发展趋势和空间结构，主要包括单城市结构模式、多城市结构模式、城乡结构模式和农村人口转移模式等。

1. 单城市结构模式

单城市结构模式主要是指单个城市内部空间结构，以及大城市与周边小城市或小城镇之间的关系。城市内部空间结构主要有同心圆式发展、扇形式发展、多中心组团式发展等。此外，大城市具有强大的集聚和辐射带动作用，与周边小城市或小城镇形成紧密的联系。主要表现在：大城市经济实力达到一定程度后，会通过基础设施建设带动小城镇发展，中心城区工业外迁至小城镇支持小城镇工业发展，带动小城镇休闲、旅游等服务业发展，为小城镇发展提供科技支持等。通过大城市带动周边区域发展是城镇化的空间表现形式之一，也对城镇化发展起着主要的推动作用。

2. 多城市结构模式

多城市结构模式是指在一定区域范围内城镇结构，包括：规模结构，即大、中、小城市之间的比例关系；功能结构，即各城市之间功能是否互补，是否存在同质竞争；空间结构，即各城市之间空间分布是否有序，交通是否便利。合理的多城市结构模式能够合理有效利用区域内的资源，实现城市之间的互补发展，发挥中心城市对周边城市的带动作用，形成区域发展合力。当前，多城市结构主要表现为城市群、城市圈、城市带等形式，例如，我国的长三角、珠三角、京津冀城市群等。如何提高城市群一体化的程度，提高城市群效率是研究多城市结构模式的重要内容。

3. 城乡结构模式

城乡结构模式是指在城镇化发展过程中城市和乡村之间的关系，城乡之间生产要素能否顺畅流动，城乡关系是否和谐。新中国成立以来，我国坚持优先发展重工业，也开始了典型的城乡二元结构体制，城乡资源采用不同的配置方式，人为地限制了城乡之间人口以及各种要素流动，从而也限制了我国的城镇化进程。改革开放以来，随着市场经济体制改革的深入推进，我国总体上已进入"以工哺农、以城带乡"的城乡关系发展新阶段，进入加快改造传统农业、走中国特色农业现代化道路的关键时刻，进入着力破除城乡二元结构、形成城乡经济社会发展一体化新格局的重要时期。当前，打破城乡壁垒，统筹城乡发展，推进城乡一体化，也是我国推进新型城镇化的重要内容。

4. 农村人口转移模式

大量的农村人口向城镇转移，是城镇化的主要内容，也是经济发展的基本规律。这是因为，从农业现代化建设的角度来看，农业现代化对农业劳动力存在着挤出效应。随着农业现代化的发展，农业规模化、农业科技化、农业机械化，以及农业比较利益较低等都对农业劳动力产生了挤出效应，农业现代化对农业劳动力的需求越来越少；加上我国人多地少的基本国情，农业人口过多导致一部分农业人口必然要离开农村，向城镇转移。从农业人口转移模式的选择来看，农业人口向非农产业转移存在着三种模式，即就地转移、向大城市转移、向中小城市和小城镇转移。当然，这三种转移模式不是绝对的和孤立的。从目前来看，这三种转移模式会同时并存，而且相互补充。当前，我国应根据经济发展状况和人口转移特点，选择适应的人口转移模式。

（三）制度创新模式

制度创新模式主要是指通过社会、经济、政治、管理等方面的制度调整和革新，更好地激发出人的积极性和主动性，以推动城镇化快速发展。直接影响城镇化的制度创新主要包括户籍管理制度、土地制度、就业和社会保障制度、公共服务提供机制、投融资机制、生态环境保护机制等多方面制度的改革和创新。当前，如何通过户籍、土地、财政金融、生态环保、公共服务提供等方面的制度创新，激发城镇化发展活力，是我国科学推进新型城镇化的关键所在。

（四）中原经济区新型城镇化模式的内容

根据以上论述，笔者认为中原经济区城镇化模式也应是一个集合，它不能只阐述某一方面的内容。一个相对完善的城镇化模式，应该能说明城乡间和城市间城镇化进行的动力机制，还能对不同的城镇化静态模式予以分析。从动力机制模式、空间结构模式、产业发展模式、城市发展模式、农村人口转移模式、城乡统筹模式、生态发展模式、制度创新模式等方面构建中原经济区新型城镇化模式，推进中原经济区新型城镇化科学发展（见图 1-2）。

1. 动力机制模式

创新城镇化动力机制模式，要正确处理好政府与市场在新型城镇化推进过程中的作用，培育城市经济的内生增长动力机制，为中原经济区科学推进新型城镇化提供强大动力。

正确划分政府和市场在城镇化推进中的关系，应从以人为本的新型城

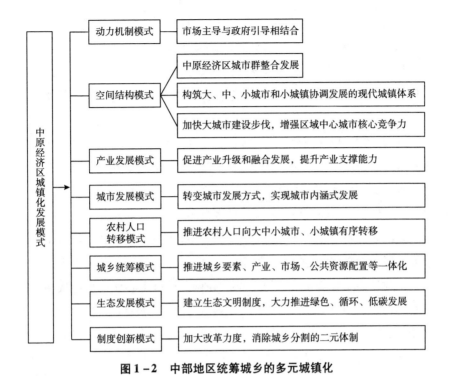

图1-2 中部地区统筹城乡的多元城镇化

镇化出发,合理解决新型城镇化过程中政府与市场的关系以及从数量增长型向质量发展型转变等问题。构建经济增长内生动力机制,要加快改变传统经济增长依赖路径,培育经济增长内生动力,推动河南城市经济发展向"内需驱动、消费支撑、均衡发展、创新驱动"的模式转变。从扩大居民消费需求、提高投资效率、激发民间投资、加大自主创新、开发人力资本等方面出发,培育经济增长内生动力,构建河南城市经济增长的内生动力机制,以促进全省城市经济实现持续、平稳、较快发展。

2. 空间结构模式

首先,促进中原城市群发展。站在新的历史起点上,构建中原城市群,既要充分认清当前面临的新情况、新问题,突出重点,把握关键,精准发力,着力形成中原城市群建设的新局面;又要科学把握构建中原城市群的重点难点问题,循因施策,重点突破,有效解决,着力形成中原城市群发展的新格局。一是加强评估,积极构建城市群发展质量的评价体系。二是筑造强点,加快培育洛阳、南阳、商丘、安阳四大副中心城市。三是强化对接，加快推进郑州与开封、新乡、焦作、许昌等周边城市的融合发展。四是示范带动，建立跨行政区的区域战略合作示范区。五是先行先试，积极建立"四化"同步发展试验区。六是强化支撑，加快推进基础设施支撑体系建设。七是共建生态，构筑形成"四区三带"区域生态网络。

其次，构建现代城镇体系。按照科学发展观的要求，围绕统筹城乡发展、形成城乡经济社会一体化发展新格局的目标任务，构筑中原经济区科学合理的城镇体系，逐步形成国家区域中心城市、地区性中心城市、中小城市、小城镇、居民点协调发展的城乡布局结构。

再次，增强中心城市辐射带动作用。随着中原经济区进入城镇化加速发展阶段，中心城市的龙头和枢纽地位日益凸显。《国务院关于支持河南省加快建设中原经济区的指导意见》强调，实施中心城市带动战略，提升郑州作为我国中部地区重要的中心城市地位，发挥洛阳区域副中心城市作用，加强各城市间分工合作，推进交通一体、产业链接、服务共享、生态共建。中原经济区推进新型城镇化必须进一步发挥中心城市的辐射带动作用。

最后，着力提升中小城市综合承载能力。加快中小城市发展，提升中小城市功能。城市功能主要包括生产、贸易、金融、物流、信息等经济功能和居住、生活、交通、教育、文化、医疗、就业和社会保障等社会功能。提升中小城市功能，首要的就是强化经济功能，为中小城市容纳更多的农业转移人口提供产业支撑和就业支撑，为基础设施的完善、城市功能的优化和提升提供一定的财力基础。要强化中小城市的各项社会功能，为农业转移人口在城市生活、居住、交通、教育、文化、医疗、就业和社会保障等方面提供基本的公共服务。

3. 产业发展模式

中原经济区产业发展模式创新，要明确和坚持工业高端化与集聚化发展，农业生产核心化和与工业、服务业融合化，生产服务化和推进服务现代化的战略取向。同时，要明确中原经济区产业提升的实现途径。

一是加快技术创新步伐。引进和培育适宜技术，支持企业渐进式创新，提升新产品开发能力，支持传统产业领域的创新。二是推进信息化与工业化的深度融合。推进信息化与产业链深度融合，推进信息化与创新链深度融合，提高产业集聚区信息化水平，提升郑州国家级信息枢纽地位，实施一批信息化和工业化深度融合重点工程。三是推进各类产业载体建设。实施"聚链、强链、延链、补链"工程，构建现代产业分工合作网络，加快推进产业链本地化，推动产业集聚区从企业堆积向产业集群转变，提升产业载体功能与层次。四是进一步深化开放合作。要把借助外力与激活内力有效结合起来，把对外开放作为基本省策，大力承接高端产业转移，积极融入全球价值链，提升河南工业现代化水平。五是加快新兴产业培育。依托区域现有的产业基础与资源禀赋，与区域传统优势产业紧密结合，选择和发展战略性新兴产业。六是大力推进制造业服务化。推进生产性服务业与传统优势产业协同演进，推进文化创意产业与传统优势产业的深度结合，推进制造型企业向综合解决方案提供商转型，推进商务中心区和特色商业区建设。七是积极推进绿色低碳发展。按照"两不三新""四化同步"科学发展路子的要求，更加注重资源节约、生态建设和环境保护，在推进工业现代化进程中走符合河南实际的资源消耗低、污染排放少、生产安全度高的特色绿色低碳发展道路。

4. 城市发展模式

创新中原经济区城市发展模式，包括城市经济、社会、规划、建设、管理等多方面的内容，要促进城市经济发展方式由粗放型向集约型转变，推进城市建设由外延型向内涵式转变，建立科学、高效、民主的城市管理新模式，培育开放包容、和谐共荣的城市社会环境，建设资源节约、环境友好的生态型城市，完善城市空间布局和形态，促进城市健康有序发展。大力发展低碳经济，实现经济发展由"高碳"模式向"低碳"模式转变，改变高消耗、高排放、低效益的社会经济发展模式，缓解经济增长与资源环境之间的尖锐矛盾。同时要从改革官员政绩考核与政府绩效评估方式、推进城市产业转型升级、做好农业转移人口向城镇居民转化的管理工作、加强城市规划的编制和实施、建立高效快捷的城市交通运输体系、破解城镇"住房难"问题、重视城市绿色人居环境建设、强化城市综合防灾减灾和应急管理能力等方面出发，采取切实有效的措施，推进中原经济区城市发展模式创新。

5. 农村人口转移模式

促进农村人口有序转移是中原经济区推进新型城镇化的重要内容，也是全面建成小康社会的重要途径。要依照新型城镇化的空间布局，有重点、有节奏、有计划地推进农村人口向大中小城市、小城镇和新型农村社区有序转移，逐步形成生产力空间布局与人口空间布局相适应，新型城镇化战略格局与人口战略布局相协调的发展格局。按照中原经济区规划的城镇空间布局科学合理引导人口有序转移。推动人口向中原城市群适度集中，对郑州市实施条件准入限制政策，重要中心城市要不断壮大其城市人口规模，地区性中心城市要不断提高人口集聚能力，把县城、中心镇等中小城市和小城镇作为人口转移的主要承接地。给予具备一定条件的农民工完全的市民化待遇。要分类引导平稳有序地推进城镇化，给予落户农民工真正的市民化待遇，切实保障其在农村的各种权益。有重点地促进农村富余劳动力向中小城市转移。加强制度创新，清除体制机制障碍。强化产业支撑，提升就业吸纳能力。完善城镇功能，提升城镇人口承载能力。依托产业集聚区和商务中心区鼓励农村居民就近就地非农化就业。积极实施迁户并村加快农村人口向新型农村社区集中集聚。

6. 城乡统筹模式

党的十七届三中全会提出加快形成城乡经济社会发展一体化新格局的根本要求。要着力破除河南省城乡二元结构，推进生产要素一体化、城乡产业一体化、城乡市场一体化和公共资源配置一体化，形成城乡经济社会发展一体化新格局。同时，要实现这四个一体化的关键在于找准新型工业化、新型城镇化和农业现代化的对接点，推进工农、产城和城乡的良性互动。首先，以农产品和劳动力资源为纽带，推进工农互动。其次，以集聚发展为载体，推进产城融合。再次，以体制机制创新为动力，推进城乡一体化发展，逐步形成城乡协调融合、相互促进的发展格局。

7. 生态发展模式

中原经济区创新城镇化生态发展模式，要在城镇化推进过程中，坚持节约资源和保护环境的基本国策，把生态文明建设放在突出地位，坚持节约优先、保护优先、自然恢复为主的方针，着重从优化国土空间开发格局、调整优化产业结构、促进资源节约集约利用、加强生态建设和环境保护、加强生态文明制度建设等关键环节和重点领域实现重点突破，加快建立生态文明制度，大力推进绿色发展、循环发展、低碳发展，为科学推进新型城镇化，加快实现中原崛起、河南振兴、富民强省提供有力支撑。

8. 制度创新模式

城镇化是一项复杂的、长期的系统工程，尤其是我国城乡关系长期受计划经济的桎梏，以往有些制度相互掣肘，束缚了城镇化的发展。因此，加快制度创新，建立新型城乡制度体系，不仅是全国，更是中原经济区在统筹城乡背景下推进城镇化快速发展的迫切要求。应从户籍、就业、社会保障、城市管理等方面进行创新，全面构建推进中原经济区城镇化进程的制度体系。

第二章
中原经济区城镇化发展
模式的历史考察

新中国成立以来，在国家城镇化发展总体战略方针指引下，河南立足省情，积极实施城镇化战略，着力推进城镇化进程，城镇化发展水平显著提高，发展质量不断提升，正在走出一条城乡统筹、城乡一体、产城互动、节约集约、生态宜居，大中小城市和小城镇协调发展、互促共进的新型城镇化道路。但是城镇化发展中也存在着诸多矛盾和问题，亟须通过城镇化模式创新，提高城镇化发展水平和质量，科学推进新型城镇化。

一　中原经济区城镇化发展的阶段性分析

中原经济区的主体河南省在提出实现中原崛起的目标后，城镇化战略和城镇化模式不断发展完善，逐渐探索和形成了一条农村人口占绝大多数地区的新型城镇化道路，促进了河南省城镇化的快速发展，城镇化进程快速推进、现代城镇体系初步形成，城镇综合经济实力显著增强、推进城镇化的载体体系日趋完善等，但也存在城镇化水平低、城镇体系不甚合理、产业支撑能力不强、城镇承载能力较弱等问题。

(一) 新中国成立以来河南省城镇化发展历程

新中国成立以来，受全国政治经济制度和本身固有的自然、社会经济条件等诸多因素的综合影响，河南城镇化呈现出不平衡发展的特点，大致可以分为起步发展、震荡发展、复兴发展、转型发展和加速发展五个阶段。

1. 起步发展阶段（1949～1957 年）

新中国成立之初，河南工业十分落后，工业化程度十分低下。1949 年全省城镇人口为 265 万人，城镇化率仅为 6.3%。当时，河南省城市很少，仅有 12 个城市，其中，只有开封一个城市拥有人口在 10 万以上，5 万～10 万人的城市 6 个。新中国成立后，伴随着社会主义经济建设的全面展开，河南城镇化在一个起点极低的基础上逐步展开。"一五"计划期间，全国共有 156 项重点工程在各大中城市布点和实施，其中河南省是国家重点工程布点的主要省份，156 个重点项目有 10 个安排在河南省，洛阳、郑州、新乡、平顶山、焦作等是当时重点建设的工业城市。工业化的发展带动了城镇化，工业建设和城市建设齐头并进，这一时期，河南新建了平顶山、三门峡、焦作和鹤壁四座新城，重点建设了洛阳市，扩建了郑州、新乡两个城市，其余城市也都有不同程度的扩建。到 1957 年底，全省城市由 1949 年的 12 个增加到 16 个；城市人口增加到 270 万人，占全省总人口的比重达到 5.6%，分别比 1949 年增长 1.8 倍和 3.3 个百分点；河南城镇化水平达到 9.3%，比 1949 年提高了 3 个百分点，年均提高 0.38 个百分点。

2. 震荡发展阶段（1958～1978 年）

这一时期，河南省经济发展大起大落，经历了"大跃进"工业建设的遍地开花，三年困难时期的经济调整和十年"文化大革命"时期经济的全面下滑。城镇化建设也一波三折，先是"大跃进"时期的"过度城镇化"，接着是三年困难时期的"逆城镇化"，然后是"文化大革命"初期的第二次"逆城镇化"，"文化大革命"后期知青返城，城镇化水平又开始回升。1978 年，河南的城镇化率仅为 13.6%，与 1957 年相比，21 年间城镇化率只提高了 4.3 个百分点。

（1）"大跃进"时期出现"过度城镇化"。在 1958～1960 年的"大跃进"时期，河南在贯彻中央工业与地方工业并举、土洋结合以及"以钢为纲"的方针中，出现了县县办工业、乡乡办工厂的前所未有的局面。随着工业生产的异常发展，大量农村劳动力流向城镇，城镇人口骤然膨胀，到 1960 年，城镇人口由 1957 年的 270 万人发展到 407 万人，增长了 50.7%。

（2）三年困难时期首次出现"逆城镇化"。受 1959～1961 年自然灾害的影响，1961 年我国国民经济开始进入调整时期。党中央提出了"调整、巩固、充实、提高"的方针，河南省也全面调整了经济发展政策，压缩基建投资规模，"关、停、并、转"了一批盲目发展起来的工业企业，城镇实行"精兵简政"，压缩城镇数量和城镇人口，精简职工，出现第一次"逆城镇化"现象。到 1965 年，河南省城镇化水平仅为 11.2%。

（3）"文化大革命"初期出现第二次"逆城镇化"。从 1966 年到 1977 年，受"文化大革命"及其经济工作指导思想失误的影响，国民经济濒临崩溃，城镇化止步不前，大批城市知识青年上山下乡，不少干部被下放到农村，造成城市经济明显衰退，城市人口急剧下降乃至增长成为负值，出现第二次"逆城镇化"现象。10 多年间，河南城市发展缓慢，城镇人口增长缓慢，全省城镇化水平增长不到 2 个百分点，基本处于停滞阶段。"文化大革命"后期，随着大批知青返城，城镇化水平才开始有所回升。

3. 农村体制改革推动城镇化发展阶段（1979～1983 年）

党的十一届三中全会以来，我国开始实施改革开放，经济社会进入持续稳步发展阶段。1980 年，国务院制定了"严格控制大城市发展规模，合理发展中等城市，积极发展小城镇"的城镇化发展方针，河南也确定了优先发展小城镇的改革政策。这一时期，人们对小城镇的积极作用与地位有了进一步的充分认识，观念上的错误基本得到纠正。但这一时期基本上沿袭了传统计划经济时代的做法，建设用地无偿划拨，进镇人口严格控制，建设资金直接来源于地方财政。农村工业的发展以乡镇工业"遍地开花"的分散布局为基本特征，这种布局不仅不利于中心城镇的建设，制约了城镇化水平的提高，而且还强化了农民兼业化现象。因此，这一期间小城镇数量增加并不多。到 1983 年底，全省城镇化水平只有 14.6%，较 1978 年提高了 1 个百分点，年均增长 0.2 个百分点。

4. 城市经济体制改革推动城镇化阶段（1984～1992 年）

1984 年，我国经济体制改革的重点从农村转向城市，开始大力发展适合我国国情和经济社会发展要求的劳动密集型轻工业，带动了具有原料优势和劳动力优势的乡镇企业发展。同年，中央颁布了新的户籍管理政策，允许农民自带粮食进城务工经商，并且调整了 20 世纪 60 年代以来的市镇建制标准，从而使城镇数量得以迅速增加。在这一时期迅猛发展的乡镇企业在资金上大力支持了小城镇的快速发展。但在制度上，由于家庭联产承包责任制并不是为促进农村城镇化进程设计的，在 80 年代中期后的改革中，也没有及时从政策和体制上解决农村剩余劳动力转移问题，河南大量的农村人口仍然被禁锢在土地上，城镇化向前发展速度缓慢。到 1992 年底，全省城镇化水平为 16.2%，较 1984 年提高 1.5 个百分点。

5. 快速发展阶段（1993~2001 年）

党的十四大以来，我国进入了建设社会主义市场经济体制的新时期，相继对财税、金融、外贸、投资等体制进行了改革，构建了社会主义市场经济体制的基本框架。现代企业制度的改革从理论研讨进入实施阶段，国有企业从计划经济体制下解脱出来，以独立市场主体身份参与市场竞争，所有制实现形式可以而且应当多样化，非公有制经济成为我国社会主义市场经济的重要组成部分。这一时期，全省经济发展明显加快，城市随着市带县体制的逐步完善，综合实力进一步增强，城镇化步入了快速发展时期。到 2001 年底，河南省城市数量增加到 38 个，在全国位居第四；城镇化率达到 24.4%，较 1992 年提高 8.2 个百分点。

6. 统筹城乡发展阶段（2002 年至今）

党的十六大确立了全面建设小康社会的奋斗目标，明确提出要加快城镇化进程，逐步提高城镇化水平，坚持大中小城市和小城镇协调发展，走中国特色的城镇化道路。党的十七大提出走中国特色城镇化道路，按照统筹城乡、布局合理、节约土地、功能完善、以大带小的原则，促进大中小城市和小城镇协调发展。河南早在 2001 年的政府工作报告中，就提出调整城乡结构，坚持大型中心城市、中小城市和小城镇三头并举的方针，积极稳妥地推进城镇化。之后，河南先后提出了大中小城市"三头并举"的方针，构建中原城市群，规划建设郑东新区和洛南新区，统筹城乡一体化，实施中心城市带动战略，完善城镇体系，构建郑汴新区增长极等一系列战略措施，特别是省委、省政府立足省情，围绕全面建设小康社会、奋力实现中原崛起的总体目标，先后制定了《加快城镇化进程的决定》《关于进一步促进城镇化快速健康发展的若干意见》等文件，明确了推进城镇化的指导思想、主要目标和发展重点。2008 年以来，河南省委、省政府提出进一步完善中原城市群规划，着力构建以郑州为中心的"一极两圈三层"现代城镇体系，促进全省城市功能互补、向心发展、共同繁荣。2011 年，河南省九次党代会提出了强化新型城镇化引领，统筹城乡发展、推进城乡一体，并把新型农村社区纳入到现代城镇体系。这一时期，全省城镇化呈现加速发展态势，城市规划、建设和管理水平不断提高，城市基础设施建设投入不断加大，城市发展环境逐步得到改善，各项改革积极推进，城镇化体制性障碍逐步消除，2011 年，全省城镇化率达到 40.6%，比 2001 年提高了 16.2 个百分点，年均提高 1.6 个百分点，这一时期成为河南省历史上城镇化进程最快的时期。

（二）河南省新型城镇化战略和城镇化模式的演变

21 世纪以来，河南在提出实现中原崛起的目标后，城镇化战略不断发展完善，逐渐探索和形成一条实现中原崛起的新型城镇化之路。

2003 年，河南省政府在《关于加快城镇化进程的决定》中提出，"坚持大型中心城市、中小城市和小城镇三头并举"的基本方针，以实现工业化、城镇化和农业现代化协调发展。并确定了 26 个试点县（市）和 123 个重点镇予以扶持，增强城镇可持续发展能力。

2005 年 12 月，结合全省城镇化发展实际，省委、省政府《关于进一步促进城镇化快速健康发展的若干意见》明确提出，把"实施中心城市带动战略，突出发展中原城市群，重点建设省辖市和县城"作为"十一五"及今后一个时期全省城镇化发展的战略重点。

2006 年，《河南省人民政府关于加快推进城乡一体化试点工作的指导意见》出台，选择鹤壁、济源、巩义、义马、舞钢、偃师、新郑等 7 个市为试点，为全省推进城乡一体化积累经验，提供示范。该《指导意见》提出，以加快城镇化为核心，以构建城乡统一的基础设施、公共服务体系为着力点，打破城乡二元结构，统筹城乡发展，推进农村生产、生活方式转变，使农村和城市共享现代文明。

2006 年，河南省八次党代会报告首次明确提出"坚持走新型城镇化道路，努力在促进城乡区域协调发展上取得新突破"，要适应城镇化发展趋势，走城乡互动、区域协调、体系合理、发展集约、以人为本理念得到充分体现的新型城镇化路子。

2007年10月，河南省政府召开全省城市发展与管理工作会议，提出要走新型城镇化道路，即以科学发展观统领全局，不断创新城市发展理念和模式，加快推动城市由"重建设、轻管理"向"建管并重"转变，由城乡分割向城乡一体化转变，由外延、粗放式发展向内涵、集约式发展转变，由注重经济增长向统筹协调发展转变，全面提升城市综合素质和竞争力，走符合河南实际的新型城镇化道路。

2008年以来，省委、省政府提出进一步完善中原城市群规划，着力构建以郑州为中心的"一极两圈三层"现代城镇体系，促进全省城市功能互补、向心发展、共同繁荣。

2010年，为推进城乡建设，加快城镇化进程，带动"三化"（工业化、城镇化、农业现代化）协调科学发展，河南省人民政府出台了《关于推进城乡建设加快城镇化进程的指导意见》，明确提出，把加快城镇化进程作为带动"三化"协调科学发展的着力点，全面加强城镇建设，积极稳妥建设新农村，努力走出一条全面开放、城乡统筹、经济高效、资源节约、环境友好、社会和谐，以中原城市群为主体形态，大中小城市与小城镇、农村社区协调发展、互促共进的新型城镇化道路。

2011年，河南省委九次党代会提出，强化新型城镇化引领，统筹城乡发展、推进城乡一体。新型城镇化是以城乡统筹、城乡一体、产城互动、节约集约、生态宜居、和谐发展为基本特征的城镇化，是大中小城市、小城镇、新型农村社区协调发展、互促共进的城镇化。要着力增强中心城市辐射带动作用，增强县域城镇承载承接作用，增强新型农村社区战略基点作用，构建城乡一体化发展新格局。

由此可见，21世纪以来，河南省新型城镇化发展道路不断完善。在发展战略上，从"城镇化战略"到"中心城市带动战略"到"新型城镇化战略"；在发展布局上，从提出发展大城市、中小城市、小城镇"三头并举"，到明确"建设大郑州"，培育"中原城市群经济隆起带"，"形成若干个带动力强的省内区域性中心城市和新的经济增长极"，"统筹推进大中小城市、小城镇和新型农村社区建设，加快构建符合河南实际、具有河南特色的现代城镇体系"等，河南省已初步探索出一条新型城镇化道路。

二 中原经济区城镇化现状与特征

河南省持续探索符合河南实际的新型城镇化道路，更加注重粮食和农业、产城融合、集约节约、城乡统筹、民生改善、政策引导，成效显著，推进新型城镇化的思路逐步明确，城镇化进程快速推进、城镇综合承载力明显提升、城镇龙头作用日益显现、新型农村社区建设亮点纷呈。

（一）河南省新型城镇化发展现状

1. 城镇化进程快速推进

近年来，河南省高度重视城镇化建设，大力推进城镇化进程，城镇化水平快速提高，城镇规模进一步扩大，城镇体系日趋完善。一是各类规划编制步伐进一步加快。2010 年底，省域城镇体系规划编制完成，38 个城市和 86 个县城总体规划全部修编完成，180 个产业集聚区空间发展规划和控制性详细规划全部编制完成。二是城镇化发展迅速，城镇人口迅速增加。2010 年底，河南省城镇常住人口达到 3651 万人，城镇化水平达到 38.8%。三是城市建设步伐不断加快，随着城市新区、产业集聚区、新型农村社区建设快速推进，城镇数量逐渐增多，城镇规模不断扩大。2010 年底，河南省 38 个城市建成区面积达到 2014 平方公里，比上年增加 101 平方公里。四是按照"向心布局、集群发展、两规衔接、五个层次"的现代城镇体系规划，城镇规模体系日趋完善，初步形成以郑州为核心，大型中心城市、中小城市、小城镇和新型农村社区各具特色、竞相发展的五级城镇体系框架。2010 年底，河南省共有 17 个省辖市、21 个县级市（含省管济源市）、88 个县城、50 个区和 949 个建制镇。

2. 城镇经济实力显著增强

改革开放以来，河南积极发展城市经济，加快产业结构战略性的调整，随着各项改革深入推进，社会主义市场经济体制进一步完善，城市经济发展迅速，城市产业结构优化升级也取得较大成效。随着城镇化速度的加快，人口以及各种生产要素逐步向城镇特别是各级城市集中，城镇经济持续快速增长，对全省的经济贡献率不断提高，城镇龙头作用日益显现。2010年，河南省17个省辖市（此处不含济源市）市区实现地区生产总值6572.48亿元，占全省地区生产总值的比重达到28.7%。其中第一产业生产总值为275.98亿元，第二产业生产总值为3400.89亿元，第三产业生产总值为2895.61亿元，占全省的比重分别为8.5%、25.7%和43.8%。这17个省辖市三次产业结构为4.2∶51.7∶44.1，优于全省14.1∶57.3∶28.6的产业结构。城镇固定资产投资达到4087.78亿元，地方财政一般预算收入达到732.61亿元，限额以上批零贸易业商品销售总额达到4954.86亿元，实际使用外资金额达到27.21亿万美元，分别占全省总额的29.3%、53.0%、70.8%和43.6%。

3. 城镇综合承载能力明显提升

河南省大力实施城乡建设三年大提升行动计划，不断加大投资力度，大力推进城市新区、产业集聚区和各类专业园区建设，加快"城中村"和旧城区改造，加强城镇基础设施及公共服务设施建设，加强城镇环境综合整治，城镇综合承载能力得到明显提升。2010年，全省共完成城市基础设施投资1050亿元，完成房地产开发投资2114亿元。城市道路、供气、供热、供电、供水、排水等基础设施不断完善。2010年，城市用水普及率达到91.0%；燃气普及率达到73.4%。此外，河南省加快廉租房、经济适用房、公共租赁房等各类保障性住房建设，大力推进城市和国有工矿棚户区改造，多层次的城镇住房保障体系初步建立。

4. 城镇化载体体系日趋完善

积极建设各类载体，调整优化城市功能空间布局。中心城市组团式发展开始试点，驻马店、平顶山、焦作等中心城市组团式发展空间规划已经启动，其中驻马店市中心城市组团式发展空间规划纲要通过专家评审。产业集聚区建设成效显著，呈现良好快速发展态势，有力地支撑了全省经济的快速发展。商务中心区和特色商业区（以下简称"两区"）规划工作开始启动，全省各级市、县、区及时开展了"两区"空间规划和控制性详细规划的编制工作；建立了由省财政厅、国土厅、住建厅、商务厅、环保厅、统计局等为成员单位的省商务中心区和特色商业区发展联席会议制度。城市新区、中心城市组团、产业集聚区、商务中心区和特色商业区等共同组成了河南省推进新型城镇化的载体体系。

5. 新型农村社区建设亮点纷呈

新型农村社区（中心村）建设是统筹城乡发展、推进新型城镇化的可贵探索和实践，也是中原经济区建设需要解决的重大问题。2011 年，河南省实施了中心镇和中心村（社区）"百千"建设试点工程，以发展成为农村区域经济社会中心暨现代化特色城镇为目标，启动了 100 个中心镇建设试点；以发展成为新型城镇化和新农村建设的示范点为目标，启动了 1000 个中心村（社区）建设试点。同时，省财政安排专项资金 5 亿元扶持新型农村社区建设。在推进新型农村社区试点建设的过程中，各地积极探索，打造出一个个成功的样本，可谓亮点纷呈。比如新乡市，通过城镇化与新农村建设的"双轮驱动"带动了农民增收，城乡收入差距远远小于全国平均水平。又如鹤壁市，以产业集聚区建设推动农村新型社区建设，促使 2 万多名农民实现了家门口就业。

6. 城市和谐社会建设扎实推进

以改善民生为重点的社会建设取得重大进展，河南城市经济社会发展的协调性增强。居民生活水平明显提高，2010 年河南城镇居民人均可支配收入和人均消费支出分别为 15930 元和 10838 元。公共服务能力不断提高。不断加大对科技教育的投入，高等学校招生规模继续扩大，职业教育迅速发展，基础教育更加巩固，科技创新能力不断增强。2010 年，全省 17 个省辖市普通高校、普通中学和小学在校学生分别为 132.67 万人、123.69 万人和 180.43 万人，占全省的比重分别为 91.1%、18.7% 和 16.9%。文化产业蓬勃发展，百姓精神文化生活日益丰富。医疗卫生和社会保障体系进一步完善。2010 年，全省 17 个省辖市市区拥有医院、卫生院 904 个，拥有医院、卫生院床位 12.87 万张，拥有医生 5.32 万人，占全省的比重分别为 27.5%、42.3% 和 34.4%。社会保障覆盖范围持续扩大。社会福利事业稳步发展，社区建设逐步加快。

（二）河南省新型城镇化发展特征

1. 注重不以牺牲粮食和农业为代价

河南是全国传统的农业大省和人口大省，始终把粮食生产作为整个国民经济的基础，为国家的粮食安全做出了重要贡献。随着工业化城镇化的推进，全国耕地面积不断减少，18亿亩耕地红线岌岌可危，粮食安全是关乎国家长治久安的根本大计。河南省作为全国重要的粮食生产区，保障国家粮食安全义不容辞。近年来，河南省从本省实际出发，探索走出了一条不以牺牲粮食和农业为代价的新型城镇化道路，这是被实践证明正确的道路。尤其是近年来，河南在以新型农村社区为载体加快新型城镇化的实践和探索中，更加突出强调不牺牲粮食和农业。新型城镇化通过合村并点、拆旧建新，节约、置换出大量土地，不仅能够确保建设用地占补平衡、耕地面积稳中有增，而且能够推进农业发展方式由家庭分散经营向规模化、现代化、集约化经营转变，从而提高单位土地面积产出水平，提升粮食综合生产能力，在构建国家粮食安全保障体系中发挥更大作用。

2. 以产业集聚区为载体大力推进产城融合

近几年，河南省以产业集聚区为载体，加快产业向城镇集聚、人口向城镇转移，大力推进产城融合。目前，河南省产业集聚区已经步入良好的发展轨道，正在成为全省经济持续快速发展的主要推动力量。2010年，全省产业集聚区固定资产投资完成5330.83亿元，占全省城镇固定资产投资的38.3%；规模以上工业企业数量占全省规模以上工业企业总数的25.2%；规模以上工业实现主营业务收入12368.75亿元，比上年增长37.2%，增长速度高于全省7.9个百分点，占全省规模以上工业企业主营业务收入的34.3%。更为突出的是，产业集聚区在发展中坚持产城互动，统筹城市功能区与产业集聚区建设，不仅提升了城市功能，增加了就业岗位，也有效促进了农村人口向城镇转移。在发展中，有的产业集聚区根据实际情况，积极实施户口办理、子女上学等优惠政策，吸引农村人口及外出务工人员返乡务工，取得明显成效。2010年末，全省产业集聚区规模以上工业从业人员153.89万人，占全省规模以上工业企业从业人员的33.6%。

3. 强调集约节约和内涵式发展

河南省有1亿人口生活在16.7万平方公里的土地上，人口密度是全国的4.3倍，人地矛盾突出，人均资源占有量较低。这就要求河南省在加快城镇化的进程中，必须坚持集约节约的理念，实施内涵式发展。河南省在推进新型城镇化的实践和探索中也是这样做的。一是统筹推进土地利用、城乡建设和产业集聚区三个规划的协调衔接。明确规定，三个规划在空间上要实现精准重叠，合理配置建设用地指标。二是河南省城乡建设明确了中心城市组团式发展、中小城市内涵式发展、新型农村社区集聚式发展的思路。中心城市组团式发展的重点，是通过发展城市组团，构建城市集群，共同带动区域发展，形成新的经济增长板块。中小城市内涵式发展的重点，是转变城市粗放发展方式，避免盲目扩张，建设紧凑城市、促进城市发展速度和发展质量的统一。新型农村社区建设重点是通过整合村庄、土地、人口、产业等区域空间资源要素，实现土地集约利用、产业集聚发展、人口集中居住、功能集合构建，增强新型农村社区综合服务功能。

4. 城乡统筹步伐加快

农业人口众多，城乡差距大是河南基本省情，也是制约城镇化发展的一个重要因素。河南省城乡居民收入绝对差距已由 2000 年的 2780 元扩大到 2010 年的 10407 元，城乡居民收入比由 2.4∶1 扩大到 2.88∶1。河南省在新型城镇化推进过程中，各地区以新型农村社区为切入点，大力推动城镇基础设施和公共服务体系向农村延伸，积极探索以工促农、以城带乡、城乡统筹发展的新路径，取得了良好成效。一些地区通过建设新型农村社区，实现了"离土不离乡，就业不离家，进厂不进城，就地城镇化"，打破了过去把人口集中到城市的单一城镇化模式，使城乡结构、产业结构、就业结构、人口分布结构更趋合理，探索了一条农业人口居多数的地区实现城镇化的新途径。同时也促进资金、技术、人才、信息等要素在城乡之间科学配置、合理流动，实现城乡协调发展、相互促进、共同繁荣。

5. 把民生改善作为根本

以人为本，不仅是科学发展观的核心，也是新型城镇化建设的重要内容和基本原则。河南省在推进新型城镇化的实践和探索中，坚持以人为本，把保障和改善民生作为根本，无论是城市建设、产业集聚区建设还是新型农村社区建设，都坚持在不损害人民群众利益的基础上，为人民群众谋取更多福利，通过解决居民就业、社会保障、土地流转、公共服务均等化等现实问题，让城乡居民共享经济社会发展成果。在城市建设中，河南高度重视城市中低收入家庭住房困难问题，省委、省政府将大规模实施保障性安居工程作为 2011 年带动全局的八项关键举措之一；进一步完善和实施扩大就业、义务教育、住房和社会保障、土地流转等政策，切实维护进城农民的合法权益，有序推进农民进城落户。此外，产业集聚区和新型农村社区建设，促使农民实现了就地转移，就地城镇化，过上了既"安居"又"乐业"的理想生活，成为直接受益者。

6. 进一步加强政策引导

河南省在推进新型城镇化进程中注重政策引导，自 2010 年以来，河南省出台了多项支持新型城镇化建设的政策法规，加快新型城镇化的政策体系日益完善。2010 年 10 月，《河南省人民政府关于推进城乡建设加快城镇化进程的指导意见》（豫政〔2010〕80 号）出台，为落实该文件精神，2010 年 11 月，河南省人民政府办公厅印发《河南省城乡建设三年大提升行动计划》（豫政办〔2010〕129 号）。此外，为深入推进新型城镇化，河南省还出台了《河南省人民政府关于进一步做好进城务工农民随迁子女义务教育工作的意见》（豫政〔2010〕54 号）、《河南省人民政府关于促进农民进城落户的指导意见》（豫政〔2011〕4 号）、《河南省人民政府关于批转 2011 年河南省加强城乡基础设施建设专项工作方案的通知》（豫政〔2011〕28 号）、《河南省人民政府关于批转省住房城乡建设厅河南省 2011 年保障性安居工程建设专项工作方案的通知》（豫政〔2011〕34 号）、《中共河南省委 河南省人民政府关于促进中心城市组团式发展的指导意见》等一系列文件。中小城市内涵式发展、中心镇集聚式发展的研究正在进行，河南省新型城镇化建设的政策体系初步形成。

（三）河南省新型城镇化面临的问题

1. 城镇化发展水平仍然偏低

长期以来，河南省城镇化水平一直低于全国平均水平 10 个百分点左右，虽然近年来呈现出较快的发展速度，保持了较好的发展态势，但是与全国和经济发达地区相比，河南省的城镇化水平仍然偏低，已成为制约全省经济社会发展的主要矛盾。2013 年，河南省城镇化率仅为 43.8%，低于全国平均水平 9.93 个百分点，不仅在中部地区六省中排倒数第一，在全国 31 个省级地区排倒数第五，仅略高于甘肃、西藏、云南和贵州（见图 2 - 1）。

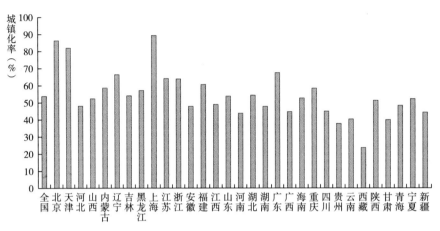

图 2 - 1 2013 年全国及各地城镇化水平比较

资料来源：《中国统计年鉴 2014》。

2. 城镇体系不甚合理

河南省城镇体系还不尽合理，突出表现在以下几方面：一是核心城市辐射带动能力不强。郑州首位度较低，经济实力不强，集聚和辐射能力较弱，对全省城镇的辐射带动作用尚未发挥出来，在全国城镇体系中的等级地位不高。二是中小城市规模偏小。表现在全省中等城市数量较少，承上启下的节点作用不够突出，一些省辖市市域人口已超过 1000 万，但中心城区人口却不足 100 万，有的甚至不足 50 万，难以有效辐射带动周边地区发展；小城镇数量众多，但是规模小、功能不全，服务带动乡村地区发展的功能较弱。三是职能分工不尽合理，专业化职能不突出。各城市产业同构和结构雷同现象严重，互补性差，城镇体系处于一种松散状态，制约了整个区域经济社会发展。

3. 产业支撑能力不强

城镇化的快速发展，需要强有力的产业支撑。长期以来，河南省城镇化发展不快，一个重要原因就是第二、第三产业发展水平低，缺乏吸纳就业的能力，也就影响了人口的集聚。如今，河南省已成为新兴的工业大省，工业增加值多年居全国第五位，但还远不是工业强省，仍然存在着工业大而不强、资源性产业比重高，而高新技术产业比重低，竞争力弱等问题。河南省第三产业更是不大不强也不优。2013 年，河南省第三产业占GDP 的比重为 46.1%，不仅在中部地区六省中排末位，在全国也排最末位。第二、第三产业发展水平低必然造成吸纳就业能力弱，2013 年，河南省第二、第三产业从业人口比重仅为 59.9%，低于全国平均水平 8.7 个百分点。从城乡从业人口比来看，2013 年，河南省城镇从业人口比重仅有 24.0%，而全国这一比重是 49.7%。可见河南城镇承载就业人口的能力非常弱，很大程度上制约了城镇化的快速发展。

4. 城乡基础设施建设滞后

城镇基础设施的建设与发展，对于提升城镇功能，加快人口集聚具有特别重要的意义。但是由于经济发展水平不高，城乡基础设施建设资金不足等原因，目前，河南省城乡基础设施和公共服务设施不完善。一是城市设施水平较为落后。河南城市基础设施水平与部分省份乃至全国城市基础设施平均水平相比，存在较大差距（见表 2 - 1）。在表 2 - 1 所列 6 项指标中，除每万人拥有公共厕所指标外，其余 5 项指标均低于全国平均水平。由于基础设施落后，一些城市出现了交通拥堵、道路积水、城市管网老化、垃圾围城等"城市病"，制约了城市的快速健康发展和人居环境的改善。二是农村水、电、路、气等基础设施和教育、文化、医疗卫生等公共服务设施建设历史欠账较多，农村设施建设落后状况亟待改善。三是城乡建设投资匮乏，"城中村"和旧城改造难度较大。"城中村"存在着环境、消防、治安等严重问题，为获高额补偿居民抢建风盛行，改造难度不断加大。保障性住房建设不能满足群众需求。

表 2 - 1　2013 年河南与全国及东中西部部分省份城市设施水平比较

地区 \ 指标	城市用水普及率（%）	城市燃气普及率（%）	每万人拥有公共交通车辆（标台）	人均城市道路面积（平方米）	人均公园绿地面积（平方米）	每万人拥有公共厕所（座）
河　南	92.16	81.98	9.07	11.57	9.58	3.05
山　东	99.85	99.58	13.54	25.34	16.81	1.95
河　北	99.85	98.35	12.62	18.22	14.05	4.07
山　西	98.14	96.10	9.90	12.88	11.18	3.19

续表

地区 \ 指标	城市用水普及率（％）	城市燃气普及率（％）	每万人拥有公共交通车辆（标台）	人均城市道路面积（平方米）	人均公园绿地面积（平方米）	每万人拥有公共厕所（座）
陕　西	96.52	93.75	16.27	14.74	11.77	3.81
湖　北	98.19	95.09	11.56	15.85	10.83	2.59
安　徽	98.40	96.14	10.99	19.61	12.47	2.26
全　国	97.56	94.25	12.78	14.87	12.64	2.83

资料来源：《中国统计年鉴2014》。

5. 城镇发展方式粗放

当前，河南城镇建设与发展取得了巨大成就，城镇经济实力显著增强，城镇体系不断优化，城镇化水平快速提高，城镇建设日新月异，城镇功能逐步完善，但是在城镇经济发展、规划建设、生态环境、城镇管理、社会发展等方面河南也暴露出了发展方式粗放的问题。一是经济实力显著增强，但是产业结构层次偏低；投资快速增长，而消费需求明显不足；科技进步明显，但总体自主创新能力不强。二是城镇规划建设取得巨大成就，但大部分是依靠盲目追求数量而忽视质量，单纯靠规模扩张、外延式发展的传统模式，内涵式发展不足。三是城镇绿化和环保工作逐步加强，但随着城镇化进程加快，城市人口密集、交通拥挤、资源短缺、环境污染、生态恶化等问题仍十分严峻。四是城镇管理水平有所提高，但总体上重建设轻管理现象仍然严重，科学的管理机制尚没有形成。五是社会事业健康发展，但仍存在着居民收入增长缓慢，就业和社会保障体系不健全，教育、医疗、住房等关系群众切身利益的一些民生问题亟待解决。

6. 制度体系亟须进一步完善

河南省就促进新型城镇化已出台一系列的法规政策，但由于长期形成的城乡"二元"分割的政策体系和管理体制，使得城乡之间在就业、教育、医疗、福利、保险等各个领域都存在着制度上和政策上的不公平，目前河南省城乡二元结构问题突出，城乡结构仍处于不平衡状态。例如，以户籍为分界的不公平的社会管理制度，使得农民工自身的合法权益难以得到保障，进城落户融入城市困难；现有的土地使用权制度阻碍了合理扩大城市空间和提高土地使用效率，不利于土地集聚；就业和社会保障制度不完善，在一定程度上阻碍了劳动力的流动，使得城市的发展缺乏人力资源的支持。这些都成为制约新型城镇化发展的制度障碍，加快新型城镇化进程亟须进一步完善制度体系。

三　创新城镇化模式是推进中原经济区建设的战略选择

河南省提出的新型城镇化战略以更加注重粮食和农业、产城融合、集约节约、城乡统筹、民生改善、政策引导等为基本特征，是提升城镇化水平与质量的内在要求，是破解新、老"四难"问题的有效途径，是增强内需动力的迫切需要，是转变经济发展方式的重要突破口，是全面提高城乡居民生活水平的重大举措，是实现中原崛起的必然选择。

（一）提升城镇化水平与质量的内在要求

城镇化是经济和社会发展的产物，是工业化和现代化发展的必然结果。城镇化水平是衡量一个国家或地区经济社会发展水平的重要标志。按照国际通行标准，当前河南人均 GDP 突破 4000 美元，已进入工业化城镇化加速推进时期，然而 2013 年河南城镇化率仅为 43.8%，与相应的城镇化率 55% 左右的国际标准相比，滞后 10 多个百分点，与全国平均水平相比，也滞后 9.9 个百分点。城镇化水平偏低、与工业化和经济发展不协调，已成为制约河南经济社会发展的主要障碍。2013 年，河南工业化率为 49.6%，高于全国平均水平 12.6 个百分点，而同期其城镇化率为 43.8%，落后全国平均水平 9.9 个百分点，城镇化发展明显滞后于工业化发展，难以为传统工业化向新型工业化的演进积累规模效应、集聚效应，难以形成创新、人才、信息等高端要素流动平台，也难以为实现农业规模化经营以及农业机械化、电气化、信息化等农业现代化发展提供支撑。

此外，长期以来，河南省走的是以高消耗、高排放、高扩张为特征的传统城镇化发展道路，城镇化发展质量不高，突出表现为：城镇产业支撑能力不强，城镇基础设施和公共服务设施建设滞后，城镇功能不完善，城镇综合承载力较弱，城镇的内涵式发展不足。随着城镇化进程加快，河南城市人口密集、交通拥堵、资源短缺、环境污染、生态恶化等问题日益严峻。

显然，城镇化水平低已成为制约河南经济社会发展的突出"短板"和各种矛盾的聚焦点。目前，加快城镇化进程已成为理论界及各级政府和部门的共识。但是，城镇化是一个由传统的农村社会向现代城市社会转变的自然历史过程，在这个过程中，不仅有量的转变，更有质的转变，二者是相互协调发展的过程。实施以城乡统筹、城乡一体为核心内涵，以产城互动、节约集约、生态宜居、和谐发展为基本特征的新型城镇化战略，是提升河南城镇化水平与质量的内在要求。

（二）破解发展难题的有效途径

当前，河南经济社会发展面临着诸多矛盾和问题，"钱从哪里来、人往哪里去、粮食怎么保、民生怎么办"的老"四难"问题，尚未得到有效解决，"土地哪里来、减排哪里去、要素怎么保、物价怎么办"的新"四难"问题又撂在老"四难"问题前亟待解决。坚持新型城镇化是破解新、老"四难"问题的迫切需要和有效途径。

只有坚持新型城镇化，才能不断完善城镇功能，优化发展环境，促进企业集中、要素集聚，形成集群优势和交易成本优势，进而吸引更多的投资、项目进得来，留得住，发展快，带动强，解决"钱从哪里来"的问题；才能有效破解现有城市承接吸纳能力远不能满足大量农村人口向城市转移的需要之困难。新型五级城镇体系建设为人口转移提供了多元选择和更大的容量，让广大农民可以不必离土离乡就能安居乐业，解决"人往哪里去"的问题；才能以社区化发展促进耕地流转，推动农业规模化、组织化、标准化、现代化，在耕地不减少的同时提高农业生产效率和综合生产能力，解决"粮食怎么保"的问题；才能通过要素集约利用、功能集合构建、服务整体提升，城乡基础设施和公共服务设施不断完善，破除城乡二元结构，尤其是新型农村社区建设，让农村居民不出家门就能过上城市生活，解决"民生怎么办"的问题。

只有坚持新型城镇化，才能不断优化城市布局和形态，避免城市"摊大饼"式的无序蔓延，同时推动农村土地挖潜、整治、复耕，更好地促进城乡土地资源集约节约利用，缓解建设用地刚性需求与保护耕地硬性约束的矛盾，解决"土地哪里来"的问题；才能促进企业集中布局、产业集群发展，进而形成循环经济发展链条，深入推进清洁生产，通过污染物减量和污染综合治理并举，解决"减排哪里去"的问题；才能促进资源合理流动、优化配置，提高资源投入产出效率，推进节约集约利用，解决"要素怎么保"的问题；才能一方面通过加快农业发展方式转变，提高农业生产能力和生产效率来实现保供给；另一方面通过城乡统筹、融合发展促进产需之间有效衔接，减少中间环节，有效降低流通成本，平抑市场物价，解决"物价怎么办"的问题。

可见，只有坚持新型城镇化，才能有效破解河南经济社会发展中的现实难题，进而促进人力资源和消费潜力释放，加快生产方式和生活方式转变，促进经济结构和社会结构转型，实现经济社会全面协调可持续发展。

（三）增强内需动力的迫切需要

增加出口、扩大投资和刺激消费是推动一个国家或地区实现经济增长的三驾马车。近年来，河南省经济高速增长主要是依靠政府主导的投资的快速增长拉动，而支撑经济增长的内生动力不强。从目前国内外及河南经济运行情况看，经济增速回落苗头正在显现，其根源在于有效需求不足，国外需求疲软，国内需求乏力。因此，"后危机"时代最大的难题是：怎样才能为经济增长找到新的需求平台？新型城镇化战略无疑将为解决这一难题提供更大的战略空间。这是由于，城镇化是激发内需潜力和拉动经济增长的原动力和主引擎。分析表明，城镇化率每提高 1 个百分点，就能拉动 GDP 增长 1.5 个百分点；每增加 1 个城镇人口，可带动 10 万元以上固定资产投资，带动 3 倍于农民的消费支出。同时，城镇化的推进可以为基础设施、公共服务建设投资带来巨大的空间。河南是人口大省，有 6000 万农村人口，市场空间广，内需潜力大，然而河南城镇化水平低在很大程度上抑制了其扩大内需的潜能。

因此说，加快推进新型城镇化是促进消费升级、刺激内需增长，增强经济增长内需动力的迫切需要。坚持新型城镇化，尤其把新型农村社区纳入五级城镇体系中，不仅为农业、农村发展带来新机遇，还将有利于消化河南诸多行业富余的生产能力,为产业升级提供战略空间,也能够释放农村消费市场的巨大潜力。同时,坚持新型城镇化,推动消费观念和生活方式的深刻变化,促进消费群体扩大、消费水平提高,可以为经济发展提供最强大、最持久的内生动力。

(四) 转变经济发展方式的重要突破口

改革开放30多年来,河南经济社会发展取得了显著成效,但经济社会发展中仍存在着产业结构不合理、过分依靠投资拉动、企业技术创新能力不强、消费需求不旺、资源环境约束日益突出等问题,这些问题已成为经济发展困难的根源,转变经济发展方式已刻不容缓,河南已经进入"以转型促发展"的历史时期,而新型城镇化战略是加快经济发展方式转变的必然选择。

首先,新型城镇化推动工业发展由粗放向集约转型。新型城镇化能够提高经济集聚度,加快城市经济向服务性经济转型,促进高端生产要素集聚,推进生产性服务业加快发展,提高现代工业的服务增值能力,降低工业发展的资源消耗与要素投入,减少对环境的损害。其次,新型城镇化推动城镇发展由外延向内涵转型。河南特色的新型城镇化覆盖了从大城市到农村社区五个层级,形成分工合理、功能清晰的城镇结构,对于提高大城市、中心城市、小城镇以及农村的内涵发展水平,均具有较大的推动作用。从大中城市看,城镇化将推动公共服务业(教育、医疗、社保、就业)、消费性服务业(商贸、餐饮、旅游)和生产性服务业(金融、保险、物流)的发展,提高城市发展质量,促进一般性产业向周边小城镇和外围组团转移,带动中小城镇与农村社区提高发展水平。再次,新型城镇化推动农业发展由传统向现代转型。河南特色的新型城镇化以新型农村社区促进农村人口聚集,实现就地转移与就业,可以为农村留下人才,同时加快扩大农业生产规模,改善农业基础设施,加快农业发展方式转变。

由此可见,新型城镇化通过带动工业、城镇、农业发展转型,促进"三化"协调发展,实现不以牺牲农业和粮食、生态和环境为代价的目标。从这个意义上讲,对于城镇化滞后于全国平均水平的河南来说,推进新型城镇化,不仅是加快经济发展方式转变的重要内容,而且,以城镇化作为引擎和载体，对经济发展方式转变具有明显的现实带动作用，是加快经济发展方式转变的重要突破口。

（五）全面提高城乡居民生活水平的重大举措

人民群众生活水平和质量显著提高，是河南省全面建设小康社会的重要目标。近年来，随着经济社会的快速发展，河南省城乡居民生活水平也不断提高，但与全国平均水平相比，河南还存在着较大的差距。2013 年，河南省城镇居民人均可支配收入和农民人均纯收入分别达到了 22398.03 元和 8475.34 元，比全国平均水平分别低了 4557 元和 421 元；河南省城镇居民和农村居民家庭平均每人全年消费性支出分别为 14821.98 元和 5627.73 元，分别比全国平均水平低了 3200 元和 998 元。

首先，推进新型城镇化能够直接提高城乡居民生活水平。城镇化水平与居民生活水平直接相关。有研究表明，城镇化率与城乡居民收入和城乡居民人均消费性支出之间均存在显著的正的直线相关关系。城镇化率每提高 1 个百分点，农村居民的人均纯收入增加 52.91 元，而城镇居民的人均可支配收入会增加 178.15 元；农村居民的人均消费性支出增加 40.29 元，而城镇居民的人均消费性支出会增加 129.89 元。其次，新型城镇化通过推进城乡统筹、城乡一体提高农民群众的生活水平。长期以来，城乡二元结构是造成城乡居民生活水平差距悬殊的主要原因。新型城镇化突出城乡统筹、城乡一体，尤其是把新型农村社区纳入到五级城镇体系，第一次把城市规划、城市文明及社会公共服务全面推进到农村，把城镇的文化、教育、医疗等基本公共服务同步向农村延伸，提升农村人居环境，提高农民群众的生活水平和整体素质。再次，新型城镇化通过推进产城互动解决城乡居民就业问题，增加城乡居民收入，从而提高城乡居民的生活水平。河南省大力推进产业集聚区、商务中心区和特色商业区为工业、服务业发展提供了载体，产业发展能够有效解决城市居民的就业问题。同时在新型农村社区规划建设中强调产业支撑和带动作用，主要解决了农民的就业问题，实现农民"离土不离乡、就业不离家、进厂不进城"，就地城镇化。

第三章
国外城镇化发展模式比较及
对中原经济区的启示

世界城镇化已有两百多年的历程，既有成功的经验，也有失败的教训。在经济发展方式、社会结构形态以及宏观环境条件均已发生显著变化的背景下，分析比较国内外城镇化模式，对于创新中原经济区城镇化模式，有效推进中原经济区新型城镇化，具有重要的现实意义和深远的历史意义。

一 国外的城镇化模式

世界城镇化发轫于 18 世纪中叶英国的工业革命，并不断推动人类社会由农业社会向工业社会、由农村时代向城市时代转变。由于历史文化传统、经济社会条件、政治体制差异等原因，世界各国发展出不同的城镇化模式。主要可概括为以下四大类。

(一) 西欧政府调控下的市场主导型城镇化

西欧是城镇化发展起步较早，也是较早完成城镇化的地区之一。西欧代表发达市场经济国家，市场机制在这些国家的城镇化进程中发挥了主导作用，政府则通过法律、行政和经济手段，引导城镇化健康发展。西欧政府调控下的市场主导型城镇化，总体上是与市场化、工业化比较协调互动的城镇化，是一种同步型城镇化。其基本特征体现在以下几方面。

第一，工业化与城镇化相互促进。城镇化总体上来说是近代工业化的产物，如英国的伦敦、利物浦、曼彻斯特作为工业革命的发源地，制造业的兴盛吸引了大量人口，城市的人口聚集为工业化提供了丰富的劳动力资源，同时规模经济和规模效益进一步强化了城市的集聚作用。近年来随着全球经济一体化和竞争的加剧，城市产业结构不断调整和重新分化，城市发展格局显现出新的态势，产业发展与城市发展更加密不可分。

第二，设立配套的法律制度。欧洲一些国家在城镇化初期，人口和产业活动迅速集聚，而城市缺少必要的供排水和垃圾处理等基础设施，导致严重的环境污染和致命疾病的流行等问题。比如英国曾经成为第一个出现城市人口急剧膨胀、住房短缺、贫民窟密布、公共卫生设施匮乏、环境污染、犯罪率居高不下等"城市病"（被戏称为迈达斯灾祸）的国家。针对人口集中引起的资源和环境问题，英国出台了《住宅与规划法》《公共卫生法》《环境卫生法》等相关法律，对城镇化和城市建设进行强制性的规划引导。尤其是《住宅与规划法》成为世界上第一部城市规划法，标志着规划成为重要的政府管理职能和引导城镇化进程的公共政策。继英国之后，欧洲其他各国相继建立了城市规划体系，制定法律法规对城镇化和城市建设进行强制性规定和规划引导，并在城镇化进程中经历了制度、方法和技术的不断演进和完善。

第三，在城镇化过程中强化对农业的保护。由于人口密度高，土地资源紧张，西欧国家在城镇化后期非常注重土地集中利用和农业耕地的保护，农业用地在总国土面积中所占的比重都非常高。1976～1991年，英国、荷兰、法国三个国家的农田占全国土地的比例几乎没有缩减，主要是由于大多数城市扩张发生在森林草场，较少占用已开垦的农田。

第四，政府在城镇化过程中发挥着不可替代的作用。各国政府强调对市场竞争和社会保障进行必要的国家干预，通过健全法制、制定与实施国家城镇化战略和公共政策，建设区域基础设施，改善城市环境，提供公共服务设施，引导城市建设和土地开发利用。比如英国的《绿带开发限制法案》，规定由政府收购土地建设绿化带，减少了城市扩张对环境的损害。德国明确提出城镇发展要"兼顾市场竞争和公共利益"的原则，出台《联邦建设法》和《联邦建设促进法》，协调城市的规划布局，并强调对生态环境和历史遗迹的保护。

西欧国家政府调控下的市场主导型城镇化，为世界城镇化发展提供了基本思路和模式，就是在推进城镇化过程中，要积极发挥市场机制的基础作用，积极推进与城镇化相关的人口、土地、资本等经济要素自由流动和配置。同时，要积极发挥政府引导调控作用，通过健全法制，开发建设区域基础设施和公共服务设施，引导城镇化与市场化、工业化互动发展，积极推进区域结构调整，正确应对快速发展的城镇化进程。同时在此过程中，通过体制机制的不断完善，针对各个特定阶段出现的问题及时调整政府政策，用行政、财税、规划等手段来弥补市场机制的不足。

（二）美国自由放任蔓延式城镇化

美国是当今世界最发达的资本主义国家，也是市场经济的典型代表，在其城镇化和城市发展的过程中，市场发挥着至关重要的作用。但由于美国政治体制决定了城市规划及其管理属于地方性事务，联邦政府调控手段薄弱，政府也没有及时对以资本为导向的城镇化发展加以有效引导，造成城镇化发展的自由放任，并为此付出了高昂的代价。其基本特征为以下几方面。

第一，工业化、城镇化和农业现代化并行推进。19世纪40年代，美国形成世界最发达的运河网；19世纪中期，蒸汽机革命推动交通运输技术发生新飞跃；第二次世界大战后，高速公路网络遍布全国。随着交通方式的便利化和西部庞大的资源优势凸显，美国地域空间发生转换，大批制造业投资开始从美国北部、东北部向南部和西南部转移，工业的飞速发展为城市兴起集聚了人口。与此同时，美国在发展工业化、城镇化的过程中，不断强化农业的基础地位，大幅提升农业生产率。1860年，美国实现了以畜力为动力的半机械化，人均粮食为800公斤；1910年，全面使用机械代替畜力机械；1920年，耕地面积从67万平方公里增加到160万平方公里，人均粮食增长到1000公斤以上；1950年后，美国农业实现了高度机械化。农业的高度发展不仅满足了不断增加的城镇人口对食物的需求，并为工业化提供了原料，同时，美国农产品的出口还为城镇化提供了初期资金积累。

第二，郊区低密度蔓延式扩张。由于20世纪上半叶美国城市的快速发展，城市中心交通拥挤、环境恶化、住房紧缺、犯罪率高等问题日益突出，富有家庭离开城市中心的高楼大厦到郊区居住，建造属于自己的独立院落式低层住宅。同时，随着经济的发展和汽车的普及，广大中产阶级和普通居民也追随其后移居到郊区。这种现象在城市发展的空间格局上，就表现为城市沿公路线不断向外低密度蔓延，城市发展为包含着若干连绵的市、镇的大都市地区。1970 年美国郊区人口超过中心城区的人口，也超过非都市区的人口。据林肯土地政策学院所提供的资料显示：纽约大都市区自 1960 年至 1985 年人口仅增加 8%，而城镇化的区域增长了 65%。这种低密度外延式的郊区化发展模式，虽然推动了城乡融合，但同时也带来了土地资源浪费严重、通行费用增大等突出问题。

第三，加强政府干预与规划。20 世纪 90 年代以来，面对郊区化无节制蔓延带来的种种问题，美国政府提出并实施了"精明增长"运动，通过立法和行政干预，强化城市规划和产业规划布局，加强生态环境保护，遏制郊区化无节制蔓延，平衡城郊发展。其内容主要包括强调土地利用的紧凑模式，鼓励以公共交通和步行交通为主的开发模式，混合功能利用土地，保护开放空间和创造舒适的环境，鼓励公共参与，通过限制、保护与协调实现经济、环境和社会的公平。这是针对美国长期以来完全市场经济条件下城市向郊区低密度无序蔓延所带来的社会和环境问题的反馈，是以可持续发展为价值取向、以科学管理为手段，具有可操作性的管理理念和管理模式。

美国自由放任蔓延式城镇化，虽然提高了城镇化水平，促进了城乡的融合发展，但也产生了一些诸如土地资源浪费严重、生态环境破坏愈演愈烈、资源能源消耗量大、公共服务基础设施投入过大等问题，特别是在美国城镇化发展过程中，一些大中城市的逐步衰落，如底特律的衰败，尤其值得我们警惕。同时，我们也要积极汲取美国在解决过度郊区化过程中所积累的一些好的经验和做法，以便更好地推进新型城镇化进程。

（三）拉非国家殖民地经济主导型城镇化

由于历史传统和现实因素的作用，拉美、加勒比海和非洲大部分国家的城镇化与这些地区的国家长期沦陷为西方列强的殖民地直接相关，具有独特的发展模式。表现为在外来资本主导下的工业化与落后的传统农业经济并存，工业发展落后于城镇化，政府调控乏力，城镇化大起大落。其工业化发展赶不上城镇化进程，属于"过度城镇化"。这些国家的城镇化水平与西方国家接近，但经济水平仅相当于西方国家的 1/20～1/10，城市发展质量很低，"城市病"蔓延，危害经济和社会的健康发展。其基本特征包括以下几方面。

第一，城镇化与工业化发展相脱节。工业化是城镇化发展的重要保障和动力，城市工业的发展对城市的快速发展、提供城市就业具有极其重要的作用。由于拉非国家早期的工业化发展源于宗主国的工业资本输入，主要发展劳动力吸纳水平较低的资本密集型重工业，其支撑城镇化和就业的能力较低。同时，由于政府没有利用好外资发展自身的民族工业，随着宗主国工业资本撤出，拉非国家工业化发展受到严重打击，从而导致了城市经济的低迷和就业能力的不足，造成贫民窟在城市的大量聚集。

第二，忽视农业农村的发展。拉非国家在依靠外国资本发展工业的同时，忽视农业现代化和农村的建设，加剧了城乡差距，导致大量农村人口涌向城市，使城市就业、居住、环境和教育设施不足的问题进一步恶化。同时，拉非国家不合理的土地制度和错误的农业现代化模式，也降低了农业的基础作用，将大批农村人口过早地挤出农村，无序地流入城市。

第三，人口高度集中于大城市。拉非国家的城镇化是基于政府自由放任下的发展模式，政府对农村人口的迁移放任自流。由于首都是这些国家最发达的地区，普遍出现了城市人口高度集中在首都或少数几个城市的现象。比如，秘鲁首都利马集中了全国人口的 1/3，乌拉圭首都蒙得维的亚集中了全国人口的 52%，阿根廷首都布宜诺斯艾利斯集中了全国人口的 45%，墨西哥首都墨西哥城集中了全国人口的 32%，委内瑞拉首都加拉加斯集中了全国人口的 26%，巴拿马首都巴拿马城集中了全国人口的 66%。

第四，"城市病"十分严重。人口过度膨胀超过城市资源和环境的承载力，导致许多拉非国家的城市尤其是大城市空气质量恶化、环境污染严重、交通拥挤、供水困难，"城市病"比其他国家更加严重。在拉美，一座 300 万人口的城市每天要产生 22.5 万吨固体垃圾，而得到处理的还不足总量的 5%。大多数城市受到汽车尾气和工业烟尘的严重污染。巴西圣保罗有 400 多万辆小汽车，不仅造成交通堵塞，也造成严重空气污染，政府不得不强制实行汽车停驶计划。

拉非国家城镇化的畸形发展，不仅没有给城市的健康发展注入活力，也没有给农村和农业经济的发展创造新的生机，而且成为整个城乡经济发展的绊脚石。因此，发展中国家在推进人口城镇化过程中，都十分警惕"拉美陷阱"，然而由于经济发展水平、政府调控能力、国民价值取向等多种因素影响，很多发展中国家还是不同程度地跌入"拉美陷阱"，最终制约着经济的发展和社会的进步。

（四）南亚"人口爆炸"式城镇化

南亚大部分国家的城镇化道路，是基于总人口短时期的"爆炸式"增长，以至于大大超越同期的综合承载能力，并由此推动城镇化发展，具有与其他国家和地区显著不同的特征。印度是世界第二人口大国，国土面积只有中国的 1/3，人口已经超过 10 亿。有研究认为，正是由于印度人口爆炸式增长，导致大都市及其周边的城镇和村落形成连绵不断的空间集聚形态。也有研究指出，印度城镇化进程中城市人口增长的主要来源是自然增长，根据印度 1991 年的人口普查资料，在 1971～1981 年的印度城镇人口增量中，大约 41% 是城镇人口的自然增长，36% 是农村向城镇迁移以及城镇建设范围扩大所致。但是在 1981～1991 年，两个比例分别变化为 60% 和 22%。由于人口数量高增长导致城镇化率的提高，这一现象是印度有别于其他国家以人口迁移为主的城镇化特征。

第一，农村贫困推动城镇化。印度各大城市普遍存在着贫民窟日益拥挤，城市道路拥堵，排水和供电系统超负荷运转，就业岗位缺乏，生活环境恶化等发展问题。许多研究指出，印度城镇化与许多国家城镇化进程所不同的另一个特点就是，农村人口向城市的迁移不是由于城市繁荣的拉动，而是由于农村贫困落后的推动。印度农村有大量的无地人口，难以通过从事农业生产维持生存，同时城乡收入差距不断扩大，农村生活环境恶化，致使部分农村人口选择了城市贫民窟这种成本较低的迁移方式。

第二，缺乏产业支撑保障。由于印度国民经济的体系和门类欠缺，产业结构失调，制造业等劳动密集型产业发展滞后，传统服务业缺乏现代产业的支撑难以实现优化升级，虽然其信息产业等发展较快，但是这些产业吸纳就业能力偏低，产生了"资本排斥劳动力"现象，限制了农业剩余劳动力向工业部门的转移。贫困人口不断增加，总体收入水平和消费水平也就难以提高，服务业的需求也难以持续，使得城镇化发展缺乏产业支撑和根本动力，难以实现健康有序发展。

第三，长期忽视城镇化的发展。长期以来，受圣雄甘地关于"印度应该是个乡村国家"理念的影响，印度政府并不重视城镇化的发展，而是单纯强调农村经济和稳定农民。为阻止农村人口涌入大城市，政府不惜抬高城市生活成本，遏制城市生活条件的改善，导致大量人口不得不生活在农村，而进入城市的农村人口又不得不生活在贫民窟中，造成贫民窟在城市的大量集聚。以孟买为例，据不完全统计，孟买市共有大大小小贫民窟2000个，其中最大的达哈维贫民窟仅占地1.75公里，而居住人数却高达百万。

以印度为代表的"人口爆炸"式城镇化给予我们一个重要的启示，就是在推进新型城镇化的过程中，既要强化城镇化的产业支撑，发挥城市规划的引导调控作用，加强城市基础设施和公共服务设施的建设，同时又要避免在城市中形成贫困聚集区。

二 国内城镇化模式的探索

城镇化战略作为推动经济社会发展的重大战略，在我国社会主义现代化建设中发挥了至关重要的作用。新中国成立以来尤其是改革开放以来，我国日益重视城镇化的重大战略作用，从"积极发展小城市"到"走中国特色的城镇化道路"，走出了一条独具中国特色的城镇化路子。尤其是在国家城镇化发展战略方针的指引下，全国各地立足地方实际，积极推进城镇化的实践创新，为我国城镇化的发展和新型城镇化战略的实施提供了宝贵经验和有益启示。

（一）以城市群为突破口推进城镇化发展

在我国城镇化发展过程中，许多省份和地区把城市群作为推进城镇化发展的主体形态和重要突破口，以城市群培育和建设加快推进区域城镇化进程。上海市提出，深入实施国家长三角地区区域规划，深化与拓展交通、环保、科技等重点领域合作，完善合作协调机制，加速推进长三角地区一体化发展，努力为建设具有较强国际竞争力的世界级城市群做出更大贡献。广东省强调，加强规划协调和衔接，联手港澳打造更具综合竞争力的世界级城市群。天津市提出，要深化与兄弟省区市交流合作，积极推进京津冀都市圈和环渤海地区建设。四川省提出，要把城市群作为推进城镇化的主体形态，率先发展成都平原城市群，推动成（都）德（阳）绵（阳）同城化发展；加快发展川南城市群，推动自（贡）泸（州）内（江）宜（宾）一体化发展；依托区域性中心城市，积极培育川东北城市群，推动攀（枝花）西（昌）城市群发展。江西省提出，加快构建与长江中游城市群互通互连的鄱阳湖生态城市群和沿沪昆线、京九线两条城市带，建设一批各具特色的中小城市，形成中心城市与中小城市及小城镇分工明确、联系密切、布局合理、发展协调的城镇网络。

在以上培育形成城市群的实践中，尤以长三角、珠三角、京津冀等三大城市群最为成功，也最具示范意义。其主要做法：一是强化规划引领。无论是长三角城市群，还是珠三角城市群，抑或是京津冀城市群，均把城市群规划编制放在重要位置，充分发挥规划的引领调控作用，以科学规划推动城市群的科学发展。二是加强政策支持。政策支持是长三角城市群、珠三角城市群、京津冀城市群快速发展的重要保障。比如，广东省为促进珠三角城市群快速发展，出台了《关于加快推进珠江三角洲区域经济一体化的指导意见》等文件，并从交通、能源、信息化、产业、环保生态、城市规划和公共服务等方面制定了一系列的支持政策。三是推进区域合作。加强区域合作是这三大城市群发展的典型经验，尤其是长三角城市群，为推进城市群地区的协调发展，长江三角洲成立了城市经济协调会，共商区域发展大计，协调区域城镇化的发展问题。

（二）以现代城镇体系为载体推进城镇化发展

城镇体系是城镇化发展的主要载体，也是推进城镇化发展的重要内容。在推进城镇化的实践中，国内一些省份将构建现代城镇体系置于重要位置，全力构筑形成大中小城市、小城镇协调互动、互促互进的城镇化发展新格局。浙江省坚持把完善区域城镇体系、促进城镇群发展作为落实全省工业化城镇化发展战略的主要抓手，着力提高浙江在全国城镇体系、长三角城镇密集区和工业集群中的地位。黑龙江省强调，坚持以城镇化建设试点工程、社会主义新农村建设工程和现代交通网络建设工程为抓手，加快构建大中城市、小城镇和新农村统筹协调发展的现代化城镇体系，促进城乡经济社会发展一体化和基本公共服务均等化。湖北省提出，加快实施主体功能区规划，按照用地集约、人口集中、产业集聚的思路，构建以"一主两副"为龙头、区域中心城市为支撑、县城和中心镇为节点的现代城镇体系。内蒙古自治区提出，坚持从实际出发，充分考虑生态环境承载能力，以发展盟市所在地中心城区为重点，着力打造一批规模适度、宜居宜业的区域中心城市，加快构建多极支撑的生态型城镇体系。湖南省强调，坚持走资源节约、环境友好、经济高效、社会和谐、大中小城市和小城镇协调发展、城乡互促共进的新型城镇化道路，构建科学的城镇体系。

其中，在构建现代城镇体系过程中，山东省的做法较为典型，具有启示意义。其主要做法：一是发挥规划的引导调控作用。山东在构建新型城镇体系过程中，先后出台和编制了《山东省"十二五"城镇体系建设规划》《山东省城镇体系规划（2011—2030年）》等相关规划，用于引导各级各类城镇的发展，促进新型城镇体系的形成和发展。二是以城市群为主体形态，形成"一群一圈一区一带"省域城镇空间布局，优化城镇体系的空间格局。三是把新型农村社区纳入新型城镇体系，形成以城市群为主体，以区域中心城市为核心，以县域中心城市为支撑，以小城镇和新型农村社区为基础的层次分明、布局合理、功能协调、城乡一体的五级新型城镇体系。同时，把新型农村社区作为城镇化和新农村建设的结合点，推动城市基础设施向农村延伸、城市公共服务向农村覆盖、城市现代文明向农村辐射，推进农民就地城镇化。四是在做大做强青岛、济南等中心城市的基础上，山东着力把发展中小城市摆在突出位置，推进中小城市向大城市行列迈进。五是积极发展小城镇。对96个国家重点镇和252个省级中心镇，有步骤地实施扩权强镇，赋予其相应的管理权和执法权。同时启动

"镇级市"试点，计划将 20 余个中心镇培育成小城市。

（三） 以城乡发展一体化为抓手推进城镇化发展

按照统筹城乡发展的要求，近年来我国各地在推进城镇化进程中，对加快新农村建设、促进城乡一体化发展进行了积极探索，积累了许多宝贵的经验，特别是四川省成都市形成一套完整的思路、举措和体制机制体系，值得学习借鉴。从 2003 年开始，成都立足于大城市带大农村的区域实际，启动了全面深入的统筹城乡改革，其核心就是要破除城乡二元体制，让农民享有和城镇居民一样的权利、发展机会。2007 年 6 月，国家批准成都市设立全国统筹城乡综合配套改革试验区，要求成都在重点领域和关键环节率先突破，成都的改革进一步深化。2009 年底，成都确立了建设"世界现代田园城市"的历史定位和长远目标，将农田保护、生态环保、现代高端产业、城市先进功能有机融合，以多中心、组团式、网络化的布局，走出一条统筹城乡发展的新路子。成都的经验和做法总体上可以归纳为：三个集中、六个一体化和四大基础工程。

三个集中：就是工业向集中发展区集中、农民向城镇和新型社区集中、土地向适度规模经营集中。这是成都推进城乡一体化的基本原则和根本方法。在工业集中方面，成都按照"一区一主业"的定位和工业集群发展规律，将全市分散的 116 个开发区整合为 21 个工业集中发展区，打造电子信息、软件、汽车、生物制药、航空航天等 11 个现代产业集群，推进工业向这些园区集中。在农民集中方面，规划了由 1 个特大中心城市、14 个中等城市、30 个小城市、156 个小城镇和数千个农村新型社区构成的城乡体系，梯度引导农民向城镇和新型社区集中。在土地集中方面，以稳定农村家庭承包经营为基础，按照依法、自愿、有偿的原则，稳步推进土地向农业龙头企业、农村集体经营组织、农民专业合作经济组织和种植大户集中。

六个一体化：就是城乡规划、城乡产业发展、城乡市场体制、城乡基础设施、城乡公共服务、城乡管理体制一体化。规划一体化方面，成都对城乡发展进行统一规划，实现规划编制、实施和监管的城乡全覆盖，直到村组。产业发展一体化方面，着力构建以现代服务业和总部经济为核心、以高新技术产业为先导、以现代制造业和现代农业为基础的现代产业体系。市场体制一体化方面，建立耕地保护基金制度，开展农村集体土地和房屋确权、登记和颁证工作，并在市、县、镇都建立农村产权交易中心，建立了各类生产要素在城乡间自由流动的市场体制。基础设施一体化方面，实施网络化城乡交通体系建设，推进市政公用设施向农村覆盖，推动生态环境建设一体化和城乡信息服务一体化。公共服务一体化方面，建立城乡一体的公共服务体制和经费筹集、财政投入机制，在就业、社保、教育、卫生、文化等方面推动城乡公共资源均衡配置。管理体制一体化方面，成都先后对 30 多个部门进行了职能整合和归并，建立大部门管理体制；改革户籍制度，实行一元化管理；推进财政管理体制改革，形成对"三农"投入稳定增长机制；创新城市支持农村机制，每年土地出让的较大部分收益用于支持农村经济发展。

四大基础工程：就是加快农村产权制度改革、农村新型基层治理机制建设、村级公共服务和社会管理改革、农村土地综合整治。农村产权制度改革方面，积极为农民承包地、宅基地、房屋开展确权、登记和颁证工作，建立市、县两级农村产权交易机构。农村新型基层治理机制建设方面，全面推行以基层党组织书记公推直选、开放"三会"、社会评价干部为主要内容的基层民主政治建设；积极推广村民议事会、监事会制度；构建党组织领导、村民（代表）会议或议事会决策、村委会执行、其他经济社会组织广泛参与的新型村级治理机制。村级公共服务和社会管理改革方面，率先在全国将村级公共服务和社会管理资金纳入财政预算。农村土地综合整治方面，在广大农村整体规划推进田、水、路、林、村综合整治，改变农村面貌。

（四）以新型城镇化为引领推进城镇化发展

在推进城镇化过程中，国内一些省份坚持把城镇化与工业化、信息化、农业现代化发展结合起来，统筹推进"三化协调""四化同步"发展。其中尤以河南的发展最为典型。早在 2002 年河南就明确提出"加快工业化、城镇化，推进农业现代化"，之后又强调要走"在不牺牲不削弱农业的前提下大力推进'三化协调'发展"的路子。2011 年，河南省提出，持续探索不以牺牲农业和粮食、生态和环境为代价的新型城镇化、新型工业化、新型农业现代化"三化协调"科学发展的路子。2013年，河南省提出，要进一步强化新型城镇化的引领作用、新型工业化的主导作用、新型农业现代化的基础作用，充分发挥信息化的综合带动提升作用，在坚持推动"三化协调"的同时促进"四化同步"。河南推进"三化协调""四化同步"的主要做法，就是通过发挥新型城镇化引领作用，以城市功能的完善来促进产业集聚和第三产业发展，为新型工业化提供支撑；以城市发展和产业集聚创造的就业岗位来引领农民向城镇转移落户，为第三产业发展创造条件，形成产城融合的良性发展格局；以城市对农民的吸纳和对产业的集聚来促进土地流转和适度规模经营，为新型农业现代化发展创造条件；以城镇化的推进来推动信息化发展，为信息化水平的提升奠定基础。

同时，为更好地发挥新型城镇化的引领作用，河南省近年来重点做了以下几项工作：一是着力加快产业集聚区建设。为强化新型城镇化的产业支撑，有效推进农村转移人口市民化，2009年以来，河南省按照"三规合一"、"四集一转"、产城融合的理念，积极实施了产业集聚区建设工程，集中规划建设了180个产业集聚区，这些集聚区已成为河南转型升级的突破口、招商引资的主平台、农民转移就业的主渠道、改革创新的示范区和市、县区域经济的重要增长极，已成为全省经济持续快速发展的主要推动力量。2012年，全省产业集聚区投资和规模以上工业增加值对全省的贡献率均达到60%以上。二是着力推动复合型城市新区建设。近年来，为提升城市功能和带动力，推进新型城镇化和城乡发展一体化，河南省把复合型城市新区建设作为重大战略性举措，作为城乡统筹的实验区和复合型发展的先导区，全力推进复合型城市新区的规划建设。三是着力推进中心城市组团式发展。为更好地推进中心城市的快速发展，发挥中心城市的辐射带动作用，河南省按照统筹规划、因地制宜、合理分工、集约节约的原则，全面启动了中心城市组团式发展工作，规划形成62个城市组团，其中，县城42个，县级市市区13个，特殊功能区7个。四是着力启动中心商务区和特色商业区建设。为推动服务业的快速发展，增强城市的发展实力和辐射带动能力，培育新的经济增长点，促进新型城镇化快速发展，河南省全面启动了商务中心区和特色商业区建设规划工作。目前，全省18个省辖市、10个省直管县（市）和50个市辖区，以及部分县（市）全面启动了规划编制工作，其中，10批51个规划已经通过专家评审。

三 国内外城镇化发展的经验与启示

城镇化发展演变过程，既是从农业社会向工业社会转变的过程，也是从农业文明向城市文明转化的过程。不同国家由于具有不同的发展环境、发展基础和发展策略，其城镇化模式也不相同。梳理和总结典型国家和地区城镇化模式的成功经验和深刻教训，对河南创新城镇化模式，走好新型城镇化道路具有重要的借鉴意义。

（一）发挥市场引导与政府调控双重作用

城镇化是一场深刻的社会大变革，涉及经济结构调整、社会结构变迁、城镇合理布局、区域协调发展等一系列重大问题。总的来看，推动城镇化有序健康发展，需要充分发挥政府调控和市场引导的双重作用。蔓延式城镇化往往会出现城镇建设无序、粗放扩张等问题，过渡型城镇化也同样面临着牺牲农业农村发展、拉大城乡二元差距等困扰。因此，在推进城镇化发展过程中，市场"看不见的手"与政府"看得见的手"必须协调使用。市场机制对资源配置起决定性作用，政府则要运用行政、财税、规划等手段，进行科学合理的规划引导。着力加强对土地资源的宏观管理，把握好集中与扩散之间的度，合理布局城镇和产业体系，解决好外部性导致的市场失灵问题。我国土地资源少，城市用地与耕地、水资源等承载能力之间的矛盾十分突出，在推进城镇化的过程中，既要尊重市场规律，有效发挥市场机制作用，又要加强政府有效调控能力，推动城镇化健康发展。

（二）协调城镇化与农业农村发展的关系

城乡关系是城镇化进程中的核心关系，推进城镇化进程，必然要求与农业、农村发展相协调。农业在城镇化发展演进中起着重要的基础性作用，城市可以为农业发展提供设备、技术等支持，城市发展也需要农业来提供各种资源保障。牺牲农业、农村发展利益的城镇化模式，往往随之而来的是农业衰败、农村凋敝，农村贫困人口增多，城乡差距扩大。西欧国家在处理城市与农村发展关系方面较为成功，政府在关注城镇化发展的同时，非常注重土地集中利用和农业耕地的保护，促进了农业农村的健康发展。而拉非国家正好相反，在城镇化过程中，它们片面强调城市的扩张而忽略农村的发展，加剧了城乡二元结构。国际经验表明，只有形成城镇化发展与农业农村发展之间的互促共进、良性循环，才能保证城镇化发展速度和质量的同步提高。因此，在推进城镇化过程中，必须注重加强农业的基础地位，提高农业劳动生产率，在为城镇化发展奠定物质基础的同时，提升农村发展水平，形成良性的城乡互动关系。

（三）强化城镇化发展的产业支撑

著名经济学家缪尔达尔在城市发展积累因果理论中提出，当城市发展到一定水平，决定城市增长的不再是资源禀赋，而是城市自身集聚资本、劳动力、技术等生产要素的能力。世界各国城镇化的实践表明，产业发展是城市发展的重要基础，没有发达的产业作为支撑，城市发展就无从谈起。美国、拉美等国家和地区城镇化发展模式的一个重要启示就是城镇化的健康发展需要坚实的产业作支撑。美国的城镇化飞速发展，得益于工业化的快速发展。拉非等国家由于工业化滞后于城镇化，服务业缺乏工业支撑，农村人口不能有效就业，贫困人口增多，进而引发经济停滞、社会失衡等严峻问题。在城镇化发展演进中，早期工业化是核心动力，现代大工业带来城镇外延式扩张，即城镇规模的扩大和城镇数量的增加；后期第三产业将成为城镇化的持续拉动力，服务业的繁荣带来城镇化内涵式发展，即城镇软硬件设施完善、公共服务功能健全和居民生活水平提高。城镇化与产业发展协调、同步，才可以吸收大量劳动力，才会吸引人口在城市集聚，才能有效释放生产力，进而实现城镇化与产业、经济、社会的协调发展。中原经济区创新城镇化模式，要坚持把城镇化与调整产业结构、培育新兴产业、升级传统产业、发展服务业、促进就业创业结合起来，引导城镇集聚、产业集群，创造更多的就业岗位，稳步推进农村人口转移，防止陷入拉美式"有城无产"的"过度城镇化"陷阱。同时，大力推进农业现代化，提高农业综合生产能力，确保国家粮食安全和重要农产品的有效供给。

（四）处理好发展中心城市与中小城镇之间的关系

无论是美国、英国、日本等发达国家，还是拉美地区的欠发达国家，城镇化过程中无不采取带有"偏向性"的发展策略，即集中资源优先发展大城市特别是中心城市，在一定阶段加快城镇化进程。我国土地资源少、人口众多，具有典型的二元经济结构特征，有必要借鉴日韩等国"大城市——卫星城——小城镇"的城镇网络化建设方法，以"大都市圈"作为城镇化发展方向，实行组团式的城市结构。既充分发挥大城市的集聚效应，也着力增强大都市的辐射能力，更好地把周边的小城镇纳入块状的城市圈内，逐步缩小区域差距和城乡差距。

（五）提升城镇化的公共服务水平

推进城镇化，归根结底是为了提升人民群众的生活水平，尽可能让更多的群众享受现代城市文明成果。因此，在推进城镇化过程中，要着力加强城乡的社会管理，推进城乡基本公共服务均等化，千方百计地促进就业。例如德国，早在19世纪80年代就分别创设了法定疾病保险、法定事故保险和伤残养老保险，构建了健全的社会保障体系；同时，重视发展职业教育，实行职业教育费用由政府和企业分担的机制，从而为城镇化和工业化的发展提供了有力的智力支持。又如日本，一方面，努力促进公共服务均等化，充分满足新进城农民转化为市民身份的需求，使其享有与其他城市居民相同的社会保障；另一方面，实施就业促进政策，强制企业对劳动者实行雇用保障，不得随意解除劳务雇佣关系，避免农民进城后因失业而陷入困境。在20世纪60年代日本工业化、城镇化高速发展时期，政府还直接出面协调劳资双方的聘用关系，引导一些企业采取"集团就职"方式，到农村中学整班招收毕业生进城务工。因此，只有不断强化社会管理和公共服务，才能切实提高城镇化建设水平。中原经济区创新城镇化模式，要正确处理好人口城镇化与推动公共服务均等化之间的关系。通过深化户籍制度改革，逐步废除农业和非农业户口二元制管理模式，完善农民工的社会保障体系，加快教育、医疗、住房、社会保障等制度改革，逐步实现新老城镇居民公共服务均等化。

（六）坚持城镇发展与资源环境保护并重

城镇化进程的不断推进，往往伴随着城市与农村生产方式、生活方式的变革。而随着全球城镇化进程的加快推进，资源耗竭、环境污染、生态保护等问题也日益凸显。例如，在美国的城市郊区化过程中，由于城镇粗放扩张，大量农田、森林和空地被占用，而随着通勤距离不断增加，汽车拥有量迅猛提升，不仅耗费时间，还大幅增加了能源消耗和污染排放。城镇化进程中带来的生产生活方式的改变，也导致能源消耗的大幅增加和温室气体的大量排放，进而引发了全球气候变化问题，给人类生存和可持续发展带来严峻挑战。20 世纪 90 年代美国提出的"精明增长"理念，目的就是解决城市向郊区低密度无序蔓延所带来的资源环境问题。城镇化发展与资源环境相协调，是实现可持续发展的必然要求，需要坚持低碳发展、绿色发展，走资源节约、环境友好的新型城镇化道路。中原经济区创新城镇化模式，要正确处理好城镇化与生态文明建设之间的关系，不能一味追求高速度和规模扩张，必须坚持生态文明理念，着力提高城镇生态环境的承载能力，以良好的城镇生态环境支撑新型城镇化发展，防止有速度无质量的城镇化和拼耕地、拼资源的"房地产化"。要按照"生态优先、绿地优先、开放空间优先"的原则，大力发展生态经济、循环经济，倡导绿色低碳的生活方式，走生态型城市、低碳型城市、紧凑节约型城市和创新数字型城市之路。

第四章
创新城镇化动力机制模式

城镇化的动力机制是指推动城镇化得以发生发展所需动力的产生机理，以及维持和改善这种作用机理的各种经济关系、组织制度等所构成的综合系统的总和。城镇化的动力机制对城镇化推进起着决定性作用。当前，中原经济区在城镇化推进过程中，政府还发挥着主导性作用，市场机制的基础性作用发挥不够；在城市经济发展过程中，主要还是依靠投资拉动，内需和创新拉动经济增长的内生动力还未培育起来。亟须创新城镇化动力机制模式，正确处理好政府与市场在新型城镇化推进过程中的关系，培育城市经济的内生增长机制，为中原经济区科学推进新型城镇化提供强大动力。

一 正确划分政府和市场在城镇化推进中的关系

在新型城镇化推进的热潮中，部分地方政府借"新型城镇化"之名，行"传统城镇化"之实。当前，政府强力主导下"投资拉动经济"的传统城镇化发展路径仍在延续，大拆大建、盲目扩张工业园区、"造城运动"频频出现，这种逆新型城镇化发展的势头必须得到遏制。我们应从以人为本的新型城镇化出发，在对政府全面主导的城镇化模式深刻反思的基础上，合理解决新型城镇化过程中政府与市场的关系以及从数量增长型向质量发展型转变等问题。

（一）对政府全面主导的城镇化模式的重新反思

改革开放以来，我国城镇化在政府主导下取得了快速发展，城镇化速度超过世界上任何一个国家。城镇化快速发展的同时，也带动了国民经济的快速发展和国际竞争力的提高，在促进就业，推动产业结构升级等方面发挥了重要作用。但同时，这种由政府全面主导的城镇化模式也带来了诸多问题，其种种弊端日益显现。第一，权力寻租问题严重。由于政府直接参与城镇化建设，导致政府干预市场，政府职能异化，由此滋生了腐败问题，严重影响了政府的公信力。第二，行政干预严重。城镇化是一个随着工业化进程推进自发形成的人口由农村逐步向城镇转移的过程，在政府主导下，政府控制着资源的分配权力。尤其是我国长期以来实施的是以GDP为核心的政绩考核体系，地方政府为了追求政绩，倾向于借"加快推进城镇化"之名，大拆大建，追求政绩工程，从而造成了城市"摊大饼"式扩展，粗放型发展。第三，造成了土地城镇化快于人口城镇化。由于政府掌控着国有土地资源，为了解决城镇化建设过程中资金不足的问题，土地出让金收入就成为一些地方的主要财政收入来源，土地财政事实上造就了"征地—卖地—收税收费—抵押—再征地"的滚动模式，在这种模式下，政府、开发商和银行成为最大受益者，在造成违规占地、损害农民利益等一系列问题的同时，也直接推高了城市房价。而过高的房价也提高了城镇化建设的成本，需要投入更多的城镇化建设资金，从而形成一种恶性循环。第四，资源配置效率低下。由于政府在城镇化推进过程中起主导作用，因而抑制了市场在资源配置中的决定性作用，难以有效对各类资源进行优化组合和高效配置，从而造成了土地等资源的闲置浪费。

政府主导的城镇化模式积累了诸多问题，也引起了中央政府的重视。为此，党中央、国务院做出了推进新型城镇化的战略部署。2013年12月，全国城镇化工作会议召开，随后2014年3月中共中央、国务院印发《国家新型城镇化规划（2014—2020年）》，按照走中国特色新型城镇化道路、全面提高城镇化质量的新要求，明确了未来城镇化的发展路径、主要目标和战略任务。新型城镇化与传统城镇化的一个根本区别就是，其发展过程遵循市场规律，依靠市场主导、政府引导的方式来推进，彻底摒弃了政府全面推进的方式。可以预见，新型城镇化是我国面向21世纪，消除"二元结构社会"的制度进步与创新实践。推进新型城镇化过程中加快转变政府职能，将会加快行政体制改革攻坚的步伐，进而带来历史上最大最广泛的政策创新和释放出巨大的经济发展潜力，新型城镇化将成为拉动新一轮国民经济持续增长的引擎。

（二）正确划分政府和市场在城镇化推进中的关系

中央做出新型城镇化中政府有限主导的职能定位。党的十八届三中全会通过的《中共中央关于全面深化改革若干重大问题的决定》（以下简称《决定》）指出，"经济体制改革是全面深化改革的重点，核心问题是处理好政府和市场的关系，使市场在资源配置中起决定性作用和更好发挥政府作用"。在我国新型城镇化的推进过程中，必须厘清政府与市场的关系，其首要的就是要重新梳理和清晰界定政府职能的适宜边界。由于新型城镇化是一个市场化的过程，市场应在各类资源配置中发挥决定性作用，这就决定了政府要在尊重市场规律的前提下，发挥有限主导的作用，主要表现为：政府要为新型城镇化建设创造良好的政策和法律环境，提供优质服务，弥补市场失灵，以更好地提升市场的决定性作用。凡是市场机制失灵的地区，政府一定要积极主动到位，创新和改善政府管理，管住管好该管的事务；凡是能够充分发挥市场在资源配置中决定性作用的地方，政府一定要主动让位，把该放的权力放开放到位，让位于市场、让利于民众。

充分发挥市场机制主导作用，开创新型城镇化发展的活力源泉。市场机制是人类社会迄今所能发现的最有效率的资源配置体制。尊重市场经济规律，让市场机制在资源配置中充分发挥决定性作用，以市场的力量引导资源要素流动和集聚，通过市场竞争提升城镇经济社会资源的配置效率，是推进新型城镇化可持续发展的必要条件。顺应市场规律，尊重市场选择，依靠市场机制，有助于不断增强新型城镇化可持续发展的内生发展动力；可以避免"有城无市、有城无业、有城无人"、农民"被城镇化"和"造城运动"等伪城镇化现象的出现，实现资源的优化配置；可以避免政府与民争利、公益缺位、功利上位这种政府职能异化现象的出现，减少社会动荡风险。

推进新型城镇化，政府与市场的作用都不可偏废，把两者的作用有机结合起来形成协调合力，是处理好政府与市场关系的重要原则。过分夸大政府的主导作用和过分夸大市场机制作用都是有害的、不可取的。因此，我们必须根据新型城镇化发展所处的不同时期和面临的不同发展环境，与时俱进地调整和转换政府的角色，充分发挥市场机制在资源配置中的决定性作用，促进新型城镇化持续、稳定发展。在新型城镇化建设中，政府把该放的权力放掉，把该管的事务管住管好，树立执政为民的亲民形象，这是理顺政府与市场关系的一个基本原则。

二　构建城市经济增长内生动力机制

经济发展既需要经济系统自身内生动力的持续推动，也需要政府政策的外生拉动。经济系统自身的内生动力是最根本的推动力量，处于决定性地位；而政府政策起着引导性作用。近年来，河南城市经济保持了持续、高速的增长，在全省的经济地位愈加明显。2009 年，全省 17 个省辖市市区共实现生产总值 5590.21 亿元，占全省地区生产总值的比重达到28.7%。但是，其快速增长主要是依靠以政府为主导的投资的快速增长拉动，而支撑经济增长的内生动力不强，亟须加快改变传统的经济增长依赖路径，培育经济增长内生动力，构建经济增长内生动力机制，推动河南城市经济发展向"内需驱动、消费支撑、均衡发展、创新驱动"的模式转变。

（一）培育内生动力是促进中原经济区城市经济可持续发展的必然选择

经济学理论认为，经济长期增长不是由于外部力量，而是经济体系内部力量作用的结果；同时，政府政策对增长具有重大影响。由此可见，经济的内生动力与政府政策在推动经济发展的过程中发挥着不同的作用。经济系统自身的内生动力是最根本的推动力量，处于决定性地位；而政府政策起着引导性作用。近年来，以政府为主导的投资促进了河南城市经济的快速发展。但是，从长远看，只有培育内生动力才是促进河南城市经济实现可持续发展、均衡发展和创新发展的关键所在。

1. 中原经济区城市经济实现可持续发展需要培育内生增长动力

培育经济内生增长动力就是要形成经济体系自演进、自增强的能力，使经济不依赖于外部力量的推动就能够实现持续增长，进而解决经济的长期发展问题。当前，在河南城市经济发展中，政府政策对经济的主导性较强，中小企业处于弱势地位，民间投资仍不活跃，经济增长的持续性面临较大挑战。伴随着金融危机时期大规模的经济刺激计划的实施和大量信贷的投放，未来政策直接推动经济发展的力度和空间势必逐步减弱和缩小。实现城市经济发展的持续性亟待转换经济的推动力，使民间投资尽快成为经济发展的有力支撑。

2. 中原经济区城市经济实现均衡发展需要培育内生增长动力

培育经济内生增长动力就是要充分发挥各种力量对经济的推动作用，使各种力量处于一种相互促进、彼此协调的均衡状态，进而使经济能够有序发展。河南城市经济结构不合理的一个主要表现就是投资与消费之间的失衡。长期以来，河南城市经济的快速发展主要是依靠投资的高速增长，而居民最终消费明显不足。这势必严重影响经济发展的质量和效率，需要积极扩大内需，提高居民消费水平，实现投资与消费之间的均衡发展。

3. 中原经济区城市经济实现创新发展需要培育内生增长动力

培育经济内生增长动力就是要高度重视技术创新、知识积累和人力资本水平的提高，充分激发企业创新活力，使经济的发展建立在强劲的创新基础之上。改革开放以来，河南省依靠廉价的劳动力资源优势形成"低成本、低技术、低价格、低利润、低端市场"的"低价工业化模式"，带动了经济的飞快发展。但是，伴随着经济发展和经济结构的演进，一方面，河南的经济发展付出了"高能耗、高物耗、高排放、高污染"的巨大代价；另一方面，由于缺乏创新动力，产业升级缓慢，经济发展缺乏后劲。河南城市经济实现创新发展需要加大科技创新，提升自主创新能力，加大人力资本开发，培育经济发展内生增长动力。

4. 国际经济发展经验表明，中原经济区城市经济发展需要培育内生增长动力

在工业化进程中，随着收入水平的不断提高和产业结构的提升，投资率不断提高，消费率不断下降；在工业化结束或经济进入发达阶段之后，投资率和消费率将趋于相对稳定状态。世界银行资料显示，1978～2006年世界平均投资率为22.7%，从1978年的25.1%稳步下降到2006年的21.5%，并稳定在22%左右。美国和西欧等发达资本主义国家通过市场经济自身发展和完善，自动确立消费为经济增长的主要拉动力，经济增长的内生动力较强。结合河南城市经济发展所处的阶段以及存在的问题来看，应加快经济发展方式转变，主动实现消费和投资的协调拉动，增强经济发展内生增长动力。

（二）内生动力不足是制约中原经济区城市经济可持续发展的关键因素

近年来，河南城市经济的快速增长主要是依靠以政府为主导的投资的快速增长拉动，而支撑经济增长的内生动力不强，具体表现在消费需求不足，民间投资增长缓慢，科技创新能力不强，高素质人才匮乏等方面。考虑到部分城市数据的不可获取，而城市投资、消费、创新、高素质人才等指标都在全省占据了绝对主导地位，因此，文中有些地方用全省的数据来分析说明城市经济增长内生动力不足的问题。

1. 消费需求明显不足

投资、消费和出口是拉动经济发展的三驾马车，而河南的经济增长主要依靠的是固定资产投资。由于河南地处内陆，尽管近几年河南城市进出口总额等得到高速增长，但是由于基数较低，与东部地区相比，河南城市外贸指标还很低，外向型经济发展还很滞后，出口对经济的拉动作用还比较弱。

从投资和消费对经济增长作用的特点来看，投资需求对经济增长的短期拉动作用十分明显，但自身不能成为经济增长的持久拉动力量，只有消费需求才是市场旺盛和经济活跃真正持久的动力。近年来，河南城市投资需求大幅度增加，消费需求增长不明显。2003～2009年，城镇固定资产投资年均增长35.1%，而城镇居民人均消费性支出年均增长10.7%。表明城镇固定资产投资增长速度远远高于城镇居民消费性支出的增长速度。另外，河南这种"重投资、轻消费"的城市经济增长模式也可以从全省支出法生产总值的构成中明显地表现出来。2009年，河南省最终消费支出8742.69亿元，占支出法生产总值的比重为44.9%，比2003年下降了11.8个百分点；资本形成总额13304.05亿元，占支出法生产总值的比重为68.3%，比2003年上升了27.7个百分点（见表4-1）。

表 4 - 1   2003～2009 年河南省支出法生产总值构成

单位：亿元，%

年 份	支出法生产总值	最终消费支出		资本形成总额		货物和服务净流出	
		绝对值	比重	绝对值	比重	绝对值	比重
2003	6867.70	3891.70	56.7	2786.46	40.6	189.54	2.7
2004	8553.79	4568.52	53.4	3745.50	43.8	239.77	2.8
2005	10587.42	5353.67	50.6	5019.81	47.4	213.94	2.0
2006	12362.79	6102.27	49.4	6322.82	51.1	-62.30	-0.5
2007	15012.46	6831.27	45.5	8366.37	55.7	-185.18	-1.2
2008	18018.53	7759.33	43.1	10713.52	59.5	-454.32	-2.5
2009	19480.46	8742.69	44.9	13304.05	68.3	-2566.28	-13.2

资料来源：由《河南统计年鉴 2010》相关数据整理计算所得。

就城镇投资和农村投资的关系来看，河南城镇投资占绝对主体地位，且增长速度高于农村投资，占总投资的比重呈逐年上升的趋势，而农村投资不足，占总投资的比重又逐年减少。2009 年，城镇固定资产投资占全社会固定资产投资的比重达到 83.6%。就居民消费与政府消费的关系来看，与全国平均水平相比，居民消费比重较低，且呈递减趋势。2009 年，河南居民消费支出与政府消费支出的比率为 71.5∶28.5，而全国这一比率为 73.2∶26.8。就农村居民与城镇居民消费的关系来看，河南城镇居民消费居主导地位，涨幅高于农村居民，并且占居民消费支出的比重呈逐年上升趋势，而农村居民消费严重不足。2009 年，河南城镇居民消费支出为 4142.02 亿元，农村居民消费支出为 2106.90 亿元，二者之比为 66.3∶33.7。

由上述分析可知，河南城镇投资占据全社会投资的绝对主体地位，城镇居民消费也居主导地位。因此，河南省投资、消费的关系分析也可以应用于城市，即河南城市经济增长主要是依靠投资拉动，消费需求严重不足。没有消费需求配合的投资需求单方面快速增长，必然会产生短期政策效果明显、长期政策效果不佳的结果。在经济增长越来越受到"需求约束"的今天，消费率的长期偏低将导致投资增长最终失去消费需求的支持，阻碍经济进一步发展。

2. 民间投资难以启动

民营企业是我国经济发展最具内在活力的企业群体之一，民间投资是我国经济增长的重要动力。与全国情况一样，当前河南城市经济增长主要靠政府投资和政策推动，民间投资和市场机制明显不足。2009 年，河南省全社会固定资产投资总额 13704.65 亿元，较 2008 年增长 30.6%。按资金来源划分，国家预算内资金增长 75.9%，国内贷款增长 8.3%，利用外资增长 − 46.6%，自筹资金增长 16.8%，其他资金增长 9.2%。由此可见，政府投资增长速度远远高于民间投资增长速度，河南省民间投资不足，"政府热、企业冷，公共投资热、民间投资冷"的现象比较严重，致使城市经济增长的内生动力和活力不强。民间投资不足的另一个重要表现是民营经济发展缓慢，存在着规模总量小，总体实力不强，资金短缺，融资困难，观念落后、发展环境不够宽松等一系列问题。

民间资本难以启动的原因是多方面的。一是市场准入存在障碍，民间投资领域受限。民营经济在高回报率的垄断行业、社会事业、基础设施和公共服务等领域存在市场准入障碍，而传统竞争性行业已产能过剩，民间资本缺乏有效投资领域。二是金融体系不健全，投融资渠道不畅。银行等金融机构对民营企业存在"重大轻小""嫌贫爱富"的"规模歧视"和"重公轻私"的"所有制歧视"，而多层次资本市场体系又不健全，既使得民间资本难以转化为民间投资，也使得民营企业缺乏资金支持。三是创业活动不足，民间投资缺乏载体。由于居民创业意愿低、社会创业服务不足、创业者资金和能力存在瓶颈，使得中国创业活动不足。四是缺乏有效的财税扶持，民间投资激励不足。民间投资在审批、财税、土地、外贸等方面待遇不公，税外负担沉重。五是市场需求不足，民间投资缺乏动力。内需不足，将会导致产品滞销、投资回报减少和投资积极性降低。六是投资服务体系不完善，投资环境不优。目前，民间投资存在监管多、服务少的问题，缺乏政府产业政策支持和投资信息指导，商会和行业协会对民间投资的支持作用不够，同时缺乏系统、专业的社会中介服务，民间投资风险较大。

3. 自主创新能力不强

世界各国和地区的实践表明，自主创新是推动区域经济发展的内在动力，是区域核心竞争力的源泉。绝大多数区域在发展初期，以技术引进为主的模仿创新是区域创新的主导模式，但随着区域经济的进一步发展，创新主体尤其是企业的创新能力的进一步增强，使它有可能吸纳国内其他地区乃至国际性的创新资源包括知识、技术、人才、资金等，实现技术上的突破，完成向以自主创新为主的创新模式的转换，从而实现可持续发展。相反，一个缺乏自主创新能力的区域，在国际和地区竞争中将始终处于受制于人的被动境地，从而在产业分工中处于低端环节。自主创新在区域经济发展中的核心地位，决定了区域经济发展的关键在于培育和提升自主创新能力。

近年来，河南省城市创新成果数量持续增长，高新技术产业迅速发展，自主创新能力不断增强，但也应该看到，河南省城市创新基础总体还比较薄弱，缺乏核心技术和自主知识产权，自主创新能力不强。首先，河南高技术制造业比重过低。而且，高科技产业技术含量不高，市场竞争力不强。许多高技术企业仍然只具有高技术产品加工功能，缺少核心技术。其次，河南企业缺乏自主创新意识，创新投入、创新产出等指标与先进省份都存在较大差距。2009 年，河南大中型工业企业研究与试验发展（R&D）经费 122.18 亿元，仅占全国的 3.8%，分别为广东、江苏和山东的 24.4%、27.0% 和 29.7%；大中型工业企业新产品销售收入 1631.30 亿元，仅占全国的 2.8%，分别为广东、江苏和山东的 20.8%、22.4% 和 23.9%。河南在知识产权方面也存在巨大差距。2009 年，河南申请专利 19589 项，仅占全国受理数的 2.2%；获得授权专利 11425 项，其中发明专利 1129 件，占全国的比重分别为 2.3% 和 1.7%，远低于河南省地区生产总值占全国 5.7% 的比重。

4. 高素质人才匮乏

进入知识经济的时代，国家和地区间的竞争将不再单纯依赖于物质资本，而是越来越依赖于人力资本。在人口数量有足够保障的前提下，劳动力的素质对经济的发展起到越来越重要的作用。人力资本学说认为现代经济发展的速度与质量主要取决于人力资本的丰裕程度，人力资本是促进经济可持续发展的重要内生动力。在发达国家，国民收入增长要远远快于生产要素投入量的增长，其秘诀就在于人力资本的迅速增长。在经济欠发达的国家和地区，经济之所以落后，根本的原因在于人力资本的匮乏，劳动力素质不高。

河南是人口大省，但不是人力资本大省和强省，高素质人才匮乏。由于河南省高素质人才绝大多数集中在城市，全省的情况同样适用于城市。2009年，河南省共有普通高等学校99所，在校学生1368813人，分别占全国的4.3%和6.4%，低于河南省人口占全国7.1%的比重；每十万人口高等学校平均在校生数为1774人，远低于全国2128人的平均水平。这与河南省作为人口大省的地位极不相称。此外，部分人道德素质不高，诚信意识差，缺乏社会责任感。这些都制约了河南城市经济的可持续发展。

5. 体制机制改革滞后

部分重点领域和环节的改革滞后，一些体制机制性障碍影响着河南城市经济可持续发展内生动力的形成。例如，垄断行业、城市公用事业改革滞后；政策对民间投资领域存在很多限制；对民间投资政策扶持不足；国民收入分配制度改革滞后；对个体民营经济和中小企业金融服务体系不健全。市场体系不健全；鼓励自主创新的政策不完善；城乡二元结构突出，户籍等制度限制高层次人才流动；社会保障体系不完善等。另外，一些领域的配套改革措施落实不够，存在"政策棚架"现象。各种体制壁垒都制约了消费需求扩大、民营经济发展、自主创新能力提高、高素质人才发挥作用等，对经济增长内生动力的培育和增强形成了一种制度束缚。

（三）构建中原经济区经济增长内生动力机制的对策措施

要保持城市经济的持续增长，亟须加快改变传统的经济增长依赖路径，从扩大居民消费需求、提高投资效率、激发民间投资、加大自主创新、开发人力资本等方面出发，培育经济增长内生动力，构建河南城市经济增长的内生动力机制，以促进全省城市经济实现持续、平稳、较快发展。

1. 提高居民消费能力，扩大居民消费需求

马克思在论述相对剩余价值时指出，扩大消费的途径主要包括："第一，要求扩大现有的消费量；第二，要求把现有的消费量推广到更大的范围，以便造成新的需要；第三，要求生产出新的需要，发现和创造出新的使用价值。"河南省人口众多，消费潜力巨大，要积极扩大消费需求，使消费真正成为城市经济增长的内在第一动力。第一，全面提高城乡居民收入，拉动消费需求。收入水平与购买力直接相关，就目前看，许多商品供过于求的原因是购买力不足，因此增加收入就是增强购买力，也就是提高消费力，由于消费弹性是有差别的，提高消费力要特别注意消费弹性最大的低收入群体。第二，加快收入分配机制改革，逐步缩小行业间、部门间收入差距，扩大中等收入阶层在整个社会中所占的比重，优化消费结构，引导产业结构升级。第三，开辟新的消费渠道。重视汽车、旅游文化休闲和餐饮消费对经济增长的拉动作用。第四，进一步加强消费环境的完善和建设。调整消费政策，积极出台鼓励消费的政策；加快商贸流通业的改造提升，促进消费品市场升级。第五，健全社会保障制度，稳定居民消费预期。应抓住公平和效率两个重点，运用政府和市场两种手段，调动全社会力量，共同建设适合河南省省情，覆盖城乡全体居民，多层次的社会保障体系。由此调整公众对经济的信心，提高收入预期。

2. 积极扩大有效投资，提高投资效率

哈罗德—多马经济增长模型指出，合理的投资率应该是使经济以自然增长率增长、投资和劳动得到充分利用、社会总供需平衡的投资率。河南城市经济发展要在保持合理投资率的同时，充分发挥投资的引导、促进和保障作用，以投资结构的调整、投资效率和投资效益的优化，促进经济结构调整、带动发展方式转变、增强经济增长内生动力。首先，确保农业投资比重适度增加。在加大政府投资的同时，构建鼓励和支持农业投资的政策体系，利用财政、金融、税收等优惠政策需要民间资金加大对农业的科技投入，以改变农业投资效率过低的现象，形成农业投资效益的良性循环。其次，调整第二产业内部的投资结构。加大对现代制造业、高新技术产业、传统产业改造升级等领域重大项目投资力度，限制、禁止新上浪费资源、污染严重的投资项目。再次，加大对包括保障性住房、城乡公共基础设施建设、文教卫体等社会事业设施民生工程的投资力度，提高人民生活水平和生活质量，以达到扩大内需与改善民生的双重目标。最后，加快投资体制改革。政府应采取经济、法律、行政等手段加强对国内投资的干预和调控，引导资本的投资方向，提高资本的收益率和经济发展质量。逐步建立和完善投资责任激励约束机制,提高投资的决策水平。

3. 鼓励和促进民间投资,形成民间投资快速增长机制

民营经济是激发经济发展内生动力的主要源泉,经济增长的内生动力和经济活力有赖于积极的民间投资和充分的市场机制。扩大民间投资是构建经济增长内生动力机制的重要途径。要创新发展思路,转变发展方式,破解发展难题,鼓励和促进民间投资,大力发展民营经济,进一步激发民间活力。第一,大力发展特色优势产业,扩大民营经济规模。立足于本省的资源优势,借助发达地区产业优势,坚持外部引进和内部培育两手抓,形成具有河南特色优势的产业集群,扩大民营经济的规模和总量。第二,加强技术和管理创新,提升民营经济质量和水平。鼓励民营企业组建技术研发机构,加大科研投入,重视人才引进和培育,积极开发具有自主知识产权的核心技术和特色产品,提高竞争力;鼓励民营企业探索适应社会化大生产和市场经济发展更高要求的经营管理之路;注重经营理念的创新,在捕捉市场信息、提高产品质量、打造产品品牌、市场营销等方面创新理念,发挥后发优势,实现跨越式发展。第三,加强企业家队伍建设,增强民营经济发展后劲。努力提升民营企业家的整体素质,营造民营企业家成长的体制、机制和环境,造就一支优秀的民营经济经营管理队伍。第四,拓宽民间投资领域,防止政府投资对民间资本的挤出效应和大规模"国进民退"。要引导民间非正规金融发展中小民营金融机构,让民间资本参与金融业务,用中小金融机构支持中小企业。要健全民间投资服务体系,建立专业化的投资服务机构,充分发挥市场中介组织的积极作用。第五,优化投资环境,维护民营企业权益。提高认识,创新思维,毫不犹豫地鼓励、支持民营经济发展;进一步落实政策,认真抓好国家和省政策的配套和落实,防止政策棚架;在投资核准、融资服务、财税政策、资源使用、对外贸易等方面,要使民营企业享受同等政策待遇;进一步加强服务,切实帮助民营企业解决发展中的困难和问题;进一步加强环境整治,维护民营企业的合法权益。

4. 加快科技创新,大幅度提高自主创新能力

经济学认为,经济增长的过程可以分为要素驱动、投资驱动、创新驱动和财富驱动四个阶段。这就迫切需要实施自主创新战略,转变现有的经济发展模式，·使创新成为驱动经济发展的内在动力。要加快科技创新，大幅度提高自主创新能力，推动科学技术跨越式发展，推动经济发展由资源依赖型向创新驱动型转变，由粗放型向集约型转变，推动经济社会全面协调可持续发展。一要着力培育壮大自主创新主体。突出企业在自主创新体系中的关键地位，培育一批拥有自主知识产权和自主品牌的"双自"创新型企业，鼓励和支持河南省"双百"企业率先发展成为创新驱动型企业。发挥科研院所骨干作用，强化高等院校生力军功能。二要着力打造自主创新载体。加快发展企业研发中心，切实加强重点实验室建设，大力发展创新型产业集聚区和其他科技园区，积极发展创业孵化基地，探索建立产业技术创新战略联盟。三要加强科技创新人力资源建设。大力实施人才强省战略，造就一支门类齐全、梯次合理、素质优良、规模宏大的创新人才队伍，改善人才结构、提升人才素质。四要着力改革自主创新体制机制。坚持市场导向机制，完善科技成果权益保护机制，强化科技成果转化机制，创新产学研用紧密结合机制。五要着力突破一批科技专项关键课题，支撑现代农业发展，推动工业主导产业振兴升级，加快高新技术产业化，引导支持现代服务业，改造提升基础产业，加强民生科技创新。六要加强组织协调，强化政策支持，营造支持创新、鼓励创新、勇于创新的良好氛围，促使创新人才脱颖而出、创新成果竞相涌现。

5. 加大人才培育，提升人力资本价值

人力资源是第一资源，人力资本是现代经济增长的核心动力。全面提高人口素质、提升人力资本价值是促使河南把人口压力转变为人力资源优势并进而形成人力资本强省的有力手段，也是促进人的全面发展的基本举措。首先，全面发展教育事业，促进各级各类教育全面、协调、健康发展。积极推进义务教育均衡发展，促进教育资源配置的合理化、均衡化，高水平、高质量普及九年义务教育；以就业为导向，大力发展职业教育，推进职业教育从政府直接管理向宏观引导、从计划培养向市场驱动、从传统的升学导向向就业导向转变，更好地面向社会、面向市场办学；坚持规模与质量并重，加快发展高等教育，继续扩大高等教育规模，进一步优化高等教育结构。其次，积极引进高层次人才。制定引进高层次人才的优惠政策，创建有利于高层次人才干事创业的良好环境。拓宽高层次人才引进渠道，建立人才特别是高层次人才信息库，选择合适人员，通过各种方式密切联系。以公开招聘的方式，面向国内外及时引进或者通过技术攻关、技术合作等形式引进各类高层次人才。再次，开展多层次、多渠道人才培训，特别要加强对城乡实用技术、专业技术创新和企业经营管理人才的培训。建立和完善人才市场体系，破除人才流动限制，落实吸引人才政策，改革人才管理体制，尊重劳动、尊重知识、尊重创造，壮大人才队伍、提高人才素质、优化人才结构，推进河南由人口资源大省向人才资源大省进而向人力资本强省转变。

6. 加快体制机制改革，激发经济增长活力

培育经济增长内生动力，构建河南城市经济增长的内生动力机制，必须优先加快推进经济社会发展的配套政策和体制机制的改革，激发经济增长活力。第一，牢固确立消费是生产的目的、消费者在市场经济中居主导地位的理念，积极调整需求结构和供给结构。第二，深化收入分配制度改革，形成合理分享经济增长成果的机制，通过收入提高带动消费扩大、投资增长和经济增长，进而促进收入的进一步提高，从而形成经济发展的良性循环。第三，进一步优化所有制结构，完善市场竞争机制。坚持和完善公有制为主体、多种所有制经济共同发展的基本经济制度，毫不动摇地巩固和发展公有制经济，毫不动摇地鼓励、支持、引导非公有制经济发展，坚持平等保护物权，形成各种所有制经济平等竞争、相互促进新格局。继续推进国有经济布局和结构战略性调整；加快推进垄断性行业改革，推进公用事业改革，切实放宽市场准入，积极引入竞争机制；着力营造多种所有制经济公平竞争的市场环境，更好地促进非公有制经济发展，增强非公有制经济和小企业参与市场竞争、增加就业、发展经济的活力和竞争力，放宽市场准入，保护民间投资合法权益。第四，加快与构建河南城市经济增长内生动力机制相配套的财政税收、银行信贷以及政绩考核方式的改革，特别是将财政政策由以前较多地侧重促进投资增长转变为促进消费、投资协调增长。第五，加快完善和推进覆盖城乡居民的社会保障体制，逐步提高社会保障水平，建立健全与经济发展水平相适应的社会保障体系。

第五章
创新城镇化空间结构模式

　　城镇化空间结构模式包括城市群的整合发展，大、中、小城市和小城镇协调发展的现代城镇体系，城市内部的空间结构等。从城市空间布局来看，河南的城市较集中在豫中北、豫西、豫西南这几个经济区，共有城市32个，包括郑州在内的7个大城市都在这些经济区内。而豫东、豫南经济区没有大城市，也没有较有特色的工业型城市和资源型城市，大部分是综合型的农业小城市，综合经济实力不强，对区域经济的集聚和辐射作用较弱，缺乏城市优势。另外，从城市规模上讲，20万人以下的小城市较多，在38个城市中，小城市有22个。因其多是近年来县改市的县级城市，虽然从建制上说，已列入城市的范围，但从其经济形式、经济结构上看，仍属农业小城市，加上其基础设施建设滞后，经济基础薄弱，生产力水平不高，严重阻碍了区域内部经济的发展。因此，中原经济区科学推进新型城镇化必须要创新城镇化空间模式，加快发展中原城市群、增强中心城市的核心带动力，着力提升中小城市综合承载能力，形成合理优化的现代城镇结构。

一　优化城镇化空间布局的整体思路

　　优化城镇化空间布局，推进大中小城市和小城镇、城市群科学布局，与区域经济发展和产业布局紧密衔接，与资源环境承载能力相适应，是加快新型城镇化、加快生态文明建设的重要举措。中原经济区在推进新型城镇化进程中，需要进一步完善和优化城镇空间布局，以中原城市群为主体形态强化城镇功能互补和内在联系，形成与省情相符合的城镇空间格局，提高产业和人口集聚能力。

（一）中原经济区城镇化空间布局的特征

1. 交通指向的轴线空间扩展

2012 年，郑州市城区常住人口达到 515 万，洛阳达到 243 万，南阳、平顶山、商丘超过 100 万，开封、安阳、新乡等 10 市都在 50 万以上；县城和县级市城区平均人口达到 15.5 万人，其中，固始、禹州、潢川、鹿邑、商水等 5 个县城人口超过 30 万，项城、巩义、永城等 15 个县城人口在 20 万~30 万之间，人口在 15 万~20 万的有 30 个，10 万~15 万的有 33 个，10 万人以下的有 23 个，镇区平均人口达到 8800 人。这些城镇在空间上的分布，呈现出典型的交通指向性特征。其中郑州、洛阳、开封、商丘、三门峡、巩义、永城等城镇密集带集中分布在陇海铁路、连霍高速公路、310 国道以及高速铁路构成的东西向综合交通运输大通道的轴线地带，安阳、鹤壁、新乡、许昌、漯河、驻马店、信阳等城镇密集带集中分布在京广铁路、京港澳高速公路、107 国道以及高速铁路构成的南北向综合交通运输大通道的轴线地带。同时，新乡—焦作—济源、漯河—周口、许昌—平顶山—南阳也沿高等级公路和省道形成了局部区域的城镇密集带。就省域中心城市和地区性中心城市而言，据统计，京广线上的城市占河南区域性中心城市的 41.2%，陇海线上的城市占 23.5%，焦枝线上的城市占 17.6%，这三条运输大通道的城市合计占全省城市数量的 82.3%。

2. 单核心牵引和腹地分割的空间格局

河南城镇化空间布局中第二个显著特征是郑州单核心增长的速度持续加快。郑州作为河南省域城镇体系的首位城市，城市集聚作用仍在加强。根据官方发布的数据，截至 2012 年底，郑州市的流动人口登记数为 323 万人，按建成区面积算，流动人口密度大约是每平方公里 9000 人，流动人口密度居全国第二位。近年来，中原经济区规划、粮食生产核心区规划和郑州航空港经济综合实验区规划一起构筑形成了新时期河南三大国家战略框架。虽然焦作、新乡、洛阳、许昌、开封等邻近城镇承接了郑州转移的部分项目，建立了与郑州产业配套的项目，但是郑州作为支撑三大战略实施的最重要城市和受益城市，在其集聚、辐射和扩散过程中，一直处于集聚效应占主导地位的发展阶段，扩散效应较弱，辐射带动作用不明显，导致两个问题日渐突出：第一，郑州城市继续扩张同城市综合承载力瓶颈制约的矛盾显著加剧，交通拥堵、房价飞涨、环境恶化、基础设施和公共服务不堪重负等"大城市病"日趋严重；第二，中原城市群进程中解决城市间有机联系的制度障碍难以逾越。郑州的集聚效应持续增强，造成虹吸效应也日渐明显，各城市之间的相互联系并不紧密，城镇体系职能分工不强，竞争远大于联合，大中城市只对其周围的邻近县城和县级市有较强的吸引和辐射作用，城镇化布局显现出明显的腹地分割的空间形态。

3. 城镇空间分布的区域不平衡

按照地形分类，河南城镇可以划分为平原型城镇、丘陵型城镇和盆地型城镇，不同的城镇在地理位置、资源条件和交通区位等方面存在着明显的差异，与之相对应，城市的发展也表现出明显的地域差异。从整体上看，河南特大城市、大城市、中等城市和小城市主要分布在沿南太行的新乡、焦作、济源、洛阳以及京广铁路沿线的新乡－郑州－许昌－漯河，20万~50万人的小城市中，只有四个分散分布在豫北、豫西、豫西南和豫东南地区。京广铁路以东包括濮阳、商丘、周口、驻马店、信阳的大部分地区以及安阳、鹤壁、新乡等地区的东部，均是中心城市和规模相对较小的县城，均质离散地分布在广大平原地区，城市之间尚未形成有效的轴线和网络式联系通道。同样均质离散的空间布局形态，还存在于南阳、平顶山大部分地区以及三门峡和洛阳南部地区。而合理的区域城市体系要求具有完整的城市规模等级；各规模等级城市之间保持合理的金字塔形结构比例关系，中间不发生断层，上下不缺层；城市的职能作用能够通过城市网络依次有序地逐级扩散到整个体系。当前，河南城镇空间分布的区域不平衡，主要是黄淮地区和豫西南地区30万~50万人的中小城市数量较少，中小城市缺失，使得整个城市体系既无法在空间上优化布局，也无法使得城市职能结构与城市规模等级结构相匹配。

4. 城市整体协调发展能力尚未明显提升

从横向作用方向上看，河南特大城市、大城市和中等城市构成的城市等级规模结构趋于优化，但是各城市之间空间关联性不强，为满足城市内部及周边地区的需要，各城市应建立比较完整的功能体系，而河南城市体系相对比较封闭。在城市经济由封闭走向开放的过程中，"弱而全"的功能体系，与邻近城市之间产生了激烈的竞争。从河南城镇化水平和提高的速度来看，当前河南城市的极化效应有降低的趋势，但是整体上城市协调发展的能力并没有明显改善，产业同构和经济结构雷同现象仍然比较严重，互补性差，经济联系弱，城镇体系处于一种松散状态，很大程度上制约了整个区域经济的发展和社会效益的提高。从纵向作用方向上看，以中心城市的集聚发展为主，各市域中心城市和县域中心城市还处于集聚发展阶段，仍以吸收要素为主，还没有发挥对外围腹地的辐射扩散作用，城镇发展进程仍然缓慢，这是城镇化空间布局不优导致城镇之间空间联系性差的重要体现。

5. 城镇引领区域发展的方式差异明显

总体上看，河南城镇化空间已经形成核心密集、外围稀疏的城镇化空间形态，中部是以郑州为核心的城镇密集区，其城镇化发展水平和综合实力都很强，城镇通过网络式促进新型城镇化进程和城乡一体化发展，而西部、西南部、南部、东部较弱，河南的东部和南部，经济活动主要是农业，人口密集，城镇稀疏且规模较小，矿产资源相对匮乏，但要素在广大空间中仍然呈均匀分布状态。信阳、驻马店、周口、商丘、南阳等城市在大片区域中的辐射带动能力非常有限，处于点直接辐射面的极点式发展阶段。北部地区城镇的发展速度快于全省平均水平，相对于全省来说北部地区城镇发展较快。这既反映出河南生产要素的流动趋势，由经济相对不发达的东部、南部城市，向省内部分竞争力较强的城市进一步集中的态势，城镇化空间布局的重点将进一步向北部移动；也反映出中心城市在引导区域发展的过程中，中部和北部城市由于空间联系较为密切，能够带来整个区域的加快发展，信阳、驻马店、商丘、南阳、周口等地区的中心城市，与其他中小城市之间的空间作用较小，无法从整体上发挥城镇体系对区域的引领作用，导致生产要素加速向城镇密集区流动。

（二）中原经济区城镇化空间布局优化面临的突出问题

从当前河南城镇化空间布局的特征来看，尽管河南推进新型城镇化已经取得一定的成效，城镇体系日趋完善，轴线发展步伐加快，城镇网络局部形成，但是，要实现城镇化空间的优化布局，还需要着力解决以下几个问题。

1. 增强城镇化空间布局优化的内生动力

从河南城镇化空间布局的情况看，已经初步形成核心密集、外围稀疏的城镇化空间形态，核心区域城市之间的经济联系强度较大，但是外围地区的城市与城市之间、外围地区城市与核心密集区城市之间的经济联系相对较弱，这也在一定程度上反映出了影响河南城镇化空间布局优化的三个因素：一是城际快速交通设施建设相对滞后，影响城市流强度；二是城市的外向功能相对较弱，产业同构性较强，互补性较弱；三是城市的职能分工不科学、不合理，城市相互联系的动力不强。为此，优化河南城镇化空间布局，首先应是增强城市之间的产业互补性，构建快速交通支撑体系，形成城镇化空间优化的内生动力机制。

2. 促进城市密集区的网络化发展

城市密集区的形成与发展，是现代城镇化进程的重要特征，也是世界区域经济和城镇化发展的重要趋势之一。河南中部地区城市密集区已具雏形，分布了较多的城镇，核心区和空间发展轴线已经形成，但城镇整体规模较小，发展水平较低；中心城市辐射功能较弱，仍处在以集聚为主、不断扩展之中；地域发展差异较大，城市之间仍存在大片的非农化程度不高的地区，城镇化地域分散，主要沿空间发展轴线相连，总体上正处于形成阶段。要带动河南城镇化空间布局优化，需要以郑州为中心包括洛阳、新乡、焦作、许昌在内的中部城市密集区率先形成网络化的发展态势，加强区域功能整合和空间整合，引领和带动黄淮地区、豫西南、豫北地区的城镇化空间布局的优化发展。

3. 培育黄淮地区和豫西南地区战略支点城市

河南城镇化空间布局一个较为突出的问题就是区域发展的不平衡，这个不平衡体现在部分中心城市的影响力范围较小和战略支点城市缺失两个方面。和中部城镇密集区相比，黄淮地区和豫西南地区城镇化空间布局最迫切需要解决的问题就是中心城市的辐射带动能力较弱，无法带动广阔腹地的发展，其中南阳、信阳、驻马店、周口地区表现得最为明显。可以从两条路径来解决这一问题：一是增强中心城市的辐射带动能力。主要是加快生产要素集聚，提高产业发展水平，加快中心城市到县城交通等基础设施建设；二是挑选发展基础较好、交通区位条件优越、人口总量较大的县城，加快将其发展成为 30 万人甚至是 50 万人以上的大中城市，如项城、潢川、固始、镇平等县城，提高大中城市空间密度，从而带动附近中小城镇发展，推动城镇化空间布局优化。

4. 半城镇化地区小城市的发展

城镇化是一个过程，一些地区由于自然条件的限制和生产方式的制约，在城镇化过程中有可能难以最终演进为城镇化地区，但城镇化过程依然是推动这些区域现代化进程的主要动力。由于河南处于我国第二阶梯向第三阶梯过渡地带，地势西高东低，北部为太行山脉，西部为秦岭余脉，南部为大别山脉、桐柏山脉，中南部为自西北向东南横亘 800 里的伏牛山脉，同时，拥有汝州、永城等分散的能源和矿产资源开发地区，也有一些城郊边缘地带和临近大都市的周边乡村区域、具有良好的旅游休闲资源的非城镇化地区、农副产品加工为支撑的乡村工业发达地区以及通过经营方式转型而形成的林业工人工作和生活区域等。这些区域如果形成人口、产业、基础设施高度集中的城镇，则资源环境承载能力严重超载，对生态环境的破坏也不可逆转，而适宜通过产业结构的非农化、就业结构的非农化、生产方式的城镇化、社会文明的城镇化、公共服务和社会保障的城镇化，促进就业的主体形态、收入来源构成、公共服务与基础设施条件、生活方式与社区文化等与城镇化人口和城镇化地区接近，将其打造成为城镇化空间形态的一种补充形式，缩小城乡差距，使全社会更多地从城镇化过程中直接受益。

（三）河南城镇化空间布局优化的路径选择

明确河南省城镇化空间策略要把握区域城镇化特征与问题，解决区域发展问题；依据主体功能区划和资源环境承载能力差别，确保区域可持续发展；强化中心城市的辐射带动能力，引导城镇化空间的网络和轴线发展；完善交通等基础设施支撑体系，强化城镇空间联系。

1. 根据各类主体功能区，明确城镇化空间优化策略

城镇化空间布局要和主体功能区划有机结合起来，特别是主体功能区划的划分是根据区域的现有开发密度、资源环境承载能力和发展潜力，而城镇化地区是城镇、产业、人口、基础设施的高度集聚，将会对资源环境承载能力造成一定的压力。为此，城镇化空间布局要有利于发挥各城市的资源优势，形成各具特色、功能互补的区域分工格局，促进生产力布局优化，加快重点开发地区和优化开发地区的新型工业化、新型城镇化与农业现代化的协调发展。2012 年，河南整体上城镇化水平落后于全国 10.2 个百分点，并呈现出区域发展不平衡、区域资源环境承载力大的特点。具体到每个区域，郑州、洛阳、焦作、新乡、济源等省辖市市域范围内的整体开发密度较大，城镇集中，人口众多，经济基础相对较好；安阳、三门峡等豫北、豫西等部分地区的开发也已经进入相对饱和状态，开发密度较大；此外，商丘的永城是河南传统四大板块中黄淮地区、豫西南地区开发密度较大的县域。这些地区由于人口、产业、城镇相对聚集，可以划定为城镇化空间优化开发地区，以完善城镇化空间布局、壮大发展现有中小城市为主战略，在资源环境约束不断加剧的情况下实现可持续发展。禁止开发地区和生态类限制开发地区大多位于北部的太行山区、西部的伏牛山区、南部的桐柏山区和大别山区，包括全省森林资源、动植物资源、涵养水源地相对集中区域。这些地区森林覆盖率较高，不仅为河南中部和东部平原提供了天然的生态屏障，也为重点开发地区的产业发展和农业可持续发展提供了有利条件和屏障。黄淮地区商丘、周口、信阳、驻马店和南阳以及豫北安阳、濮阳、鹤壁等地区可以确定为城镇化重点开发地区，着力将县城打造成为中等城市，提高其大中城市密度，增强大中城市对区域的辐射带动能力，加快形成轴线和网络化的城镇密集带和城市密集区。

2. 以轴带和网络化为发展方向，优化空间发展秩序

河南省城镇和产业空间布局已经形成联系比较紧密的中原城市群和京广、陇海两条成熟的城镇发展带，依托宁西、大广等重要交通轴线的几条潜力发展轴线也已初步形成。在此基础上，结合各地区的经济发展水平、资源条件、开发强度及整体空间发展秩序等，按照"强化中心、壮大节点、圈层推进、轴带拓展"的思路，全力打造"一极、一群、两圈、三层、四带、五轴"空间格局，逐步形成联系紧密、功能协调，开放型、网络化的城镇体系空间结构。突出"一极"，即核心增长极，包括郑州中心城区、郑州新区、汴西新区和郑州航空港经济综合实验区在内的新的郑汴都市区范围；强化"一群"，即原城市群；打造"两圈"，即和"一小时交通圈"和"半小时交通圈"，就是以城际快速轨道交通和高速铁路为纽带，实现以郑州为中心、半小时通达洛阳、开封、新乡、许昌、漯河、平顶山、焦作、济源等8个省辖市的"半小时交通圈"和以高速铁路为依托，形成以郑州为中心、一小时通达南阳、安阳、濮阳、三门峡、鹤壁、商丘、信阳、周口、驻马店等9市的"一小时交通圈"的格局。并根据"一极"和"两圈"将其按照"三层"来进行布局，即核心层、紧密层及辐射层。依托主要交通运输通道规划建设"四带"，即陇海城镇发展带、京广城镇发展带、南太行城镇发展带和伏牛东城镇发展带；推动有条件的区域和有需求的区域培育"五轴"，即宁西城镇发展轴、黄淮海城镇发展轴、郑州—焦作—晋城城镇发展轴、郑州—平顶山—南阳城镇发展轴和林州—安阳—濮阳城镇发展轴。

3. 依托综合交通运输体系，增强城市之间的空间联系

城镇化空间布局的调整和优化很大程度上取决于区域交通运输体系的空间布局，快速便捷、高效安全、互连互通、布局科学的交通运输体系是实现城镇化空间结构优化的基础和重要的支撑条件。河南城镇化空间布局应以现代综合交通运输体系、物流和信息基础设施为重点，努力实现共建共享。一是在交通方面，以连通东西、纵贯南北的运输通道和综合交通枢纽为重点，构建"干支结合"的空运体系、铁路网络体系、公路交通网络体系、内河航运通道和智能交通服务网络，推进多种交通方式的资源优化配置和协调发展，形成网络完善、布局合理、运行高效的一体化立体交通网络体系。其中，要突出搞好机场功能整合，尽快通过通航权资源开放和机场经营权开放，实现临空经济的大发展。二是在信息化建设方面，按照构建"数字河南"的总体要求，突破区划、部门、行业界限和体制性障碍，加大信息基础设施建设力度，加快部署新一代移动通信网络，分区域、按步骤推进无线宽带经济区建设，构建"随时随地随需"的中原经济区信息网络。统筹信息网络规划、建设和管理，率先推进电信网、互联网和广播电视网"三网融合"，促进网络资源共享和互联互通。统筹基础地理信息资源的开发利用。三是在物流基础设施方面，根据河南城镇产业结构和空间布局，以交通主干

线为主要物流通道，以物流节点建设为重点，按照"物流枢纽—综合物流园区—物流中心"的结构层次进行宏观布局。对区域内重复建设的物流基础设施，注重从物流基础设施整体发展的角度加快既有以及规划的运输设施的整合，使运输基础设施因物流的运作组织而得以更好地发挥相关功能，推进综合运输的发展和社会整体运输效率的提升。

4. 加快体制机制创新，优化城镇化空间布局的政策设计

河南城镇化腹地分割的空间布局形态，要求在行政管理体制和行政区划、基础设施共建共享和生态环境综合治理等方面进行综合协调。一是借鉴国内外推进城镇化空间结构优化的成功经验，根据不同城镇化区域的发展实际，探索城市之间多种形式的、多层面的合作模式，建立行之有效的区域协商机制、发展调控机制和利益整合机制，为区域协调发展提供制度保障。二是围绕加快城镇化空间布局优化，适当调整城市群内行政区划，完善城市设置，优化空间布局，逐步解决市、县、乡镇规模过大或过小问题。对发展空间过小的城市适时调整行政区划，拓展发展空间。设区市、县同城的要撤县设区，增强城市功能和挖掘城市发展潜力。三是以城镇化空间协调发展为目标，对综合交通运输体系、信息网络、供水系统、能源电力、环保设施、防灾减灾等重大基础设施，进行统筹规划，联合建设，综合协调。四是加快沿公路、铁路的绿化带建设，统筹推进生态城市试点建设工程，形成网络化的区域生态廊道。建立区域环境联防联治体系，建设完善水和大气环境自动监测网络，合作开发区域环境监测信息共享平台，实现环境监测数据的互通和共享。建立完善跨省、市界的水、大气等环境预警应急机制和联合惩处机制，加强联合执法检查，实行监测仪器、应急车辆等环境应急设施的共享，提高区域环境应急水平。

二　加快中原城市群发展

中原城市群从"八五"计划开始酝酿，至今已经历时20多年。随着国家区域发展战略的调整、河南发展阶段和发展基础的变化、交通通信技术的进步，中原城市群的空间范围也在不断进行调整。现阶段，中原经济区上升为国家战略，《国家新型城镇化规划》也将中原城市群定位为中西部地区推动国土空间均衡开发、引领区域经济发展的四个重要增长极之一，迫切需要按照国家级城市群的发展定位、发展要求和发展思路，重新审视界定中原城市群的空间范围，科学把握构建中原城市群的重点难点问题，切实明确中原城市群发展的战略举措，以中原城市群的科学发展带动中原经济区城镇化空间结构模式创新。

（一）中原城市群的发展历程

1. 中原城市群的发展历程

从"八五"计划开始，河南决策层和专家学者就对构建中原城市群的可能性和必要性进行探索，2003 年第一次明确提出由 9 个省辖市构成中原城市群空间范围，随后根据形势发展变化逐步扩展至涵盖中原经济区 30 个省辖市的空间范围。

中原城市群概念，在研究"八五"计划时就进行了探索。2003 年 7月，为积极顺应国内外城镇化发展趋势，进一步加快城镇化进程，河南省委、省政府提出了《中原城市群发展战略构想》，并将其纳入《河南省全面建设小康社会规划纲要》，第一次明确界定了中原城市群的范围，即"以郑州为中心，包括洛阳、开封、新乡、焦作、许昌、平顶山、漯河、济源在内的城市密集区作为中原城市群的空间范围"。

2003~2004 年，由河南省发改委牵头，河南省组织编制了《中原城市群经济隆起带发展战略构想》，提出"中原城市群城市体系在大的构架上分为三个层次：第一层次是大郑州都市圈；第二层次以大郑州都市圈为中心，以洛阳、济源、焦作、新乡、开封、许昌、平顶山、漯河等 8 个中心城市为节点，构成中原城市群紧密联系圈；第三层次为外围带"。并将中原城市群定位为："实施区域性中心城市带动战略，整合区域资源和经济优势，着力构筑中原城市群经济隆起带，率先实现全面建设小康社会的战略目标，带领全省向现代化迈进，成为全省对外开放、东引西进的主要平台，全国重要的制造业基地，区域性商贸金融中心和科教文化中心，中西部综合竞争力较强的开放型经济区"。2004 年 2 月，《河南省政府工作报告》强调要"突出抓好中原城市群建设，完成中原城市群发展规划，建立中原城市群联动发展机制"。

2006 年初,《河南省国民经济和社会发展第十一个五年规划纲要》提出,"加快中原城市群发展,把中原城市群建成带动中原崛起、促进中部崛起的重要增长极。"随后,《中原城市群总体发展规划纲要》出台,确定中原城市群以郑州为中心,包括洛阳、开封、新乡、焦作、许昌、平顶山、漯河、济源共 9 个省辖市, 14 个县级市、33 个县、340 个建制镇,在空间上形成三大圈层——以郑州为中心的都市圈(开封作为郑州都市圈的一个重要功能区)、紧密联系圈(其他 7 个节点城市)和辐射圈(接受城市群辐射带动作用的周边城市)。

2009 年,河南省委、省政府提出进一步完善中原城市群规划,着力构建"一极两圈三层"现代城镇体系。"一极两圈三层"的中原城市群框架为:"一极"即构建带动全省经济社会发展的核心增长极,就是"郑汴新区",包括"大郑东新区"和"汴西新区"。"两圈"即加快城市群轨道交通体系建设,在全省形成以郑州综合交通枢纽为中心的"半小时交通圈"和"一小时交通圈"。"半小时交通圈"就是以城际快速轨道交通和高速铁路为纽带,实现以郑州为中心、半小时通达洛阳等 8 个省辖市;"一小时交通圈"就是以高速铁路为依托,形成以郑州为中心、一小时通达南阳等 9 个省辖市的格局。"三层"即中原城市群核心层、紧密层、辐射层。核心层指郑汴一体化区域,包括郑州、开封两市区域;紧密层包括洛阳、平顶山等 7 个省辖市;辐射层包括南阳、商丘等 9 个省辖市。

2013 年 9 月,中原经济区涉及的 5 省 30 个市在郑州举行了中原经济区首届市长联席会议, 30 个省辖市市长签署了共同推进中原城市群建设战略合作框架协议,将全力打造跨省级行政区域的中西部城市群,使之成为与长江中游城市群南北呼应、引领中西部经济发展的重要增长极。至此,以涵盖中原经济区全部城市来构建中原城市群成为共识,中原城市群的空间范围也扩展至中原经济区的 30 个省辖市。

2. 中原城市群发展定位的转变

2006 年 4 月 15 日,中共中央、国务院印发的《关于促进中部地区崛起的若干意见》明确提出:"以武汉城市圈、中原城市群、长株潭城市群、皖江城市带为重点,形成支撑经济发展和人口集聚的城市群,带动周边地区发展。支持城市间及周边地区基础设施建设，引导资源整合、共建共享，形成共同发展的合作机制。"

2010 年 5 月 9 日，为深入实施促进中部地区崛起战略，引导和支持中部地区城市群健康发展，国家发改委会同有关方面研究制定了《关于促进中部地区城市群发展的指导意见》，明确提出，中部地区已经初步形成以武汉城市圈、中原城市群、长株潭城市群、皖江城市带、环鄱阳湖城市群和太原城市圈六大城市群为主的发展格局，在中部地区经济社会发展中具有举足轻重的地位。要求不断壮大城市群经济实力，增强产业集聚能力，提高城镇化水平，把城市群建成支撑中部地区崛起的核心经济增长极和促进东中西部良性互动、带动全国又好又快发展的重要区域。

2010 年 8 月 25 日，《促进中部地区崛起规划》实施意见出台，提出培育城市群增长极：中原城市群以客运专线和城际快速轨道交通等重要交通干线为纽带，重点以郑东新区、汴西新区、洛阳新区建设为载体，整合区域资源，加强分工合作，推进区域内城市空间和功能对接，率先在统筹城乡、统筹区域协调发展的体制机制创新方面实现新突破，提升区域整体竞争力和辐射带动力，把中原城市群建设成为沿陇海经济带的核心区域和重要的城镇密集区、先进制造业基地、农产品生产加工基地及综合交通运输枢纽。

2011 年 9 月 28 日，《国务院关于支持河南省加快建设中原经济区的指导意见》明确提出，充分发挥中原城市群辐射带动作用，形成大中小城市和小城镇协调发展的城镇化格局；实施中心城市带动战略，提升郑州作为我国中部地区重要的中心城市地位，发挥洛阳区域副中心城市作用，加强各城市间分工合作，推进交通一体、产业链接、服务共享、生态共建，形成具有较强竞争力的开放型城市群。支持郑汴新区加快发展，建设内陆开发开放高地，打造"三化"协调发展先导区，形成中原经济区最具活力的发展区域。推进教育、医疗、信息资源共享，实现电信、金融同城，加快郑汴一体化进程。加强郑州与洛阳、新乡、许昌、焦作等毗邻城市的高效联系，实现融合发展。推进城市群内多层次城际快速交通网络建设，促进城际功能对接、联动发展，建成沿陇海经济带的核心区域和全国重要的城镇密集区。

2014 年 3 月,《国家新型城镇化规划(2014—2020 年)》出台,明确提出,加快培育成渝、中原、长江中游、哈长等城市群,使之成为推动国土空间均衡开发、引领区域经济发展的重要增长极。中原城市群列入国家重点培育发展的跨省级行政区的国家级城市群,战略地位持续提升。

(二) 中原城市群的发展现状

1. 中原城市群的空间范围

中原城市群空间范围界定主要包括以下三种。

第一种空间范围包括河南 9 个省辖市,即以郑州为中心,包括洛阳、开封、新乡、焦作、许昌、平顶山、漯河、济源 8 个地区性中心城市为节点构成的城镇密集区。

第二种空间范围以河南 18 个省辖市为节点,在大的构架上将中原城市群城市体系分为三个层次:第一层次是大郑州都市圈,包括郑州和开封;第二层次以大郑州都市圈为中心,以洛阳、济源、焦作、新乡、许昌、平顶山、漯河等 7 个中心城市为节点,构成紧密联系圈;第三层次为外围带,包括省内除第一、第二层次之外的其他 9 个省辖市,即南阳、商丘、驻马店、周口、信阳、濮阳、安阳、鹤壁、三门峡。

第三种空间范围覆盖中原经济区,以中原经济区 30 个省辖市为节点,根据 2013 年 9 月中原经济区首届市长联席会议形成的《共同推进中原城市群建设战略合作框架协议》,依托以客运专线为主的高效便捷的交通走廊,强化"米"字形发展轴节点城市互动联动,促进中原城市群跨省级行政扩容发展。30 个省辖市包括河南省内的 18 个省辖市,河北省的邢台市、邯郸市,山西省的长治市、晋城市、运城市,安徽省的宿州市、淮北市、阜阳市、亳州市、蚌埠市和山东省的聊城市、菏泽市。

表 5 - 1   中原城市群三种空间范围界定主要指标比较分析

城市群	中原城市群 (9 个省辖市)	中原城市群 (18 个省辖市)	中原城市群 (30 个省辖市)
辖区面积(万平方公里)	5.9	16.7	28.9

城市群	中原城市群 （9 个省辖市）	中原城市群 （18 个省辖市）	中原城市群 （30 个省辖市）
辖区面积占全国比重（％）	0.6	1.7	3.0
总人口（亿人）	0.4	0.9	1.6
总人口占全国比重（％）	3.1	6.9	11.9
地区生产总值（亿元）	17349.1	29599.3	44891.1
地区生产总值占全国比重（％）	3.3	5.7	8.7
经济密度（万元/平方公里）	2940.5	1772.4	1553.3
50 万人以上城镇密度（个/万平方公里）	1.5	0.9	0.9
人口密度（人/平方公里）	678	539	554

　　根据《国家新型城镇化规划》对中原城市群的定位和要求，以及中原经济区的发展实际，综合比较三种空间范围，笔者认为按照涵盖中原经济区 30 个省辖市的空间范围来构建中原城市群，符合国家区域发展战略要求，顺应城市群发展规律，适应了交通方式发展，兼顾了已有良好发展基础。

2. 中原城市群的发展现状

　　（1）总量规模大。覆盖 30 个省辖市的中原城市群，辖区面积达到 28.9 万平方公里，占全国比重达到 3%；总人口为 1.6 亿，占全国比重达到 11.9%。与长三角、珠三角、京津冀、长江中游、成渝、哈长等《国家新型城镇化规划（2014—2020 年）》确定的其他六个国家级城市群相比，在国土面积上，仅次于长江中游城市群，大于哈长城市群、长三角城市群、珠三角城市群、京津冀城市群和成渝城市群，在七大城市群中居第 2 位；在人口规模上，在七大城市群中居第 1 位，分别为长三角城市群、珠三角城市群、京津冀城市群、长江中游城市群、成渝城市群和哈长城市群的 1.6 倍、2.7 倍、1.8 倍、1.1 倍、2 倍和 4 倍；在经济规模上，大于成渝城市群和哈长城市群，低于长三角城市群、珠三角城市群、京津冀城市群、长江中游城市群。

　　（2）发展密度高。从经济密度看，覆盖中原经济区 30 个省辖市的中原城市群，和 9 个省辖城市、18 个省辖城市的空间范围相比，虽然经济密度有所降低，但是仍然高于中西部的长江中游城市群、成渝城市群和哈长城市群，低于长三角城市群、珠三角城市群和京津冀城市群；从 50 万人以上的城镇密度看，中原城市群不仅高于中东部的长江中游城市群、京津冀城市群和哈长城市群，而且与西部的成渝城市群持平，仅次于长三角城市群和珠三角城市群；从人口密度看，中原城市群每平方公里人口为 554 人，高于京津冀城市群、长江中游城市群、成渝城市群和哈长城市群。

表 5-2　六大国家级城市群空间范围

城市群	中心城市	主要城市
长三角城市群	上海	杭州、嘉兴、湖州、绍兴、宁波、舟山、南京、扬州、常州、泰州、镇江、无锡、南通、苏州
珠三角城市群	广州、深圳	佛山、东莞、中山、珠海、惠州、江门、肇庆
京津冀城市群	北京、天津	保定、廊坊、唐山、沧州、秦皇岛、张家口、承德、石家庄
长江中游城市群	武汉、长沙、南昌、合肥	黄冈、黄石、鄂州、孝感、咸宁、仙桃、天门、潜江、宜昌、荆州、荆门；株洲、湘潭、衡阳、常德、岳阳、益阳、娄底；景德镇、九江、鹰潭、上饶、抚州、宜春、新余；芜湖、马鞍山、铜陵、安庆、池州、滁州、宣城、六安、淮南、蚌埠
成渝城市群	重庆、成都	自贡、泸州、德阳、绵阳、内江、乐山、眉山、宜宾、资阳
哈长城市群	哈尔滨、长春	吉林、大庆、齐齐哈尔、牡丹江、延吉、四平

表 5-3　中原城市群与其他六大国家级城市群发展情况对比

城市群	中原城市群	长三角城市群	珠三角城市群	京津冀城市群	长江中游城市群	成渝城市群	哈长城市群
辖区面积（万平方公里）	28.9	11	5.5	18.2	40.2	19.2	26.4
辖区面积占全国比重（%）	3.0	1.1	0.6	1.9	4.2	2	2.7
总人口（亿人）	1.6	1	0.6	0.9	1.5	0.8	0.4
总人口占全国比重（%）	11.9	7.2	4.2	6.4	11.2	5.7	2.9
地区生产总值（亿元）	44891	87203	47780	52018	60263	29109	21600

城市群	中原城市群	长三角城市群	珠三角城市群	京津冀城市群	长江中游城市群	成渝城市群	哈长城市群
地区生产总值占全国比重（%）	8.7	16.8	9.2	10.0	11.6	5.6	3.8
经济密度（万元/平方公里）	1553.3	7927.6	8687.2	2858	1499.1	1516.1	819.4
50万人以上城镇密度（个/万平方公里）	0.9	3.34	1.36	0.6	0.57	0.9	0.27
人口密度（人/平方公里）	554	909	1091	495	373	417	151

（3）文化同质性强。地缘人文条件接近，交流融合由来已久。区域经济学基本理论认为，不同区域的地理接近及相似性、相近性，即区域内各个组成部分具有比较接近的自然、历史和现实社会经济条件，是构成城市群的重要基础前提之一。"文化城市群"代表了城市群发展的更高形态。长三角、珠三角等城市群之所以能形成经济融合体，自然、历史、文化等因素相近是其中的重要原因，如北方文化之于京津冀城市群、岭南文化之于珠三角城市群、江南文化之于长三角城市群。纵观以河南为主体的中原地区发展史，中原城市群内各城镇同属于中原历史文化支脉，在历史上就是一个有着紧密内在联系的经济区域或军事区域，在文化历史和资源开发利用等方面有许多相似之处，可以有效降低城市群的发展成本。中原城市群虽然地跨河南和周边的山西、安徽、河北、山东等省份，但是完全具备相近相似的地理条件和地缘人文因素，具备认同中原文化的广泛基础。在当今市场经济条件下，跨地区、跨省域的城市之间的协作关系更加紧密。这一区域不同省份内的一些主要城市，如安阳与邯郸；焦作与晋城；三门峡与运城；商丘、周口与皖北苏北诸市；濮阳与菏泽、聊城；南阳与襄樊等等，虽分属不同省份，但不仅地缘相邻、交通相连、经济和人员交往交流频繁；而且语言相通、民俗民风相近。

（4）交通联系方便。中原城市群是全国举足轻重的铁路、公路、航空、通信等综合交通通信枢纽，公路网密度和道路等级在中西部地区中处于明显优势，初步形成了以郑州为中心的密集高速客运网络，城镇之间联系通道较为密集。地处陇海－京广的"大黄金十字"交叉地区，发达的综合交通通信网络初步形成，这为城市群内城镇的内聚外联提供了保障。陇海－京广两大铁路枢纽在郑州交会，以全国少有的大黄金十字交叉形成中原城市群的主干骨架。"三横五纵"的国家铁路干线与密集分布的铁路支线、地方铁路，共同编织了中原城市群发达的铁路交通网络。《国务院关于支持河南省加快建设中原经济区的指导意见》明确提出，加快建设蚌埠、阜阳、商丘、聊城、邯郸、安阳、新乡、长治、洛阳、三门峡、南阳、漯河、信阳、运城、菏泽、邢台等地区性交通枢纽，形成与郑州联动发展的枢纽格局，这将与快捷的交通网络一道，构成以郑州为中心，300公里为半径的一小时高铁通勤圈。同时，连霍、京港澳等9条高速公路，以及105、106、107、207、310、311、312等9条国道经过这里。这一范围内拥有一个国际机场和多个民用机场，郑州航空港经济综合实验区建设打开了中原经济区建设的战略突破口，基础建设大规模展开，航空枢纽建设取得重大进展；客流特别是货运超常增长，招商引资、承接产业转移获得重大突破；口岸建设取得很大进步，郑欧国际班列运行超出预期；对周边地区的虹吸效应持续增强，辐射带动范围已经超过河南自身。国家骨干公用电信网的"三纵三横"和南北、东西两条架空光缆干线，构成"四纵四横"的信息高速公路基本框架。交通运输和邮电通信强大的基础保障，使中原经济区内部的凝聚和外部的互动、交流、协作获得强有力的支撑。

表5－4　郑州"米"字形高铁一小时可达的主要城市

高铁运行方向	途经主要城市
北京－广州高速铁路客运专线	邢台、邯郸、安阳、鹤壁、新乡、郑州、许昌、漯河、驻马店、信阳
郑州－西安高速铁路客运专线	郑州、洛阳、三门峡
郑州－徐州高速铁路客运专线	郑州、开封、商丘
郑州－重庆高速铁路客运专线	郑州、许昌、平顶山、南阳
郑州－合肥高速铁路客运专线	郑州、许昌、周口、项城、界首、阜阳、淮南

高铁运行方向	途经主要城市
郑州－济南高速铁路客运专线	郑州、开封、菏泽
郑州－太原高速铁路客运专线	郑州、焦作、济源、晋城、长治

（5）城镇之间协作广泛持久，经济交往十分密切。在相近的地缘文化背景和大致相当的发展阶段特征下，中原城市群跨越省份边界，共同发展也符合区域合作发展的总体走势。改革开放以来，中原城市群相邻的各省、各市，甚至县乡之间早已出现多形式、多层次的区域经济合作。这些地跨省、延续至今的区域经济协作体的出现，为中原城市群构建奠定了广泛的经济社会基础。除此之外，处于中原城市群内部省域交界地区的安阳、邯郸、晋城、焦作、商丘、周口、淮北、三门峡、运城、濮阳、菏泽、聊城等城市，近年来也都保持着持续快速发展的良好态势，经济实力不断提高，城市功能不断完善，成为中原城市群内具有较强支撑力的次级区域性中心，与群内的郑州、洛阳等城市一起构成较为完善的现代城市体系构架。

（6）中心城市快速成长，辐射力带动力不断增强。中心城市的规模实力、发展状况和辐射能力，在很大程度上决定着城市群的空间范围和发展水平。从郑州与周边区域性中心城市的发展对比看，郑州的经济总量、发展速度均高于周边的济南、石家庄、太原、合肥等省会城市，这也从一定程度上决定了中原城市群成为国家级城市群之后，空间扩展的方向将主要体现在东部和北部，郑州将以突出的区位优势成为带动整个中原城市群发展的增长极。据初步核算，2013 年郑州全年完成生产总值6201.9 亿元，人均生产总值68070 元，全社会固定资产投资完成4509.3 亿元，完成社会消费品零售总额2586.4 亿元，直接进出口总额427.5 亿美元，完成地方财政总收入1116 亿元，地方公共财政预算收入723.6 亿元，城镇居民人均可支配收入26615 元，农村居民人均纯收入14009 元（见表5－5）。从纵向对比看，郑州市经济社会保持快速发展，综合经济实力进一步增强，2006～2013 年郑州生产总值年均增幅为13.5%，全社会固定资产投资年均增长20.2%，社会消费品零售总额年均增长15.4%，直接进出口总额年均增长42.8%，地方财政总收入年均增长23.8%，公共财政预算收入年均增长 19.3%。从横向对比看，2013 年，郑州和周边省份的省会城市相比，各项总量指标均居第一位或者第二位，辐射带动能力相对增强，辐射带动范围持续扩大。

表 5－5　2013 年郑州与相邻省会城市主要经济社会指标比较

类别　　　　　城市	郑　州	太　原	合　肥	济　南	石家庄
地区生产总值（亿元）	6201.9	2412.9	4672.9	5230.2	4863.6
人均生产总值（元）	68070	56547	61555	74728	46301
全社会固定资产投资（亿元）	4509.3	1670.7	4708	2638.3	4400.2
社会消费品零售总额（亿元）	2586.4	1281.5	1480.8	2633.9	2179.7
进出口总额（亿美元）	427.5	91.6	181.9	95.7	140
地方公共财政预算收入（亿元）	723.6	247.3	438.62	482.1	315.1
城镇居民人均可支配收入（元）	26615	24000	28083	35648	25274
农村居民人均纯收入（元）	14009	11288	10352	13248	10066

（三）建设中原城市群面临的突出问题

建设中原城市群，已具备良好的条件和基础，但在构建的过程中，还面临着一些特殊难题，存在着一些城市群发展的共性问题，需要引起我们的高度重视。

1. 特殊的区情问题

依托中原经济区构建中原城市群，具有特殊的区情，这些特殊区情决定了建设中原城市群的特殊难度。中原经济区是传统的农业区和粮食生产核心区，肩负着国家粮食生产和维护粮食安全的重任。据统计仅河南全省粮食总量约占全国的 1/10，小麦产量占全国的 1/4 强。中原经济区也是国家重要的生态环境保护区，地跨长江、淮河、黄河、海河四大流域，涵盖大别山 - 桐柏山、太行山、伏牛山三大山系，又是南水北调中线工程的水源地，加强生态和环境保护关系全局。《国务院关于支持河南省加快建设中原经济区的指导意见》指出："积极探索不以牺牲农业和粮食、生态和环境为代价的'三化'协调发展的路子，是中原经济区建设的核心任务。"因此，在构建中原城市群的过程中，如何正确处理中原经济区与中原城市群的关系，正确处理城市群建设与经济区发展的关系，正确处理城镇化、工业化、信息化发展与农业现代化的关系，成为中原城市群构建中着力思考的重大问题。

2. 省级协调难度较大问题

依托中原经济区构建中原城市群，涉及范围大、面积广，涵盖5省30个省辖市，由于分属不同的省份，隶属不同的行政关系，省级协调起来难度较大。尤其是中原城市群是以河南省为主体，其他四省涉及城市相对较少，其往往认为中原城市群建设是河南一省的事情，在有重大利益的时候往往习惯于"搭便车"，而在不能给自身带来利益的情况下往往缺乏合作"热情"。同时，一些城市基于地方发展的考虑，往往从本地区的角度来考虑问题，缺乏大局意识和整体观念，从而产生了一些诸如行政壁垒、市场分割、区域障碍等现象与问题，导致在跨界交通设施建设、水资源使用、生态环境治理以及人员流动上以邻为壑，阻碍着城市群健康可持续发展。因此，在构建中原城市群的过程中，如何打破"一亩三分地"的思维定式，构筑形成区域发展共同体，从顶层规划到具体执行，还有诸多难题需要攻克。

3. 强点不强问题

核心城市是城市群快速发展的关键和保证。核心城市发展速度的快慢、规模的大小以及实力的强弱，对于城市群发展的速度、质量和效益具有举足轻重的作用。与长三角、珠三角、京津冀、山东半岛以及成渝城市群等发展相对成熟城市群的核心城市相比，中原城市群核心城市郑州市，无论是从经济总量和发展规模，还是从经济实力和竞争能力等方面来看，都存在不小的差距。2013年，郑州市实现生产总值6201.9亿元，而同期的上海市、广州市、北京市、青岛市、成都市和重庆市分别达到 21602.1 亿元、15420.1 亿元、19500.6 亿元、8006.6 亿元、9108.9亿元和12656.7亿元，郑州市仅为上海市的28.7%、广州市的40.2%、北京市的31.8%、青岛市的77.5%、成都市的68.1%和重庆市的49.0%。因此，如何进一步做大做强中原城市群的核心城市，提高郑州市的综合实力和辐射带动力，成为构建中原城市群过程中必须考虑的重大现实性问题。

4. 发展质量不高问题

城镇整体发展质量不高，是中原城市群发展的典型特征。长期以来，中原城市群的一些城镇在推进城镇化建设的过程中，往往注重城镇的发展速度和规模，而轻视城镇的质量和效益；往往注重城镇规模的扩张，而轻视城镇的内涵式发展；往往注重城镇的建设，而轻视城镇的管理，城镇发展方式较为粗放。一些城镇发展规划滞后、理念不新、起点不高，城市建设缺乏个性和特色，造成千城一面；一些城镇基础设施和公共服务设施建设投入欠账较多，城镇功能不完善，城镇管理较为粗放，城镇承载能力不高；一些城镇土地利用集约化程度低，土地资源浪费严重，城市建设用地供求矛盾日益突出，加剧了资源短缺、环境恶化的严重程度，降低了城镇的综合承载能力。

5. 以人为本问题

构建中原城市群，促进城市群各城镇的发展，说到底是为了改善人民的生活，提高人民的生活质量和幸福指数。然而长期以来，由于受 GDP 绩效考核、地方财政收入和利益驱使等多种因素的影响，中原城市群的一些地区和城镇，在推进区域发展的过程中，往往口头上强调"以人为本"，但在实际操作中，常常忽视人的发展需要和居民合法权益的保护，产生一些不可调和的矛盾和问题；大多重视经济和产业的发展，而轻视与居民息息相关的社会事业的发展，形成一些诸如"上学难、看病难、住房难"等现象与问题；强行"赶"农民进城、"赶"农民上楼，迫使农民改变身份，结果非但没有实现农民向市民的转变，反而留下大批失地、失业、失保的"伪市民"，不仅严重影响了城市群的发展质量，而且给社会稳定埋下重大隐患。因此，如何坚持以人为本，切实维护人民群众的利益，是构建中原城市群过程中的一个核心问题。

除了上述列举和分析的一些特殊难点之外，在构建中原城市群的过程中，还面临着一些国内外城市群发展中存在的共性问题，如行政壁垒问题、市场分割问题、产业同质问题、制度障碍问题、法规掣肘问题等等。这些问题在很大程度上也是影响和制约中原城市群发展的关键要素，也应引起我们的高度重视，着重在构建中原城市群的过程中逐步加以解决。

（四）加快中原经济区建设的基本取向

构建中原城市群是一项复杂的系统工程，需要各个部门、各个方面的共同努力。当前和今后一个时期，构建中原城市群，要找准着力点，突出关键点，精准发力点，有针对性地破解这些难点问题。

1. 把握区情

走出一条"四化"同步发展的新路子。要结合城市群的区情特征和国家的战略要求，积极推动信息化和工业化深度融合、工业化和城镇化良性互动、城镇化和农业现代化相互协调，切实走出一条"四化"同步发展的新路子。一是加快推进新型城镇化发展，着力形成以城市群为主体形态，大中小城市和小城镇协调发展的新格局，以新型城镇化带动新型工业化和新型农业现代化。二是以发展先进制造业和战略性新兴产业、改造提升传统优势产业为重点，积极推进新型工业化，促进工业结构的转型升级，以新型工业化促进新型城镇化和新型农业现代化。三是坚持把保障粮食安全和促进农民增收作为核心任务，积极推进新型农业现代化，以新型农业现代化支撑新型城镇化和新型工业化。四是在新型工业化、城镇化和农业现代化深入推进过程中，积极强化信息化战略作用，以信息化来提升新型工业化、城镇化和农业现代化的质量和效益。

2. 加强合作

积极建立城市群联动协调发展机制。加强省级政府间的沟通协作，探索建立河南省、河北省、山东省、山西省、安徽省等五省省级政府间的沟通协调机制，定期举行会议对中原城市群发展的重大问题进行沟通协调。建立中原城市群各城市政府参与的协调机制，定期不定期举行和召开城市群协调发展会议，共商城市群协调发展问题，同时在基础设施建设、生态环境保护、规划对接等方面展开务实合作。成立由中原城市群各城市主要职能部门参与的部门协作机制，具体负责城市间具体问题的沟通与衔接工作。建立城市群利益协调机制，对城市群城市间产业转移、技术合作、基础设施建设、生态环境治理等活动进行利益协调。建立城市群发展的约束机制，明确中原城市群发展的规则制度，对于影响、抑制城市群协同发展的城镇进行有效约束和制约。

3. 做强极核

打造大郑州都市地区。围绕建设国家区域性中心城市的战略目标，积极创造条件，强化政策支持，集全省之力，以提高郑州首位度和国际化程度为重点，全力推进郑州跨越式发展，着力提升郑州市对中原城市群的龙头带动作用。一是提升中心城区的综合服务功能，通过强化科技创新和文化引领，促进高端要素聚集，优化提升中心城区现代服务功能，着力提升郑东新区高端要素集聚功能，积极提升高新区、经济技术开发区等产业集聚区的支撑能力，不断强化国家区域性中心城市地位。二是强化产业支撑能力，重点发展电子信息、汽车、高端装备等先进制造业和金融、现代物流、文化等现代服务业，壮大总部经济，打造全国重要的先进制造业和现代服务业基地。三是优化城市发展形态，密切中心城区与新郑、新密、荥阳、登封等周边县城的联系，推进组团式发展，加快建设以中心城区为核心、外围组团为支撑、小城镇为节点发展的新格局。

4. 提升质量

切实提高中原城市群的运行效率。发展质量不高是当前中原城市群面临的最为突出的问题。因此，在构建中原城市群的过程中，要把提升中原城市群的发展质量和运行效率放在重要位置，着力促进城市群的健康可持续发展。一是要转变城镇发展方式。着力促进城镇发展方式由粗放型向集约型转变，从片面追求规模和数量的扩张转向追求质量和效益的提高。二是提高资源的利用效率。探索建立资源能源节约集约利用制度，形成有利于节约资源能源和保护生态环境的产业结构、增长方式、消费模式，集中建设一批紧凑型、节水型、节地型、生态型城镇。三是加强生态环境保护。树立生态环保、低碳发展的新理念，积极加强城镇生态环境建设，着力强化环境综合治理，全面推进城市环境整治，积极推进城镇公园、绿地、水系等生态体系建设，切实改善城乡人居环境，不断提升城市群的环境质量和宜居程度。

5. 以人为本

坚持把维护人民群众的根本利益放在重中之重。在构建中原城市群过程中，要坚持以人为本的核心理念，坚持把维护人民群众的根本利益放在核心位置，心里想着群众，充分依靠群众，切实服务群众，让构建城市群的过程成为改善居民生活质量的过程，成为提升城乡居民幸福指数的过程。一是在构建中原城市群的过程中，尤其是在农村人口向城镇转移过程中，要充分保护农民的根本利益，切实维护农民的合法权益。二是要在构建中原城市群的过程中，更加注重社会事业的发展，切实有效解决城乡居民关注的"就学难、就医难、就业难、住房难"等突出难题，让人民群众更体面、更有尊严地生活。三是在加大基础设施和公共设施建设的同时，更加注重生态环境的建设，为城乡居民营造更加优越的生活居住环境。四是在注重物质文明建设的同时，更加注重社会主义精神文明的建设，不断提高居民的思想道德、科学文化、劳动技能和身体素质，促进人的全面发展。

（五）加快中原经济区建设的对策建议

站在新的历史起点上，构建中原城市群，既要充分认清当前面临的新情况、新问题，突出重点，把握关键，精准发力，着力形成中原城市群建设的新局面；又要科学把握构建中原城市群的重点难点问题，循因施策，重点突破，有效解决，着力形成中原城市群发展的新格局。

1. 积极构建城市群发展质量的评价体系

根据城市群发展的科学内涵和基本特征，结合国家新型城镇化发展的战略要求，积极建立中原城市群发展质量评价的评估体系，定期对中原城市群各城市的发展质量和效益水平进行评估，并把其作为考核城市发展成效和领导干部的重要依据。中原城市群发展质量评价指标体系的制定，既要包括经济发展指标，也要涵盖社会事业、人口转移、生态环境、资源利用等方面的指标，以便从多维视角来综合考量城市群的发展质量和效率水平。

2. 加快培育洛阳、南阳、商丘、安阳四大副中心城市

在继续做大做强郑州、打造郑州大都市地区，培育打造洛阳副中心的基础上，着力培育和打造一批副中心城市。有效明确开封的功能定位，科学把握郑汴一体化发展的前景趋势，科学论证开封作为副中心城市的可行性和必要性，实施开封去"副中心"化。充分认识南阳、商丘、安阳等人口大市、农业大市的战略价值和战略意义，着力把南阳、商丘、安阳作

为副中心城市，进行重点支持和打造，着力形成"一核四副"共同支撑带动中原城市群发展的战略新格局。

加快落实洛阳、南阳、商丘、安阳四大副中心城市的支持政策。加大对洛阳市的政策支持力度，出台支持洛阳老工业基地建设、产业转型升级、高新技术产业发展、老城区改造提升、重大基础设施建设等方面的专项政策，促进洛阳渡过难关、提质发展。积极出台促进南阳市、商丘市、安阳市建设副中心城市的指导意见，从土地政策、税收政策、财税金融政策、产业发展政策、招商引资政策等方面建立政策支持体系，重点支持三市产业发展、城镇建设、基础设施建设、公共事业发展、生态环境治理等，引导三市提质增效、跨越发展。

3. 加快推进郑州与开封、新乡、焦作、许昌等周边城市的融合发展

发挥郑州龙头作用，推动郑州与开封、新乡、焦作、许昌等毗邻城市的融合发展，形成高效率、高品质的组合型城市地区，构建辐射带动中原城市群发展的核心区域。深入推进郑汴一体化，统筹电子信息、汽车及零部件、装备制造、现代物流、文化创意、金融服务等主导产业布局，形成现代产业集聚区和复合型功能区。完善"两干三城"（干线公路、干线铁路，城际轨道交通、城际快速客运通道、城际快速货运通道）基础设施建设，在郑州与新乡、焦作、许昌之间构建以"两干三城"为支撑的快速交通网络，健全以先进制造业、战略性新兴产业、现代服务业为主的产业体系，促进生产要素自由流动和优化配置。

加快实施郑州与开封、新乡、焦作、许昌的对接工程。深入推进郑汴一体化发展，着力建成郑开城际铁路，加快推进黄河南岸生态走廊建设，启动实施招商引资、社会保障、城市管理等制度对接试点，促进城际功能和发展政策对接。启动实施郑新一体化发展工程，率先推进城际快速通道建设，试点推进公交一卡通、公交高速化，支持两市对接融合、相向发展。积极编制郑州与焦作、许昌对接融合的总体方案和发展规划，加快推进郑州与焦作、许昌间的快速通道建设，建成郑州至焦作城际铁路、郑州至云台山高速公路、许昌至郑州新郑国际机场快速通道，建立郑州与焦作、许昌对接融合的组织协调机制，制定完善政策支持体系。

4. 建立跨行政区的区域战略合作示范区

积极推进城市跨区域战略合作试点示范工程，培育和形成一批跨区域战略合作示范区。以共建承接产业转移示范区为抓手，积极推进晋陕豫"黄河金三角"区域合作示范区建设。积极推进南阳、驻马店、襄阳、十堰、渭南等城市的战略合作，打造豫鄂陕区域合作发展示范区。积极推动商丘、菏泽、亳州、阜阳、周口等城市的跨区域合作，打造豫鲁皖区域合作发展示范区。积极加强安阳、长治、邯郸、聊城等城市的战略合作，打造冀鲁豫合作发展示范区。积极强化济源、焦作、晋城、运城、长治等城市的战略合作，打造豫晋区域合作发展示范区。

5. 积极建立"四化"同步发展试验区

加快推进"四化"同步发展，积极培育和打造一批"四化"同步发展试验区。积极选择工业化、城镇化和农业现代化发展相对较好、优势突出、具有典型性和代表性的地区和城镇，推进"四化"同步发展改革试点。开展新型城镇化改革试点，打造和培育一批新型城镇化发展试验区。选择工业基础发展较好的郑州、洛阳等城市，积极推进信息化与工业化的融合发展，打造信息化与工业化融合发展试验区。积极实施现代农业发展示范工程，建设一批现代农业综合配套改革试验区。加快城乡一体化示范区建设，重点推进济源城乡一体化示范区建设，深入推进新乡统筹城乡发展改革试验区、信阳农村改革发展综合试验区建设。

6. 加快推进基础设施支撑体系建设

加快推进现代交通、信息网络、水利支持、能源支撑等重大基础设施建设，不断提高中原城市群基础支撑和保障能力。加快完善现代交通系统，重点抓好航空港、铁路港、公路港等枢纽场站建设，全力推进"米"字形快速铁路网建设，完善高等级公路网，提升水运通道功能，形成多种运输方式联动的大格局。完善信息网络系统，大力推进信息基础设施建设，打造全国重要的信息网络枢纽。完善水利支持系统，构建形成复合型、多功能的水利网络。完善能源支撑系统，重点抓好全国电力联网枢纽、全国重要煤炭储配中心、区域性油气输配中心"一枢纽两中心"建设。积极推进城镇基础设施建设，推动城镇交通、供水、供电、电信、环保、消防等公共基础设施向农村延伸，促进城乡基础设施共建共享。

7. 构筑形成"四区三带"区域生态网络

加快林业生态工程建设，实施长江流域防护林等重点工程，建设桐柏大别山地生态区。实施天然林保护等重点工程，建设伏牛山地生态区。实施太行山绿化等重点工程，建设太行山地生态区。实施"百千万"农田防护林体系改扩建、生态廊道网络、城镇绿化美化等重点工程，建设平原生态涵养区。建设沿堤防护林带和黄河湿地生态功能区，构筑黄河滩区生态涵养带。在南水北调中线工程干渠沿线两侧营造宽阔的防护林带和高标准农田林网，构筑南水北调中线生态走廊。全面整治淮河干流及其重要支流，建设沿淮河生态防护林，构筑沿淮生态走廊。

8. 着力推进专项重点工程建设

着力推进郑州航空港经济综合实验区建设。全面建成郑州新郑国际机场二期及配套工程，扩大航空货运规模，力争郑州新郑国际机场货邮吞吐量年均增长40%以上，航空货运保障能力全面提升，国际航空物流中心建设初见成效。完成郑州至机场城际铁路、机场高速改扩建、商丘至登封高速公路、机场至西华高速公路，国道107、国道310、省道102等项目建设。加快机场核心区物流园区和功能区布局，加强与菜鸟科技、京东商城等国内外知名电商合作，引进一批国内外龙头企业，打造融入国际生产供应链和消费供应链的产业集群。加快北部城市综合服务区起步区和南部生产性服务中心区开发，全面推进航空都市建设。

积极实施中小城市和特色小城镇专项培育工程。加快推进10个省直管县的发展，积极培育形成地区性中心城市。推动城区人口规模在10万人左右的县城，全面加强城区供水、供电、供气等基础设施和教育、文化、医疗卫生等公共服务能力建设，适度拓展县城发展空间，扩大县城人口规模。积极推进镇改市改革试点，着力把巩义市回郭镇、安阳县水冶镇、新郑市龙湖镇、新密市超化镇打造成为镇级市。积极实施重点镇示范工程建设专项，选择100个左右区位条件优越、发展潜力大的重点镇，高标准编制城镇总体规划和镇区详细规划，加强基础设施和公共服务设施建设，推进镇容镇貌综合整治，加快专业园区布局建设，因地制宜发展特色产业，着力建成一批特色小城镇。

加快推进新型城镇化改革试点。按照国家新型城镇化改革试点的要求，积极选择一批在新型城镇化方面具有发展优势、特色、基础和前景的市县，作为国家新型城镇化改革的先期试点。积极开展全省新型城镇化改革试点，选择一批在新型城镇化发展上具有典型性、代表性的县市，作为全省新型城镇化改革的试点，鼓励其在建立农业转移人口市民化成本分担机制、建立多元化可持续的城镇化投融资机制、改革完善农村宅基地制度、创新行政管理和降低行政成本的设市模式等方面，进行制度创新和先行先试。

着力实施产业集聚区提质工程。按照"四集一转"的总体要求，大力实施产业集聚区提升工程，着力提升产业集聚区产业集群、配套服务、节约集约、产城互动发展水平，着力打造产业集聚区升级版。实施重大项目专项，培育扶持一批主导优势产业和龙头骨干企业，形成一批主营业务收入超百亿元的产业集群，打造一批千亿级的产业集聚区。积极探索跨行政区域产业合作发展新模式，积极实施产业集聚区合作共建试点，着力培育和建设一批跨行政区的共建型产业集聚区。

三 增强中心城市辐射带动作用

随着中原经济区进入城镇化加速发展阶段，中心城市的龙头和枢纽地位日益凸显。《国务院关于支持河南省加快建设中原经济区的指导意见》强调，实施中心城市带动战略，提升郑州作为我国中部地区重要的中心城市地位，发挥洛阳区域副中心城市作用，加强各城市间分工合作，推进交通一体、产业链接、服务共享、生态共建。中原经济区推进新型城镇化必须进一步发挥中心城市的辐射带动作用。

(一) 中心城市辐射带动作用的内涵与机理

1. 中心城市辐射带动作用的内涵

中心城市是指一定区域内的城镇体系中居于最高等级的城市，是一定区域内政治、经济、文化、科技和教育中心。中心城市具有人口集聚、产业集聚、城市面积大等优势，因而创新能力强、经济效益好、经济势能高、带动效应大，有能力对区域内资源进行调控，在一定区域内的经济社会生活中处于主导地位，并在一定的区域发展中发挥核心作用。

中心城市的辐射带动作用，是指中心城市依托其所具有的经济、科技、产业优势等，以交通、通信、网络等为媒介，促使生产要素在中心城市及其外围区域流动，从而带动外围区域快速发展，最终使得两区域间的经济差距逐渐缩小达到均衡，实现区域经济社会发展一体化。

中心城市辐射带动的实现途径主要有五种：一是人才流动。人才由中心城市向外围地区流动，将其在中心城市学习到的先进技术和社会知识服务于外围地区的发展，体现了中心城市对外围地区的辐射带动能力。二是技术扩散。中心城市通常具有最强的科技创新能力、技术进步条件和比较优越的创新环境，技术供给相对充分，通过人员流动、技术转让、示范与学习等途径来实现对周边地区的技术扩散，达到辐射带动周边地区发展的目的。三是资本流动。资本由中心城市流向外围地区，为外围地区的发展提供资金支持，促进外围地区的经济增长。四是产业扩散。产业扩散一方面表现为产业从经济发展水平高、产业发展成熟的中心城市转移到经济发展水平低、产业发展滞后的外围地区；另一方面表现为通过产业分工，中心城市和周边地区的产业之间形成横向产业链和纵向产业链，促进资源的优化配置和整个区域的产业结构转型与升级。五是信息知识的扩散。中心城市是区域信息汇集中心，是先进文化的发展基地，在信息社会里，最主要的生产要素就是信息和知识；中心城市的信息和知识向周边地区扩散，提升周边地区的信息化水平和文化素质，必然会加速区域经济一体化进程。

中心城市发挥良好的辐射带动作用取决于几方面的因素：一是中心城市的势能，即中心城市的经济社会发展水平；中心城市的发展水平越高，辐射带动能力越强。二是外围区域的基础条件，即被辐射区域的现实发展水平，包括产业是否与中心城市错位发展、产业承接配套协作能力等等；外围地区与中心城市之间的产业同构度越低、产业关联度越高，辐射带动的效果就越好。三是中心城市和外围区域的空间距离。一般而言，辐射带动的效果与中心城市和外围地区之间的距离成反比，距离越远，两者之间的相互影响力就越弱，辐射带动的效果就越差。四是发挥中心城市辐射带动作用所依赖的交通、通信、网络等媒介的发展水平越高，辐射带动的效果越明显。

2. 中心城市辐射带动作用机理

在分析和总结区域性中心城市及其辐射带动的概念、实现途径及影响因素的基础上，根据辐射带动的基本逻辑，区域性中心城市辐射带动的机理如图5－1所示。

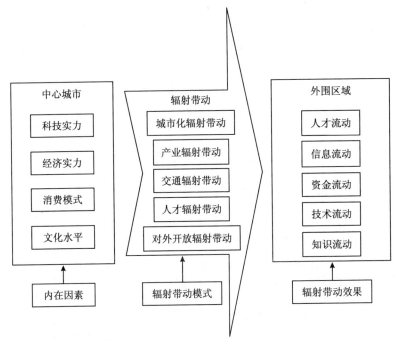

图5－1 中心城市辐射带动作用机理示意图

区域中心城市是发挥辐射带动作用的主体，中心城市的外围区域则是接受辐射带动功能的载体。外围区域是指地理上毗邻的若干地区，它们和中心城市在经济、社会及历史等方面具有共性或者互补性，通过资金流、人流、物流、信息流等相互联系而形成具有一定层次特征的空间结构。

中心城市因其自身所具有的强大区位经济势能，是其发挥辐射效应带动区域经济发展的前提条件，但是较高的经济实力并不意味着一定能够产生较好的辐射带动效果。辐射带动效果还取决于外围区域所具备的承接中心城市辐射带动作用的能力，外围区域的承接能力的大小既取决于外围区域的经济发展水平，还取决于中心城市与外围区域之间的相互关联程度。在中心城市较大的经济势能及其与外围区域交互联系的各种因素的影响

第五章 创新城镇化空间结构模式

下，区域中心城市通过向外围地区输出资本、劳动力、技术、信息，以及在此基础上的产业扩散，形成合理的产业分工体系，实现对外围区域的辐射带动作用，进而推动区域整体协调、持续、快速发展。中心城市辐射带动所产生的实际效果取决于资本、信息、劳动力、技术等生产要素流出和扩散的强度和速度，取决于中心城市和外围区域之间的产业匹配程度。中心城市的经济势能越强，生产要素流出和扩散的速度越快、强度越强；产业之间匹配程度越高，交通运输越便捷，辐射带动的效果就越明显。总之，中心城市的辐射带动一方面通过产业关联效应和组织扩散效应所形成的乘数效应带动区域经济总量的增长；另一方面通过技术与产品、知识与信息以及组织的扩散效应，促进整个区域产业结构优化升级，驱动区域一体化发展。

（二）增强中心城市辐射带动作用的理论依据及必然性

1. 中心城市辐射带动的理论基础

经济发展的辐射理论认为，经济发展进程中的辐射作用是指经济发展水平和现代化程度相对比较高的地区通过资本、人才、技术、信息等现代生产要素的外向流动以及思想观念、思维方式、消费理念、生活习惯等方面的传播，影响和带动经济发展水平相对比较落后的地区快速发展，促使整个区域经济资源配置效率的提升以及思维模式、思想观念、生活理念等方面的现代化。辐射带动的动力源自经济发展水平和现代化程度相对比较高的地区。

增长极理论认为，区域经济增长不会同时出现在区域的所有地方，一般是少数区位条件相对优越的增长点首先发展成为经济增长极。增长极的辐射带动作用表现为通过增长极的极化效应、集聚效应和剥夺效应，使资金、科技、人才、能源、信息等生产要素向发达地区集聚，然后再通过扩散效应，把生产要素与创新成果传导到广大的腹地，通过乘数效应带动区域经济发展。在此过程中，区域中心城市就起到增长极作用。

区域发展不平衡理论则认为，区域发展是不平衡的，为了促使区域经济迅速发展，应把有限的资源，集中对核心地区少数部门或产业进行投资，达到有效使用的目的，使其经济发展，并带动其他部门的快速发展；在经济自发平衡力的作用下，区域经济从不平衡发展的轨道逐渐转向平衡发展的轨道，在新经济水平上获得平衡，可以较快地提高区域的经济总量，实现区域经济跨越式发展。

中心－外围理论则将区域经济系统划分为中心区和外围区两部分，二者共同构成一个完整的二元经济体系。在区域经济发展起步阶段，区域经济二元结构十分明显，中心区生产要素集聚，发展条件较优越，经济效益较高，在区域经济系统中处于支配地位，而外围区发展条件相对落后，经济效益较低，处于被支配地位。因此，经济发展一般是先出现生产要素从外围区向中心区的较快转移的现象，促使中心区域迅速发展。当中心区域经济持续增长进入一定阶段后，随着政府平衡区域发展政策干预加强，中心区和外围区的边界会逐渐消失，经济在整个区域范围内实现一体化，整个区域优势充分发挥，区域经济获得全面均衡发展。

2. 增强中心城市辐射带动作用的必然性

区域中心城市是经济社会发展到一定阶段的必然产物，从规模上和结构上表现为区域经济的核心发展极。从总体上看，目前河南城镇化已步入第二阶段，中心城市的发展将主导着这一阶段城镇化的性质和进程。以中心城市为龙头拉动中原经济区城镇化发展，不但能加快这一进程，符合中原经济区现有的资源配置和产业布局，而且对中原经济区更紧密融入全国经济分工体系、增强引进外资优势也十分有利。与发展小城镇相比，提升中心城市的辐射带动作用在中原经济区城镇化进程中的优势十分明显。

区域中心城市都是特定地域内最大规模的城市，经济优势较强，具有极强的集聚和扩散功能，对区域经济发展起着带头、示范和牵引作用。英国著名城市理论家埃比尼泽·霍华德曾以"磁力"理论来阐释城市的集聚与扩散功能：一座城市犹如一个巨大的"磁场"，它通过"磁力线"向外放射出强磁力，吸引着周围众多的人力、财力、物力；这些资源一旦被吸引到城市里来，便会被"磁化"，从而与城市原有的资源一起放射出更强烈的磁力。中心城市不但为现代化的生产协作与联合提供了有利环境，也有利于提升金融资本、人力资本、自然资源、信息资源和公共服务设施的利用效率。因此，区域中心城市经济的规模效益明显超过外部成本，经济效益远远高于中小城市和小城镇。在一定程度内，区域中心城市空间规模与经济发展效益呈现正相关的关系。

中心城市创造就业机会多、就业潜力大。中心城市经济集中度高、社会分工精细、产业结构优化、经济效益好，具有公务员、工业、商业、科技、教育、信息、交通、基础建设和社会交流等多种就业的机会。

中心城市的技术和人才优势十分明显。发达国家和地区的经验表明，在人均国民生产总值增长构成中，1/4 归因于生产资源投入量的增长，而3/4 归因于投入生产要素使用效率的提高。中心城市聚集着人才、资金、信息等核心要素，充分整合这些资源，有利于区域经济结构优化和经济效益提升，有利于提升区域竞争力。

中心城市具有巨大的经济和产业带动作用。从区域经济发展的一般规律来看，任何一个区域经济的崛起都是以中心城市为依托，通过中心城市的辐射带动而取得快速发展。在区域工业化的过程中，那些注重中心城市辐射带动作用并强调区域整体联动的地区，经济发展往往更具有主动性和可持续性。20 世纪初纽约国际中心城市地位的确立，辐射带动了美国东部沿海城市乃至五大湖周边整个东部地区的发展。国内的长三角地区，在上海的强大辐射带动下，苏州、无锡、常州、南通、杭州、宁波、绍兴等城市快速发展；南京作为长江流域的中心城市，对苏皖赣三省沿江部分城市的发展起到明显的龙头拉动作用。此外，珠三角城市群、环渤海城市群也在广州、深圳、北京、天津、大连等区域中心城市的辐射带动下迅速崛起。河南省近年来发展迅速，与中心城市的快速发展密切相关。河南省地级以上的城市市区在河南省国民经济和社会发展中起着举足轻重的作用，主要数据见表5－6。中原经济区建设走的是新型城镇化引领的三化协调发展的路子，必须夯实中心城市的龙头和枢纽地位，充分发挥中心城市的辐射带动作用。

表5－6　2009～2011 年河南省地级以上城市市区国民经济和社会发展主要指标占全省比重

单位：%

类　别	2011 年	2010 年	2009 年
土地面积	8.9	8.4	8.4
生产总值	29.5	28.5	28.7
第一产业	8.7	8.5	8.8

类　别	2011 年	2010 年	2009 年
第二产业	27.3	25.7	25.8
第三产业	42.8	43.8	43.9
本地固定电话用户数	35.9	35.3	42.2
本地移动电话用户数	44.6	45.2	42.1
限额以上批零贸易业商品销售总额	72.1	70.8	76.1
当年实际使用外资金额	46.4	43.6	49.1
普通高等学校在校学生数	92.5	91.1	89.9

资料来源：根据 2010～2012 年的《河南统计年鉴》整理得到。

（三）制约河南省中心城市发挥辐射带动作用的因素

1. 区域中心城市经济发展优势不突出

经过多年的发展，郑州和洛阳的经济发展水平相对较高，形成了比较完善的工业支撑体系，其国有大中型企业数量和固定资产规模均居全省前列。由于人口众多，尤其是农业人口比重相对较大，所以尽管经济总量与同等地位的城市相比处于优势，但是人均产值和人均社会资源利用率却较低。其余的区域中心城市如开封、南阳、商丘、周口等城市的经济发展水平相对较低，工业综合配套能力较弱。

中心城市产业结构不尽合理，没有形成一体化发展态势，降低了整体经济效益。2011 年除了郑州和洛阳的第二产业产值比重小于 50% 以外，其余的 16 个中心城市第二产业产值的比重都在 50% 以上，第三产业发展相对滞后。

中心城市第三产业占地区生产总值的比重相对较低，反映出河南省中心城市产业内部结构不合理，产业集中度不高。表现在两个方面：一方面，工业中传统产业比重高，高新技术产业比重低，战略性新兴产业发展不足。河南省中心城市整体上还处于重化工业阶段，没有向高新技术产业和现代化服务业的方向发展。中心城市产业低效、同构现象较为突出，上下游产业链条不完备，削弱了经济发展后劲。所以要顺应产业发展演变趋势，加快产业转型升级，大力培育和发展高新技术产业，推进产业融合发展，完善产业链。另一方面，第三产业中交通运输、批发零售及餐饮等传统服务业比重大，居主体地位，金融保险、旅游观光、体育文化、咨询业等现代服务业的集聚度低，没有形成规模，降低了中心城市的辐射带动作用。

2. 对外开放程度不高

河南省中心城市对外开放程度比较低。2011 年 18 个省辖市对外开放指标数据如表 5 - 7 所示。

表 5 - 7 **2011 年河南省中心城市对外开放状况**

城市 \ 指标	进出口总额（万美元）	实际利用外资（万美元）	实际利用省外资金（亿元）	接待入境游客人数（万人次）	旅游创汇收入（万美元）
郑 州	1602035	310000	473.0	38.40	14760
开 封	30004	23451	261.7	22.61	6257
洛 阳	208295	176800	325.4	53.00	15526
平顶山	42907	30768	246.4	2.06	634
安 阳	185825	25838	302.3	6.06	2083
鹤 壁	15617	35903	130.4	0.70	202
新 乡	164212	53056	286.5	3.53	809
焦 作	254357	48767	282.8	25.84	9479
濮 阳	60319	15748	88.6	1.62	652
许 昌	168493	35901	207.7	1.05	329
漯 河	44661	42791	111.8	0.74	291
三门峡	19780	63149	167.0	4.60	836
南 阳	143861	34187	246.6	1.42	640
商 丘	19407	16804	294.7	0.96	267
信 阳	65780	28673	120.1	0.91	359
周 口	45592	28982	255.6	2.21	686
驻马店	27434	22103	126.4	1.57	850
济 源	165633	15288	89.3	1.01	242

资料来源：根据《河南统计年鉴 2012》整理得到。

河南省中心城市整体上对外贸易比重较小。2011 年进出口总额最大的郑州，其总额也只有 160 亿美元左右，这还是依靠富士康等少数新引进的大型外贸加工企业才达到的，其余的中心城市对外贸易规模都不大、外贸依存低，对带动区域经济发展的贡献度较低。出口商品前四位依次为手持（包括车载）式无线电话机，其他材料制假发、假胡须、假眉毛、假睫毛，车辆用充气橡胶轮胎，人发制假发、假胡须、假眉毛、假睫毛及其他人发制品等，高科技产品出口比重仍较低，新的拳头出口产品尚未形成，工业结构调整任务仍很艰巨，对促进区域经济结构优化升级作用不明显。

利用外资和省外资金水平不高。河南省中心城市的投资环境与沿海发达地区相比存在较大差距。沿海地区具有健全的市场体系、较高的政府行政效率、良好的基础设施等因素，加上临海的出口优势，因而比地处中部的河南省对投资更具吸引力。河南省中心城市的投资环境还有待进一步改善。

河南省中心城市在对外交流方面也比较落后。具有四大古都和众多名胜古迹的河南省，无论是接待入境游客人数还是旅游创汇收入都落后于陕西、浙江等地区，对外交流和开放还有很大的潜力可以挖掘。

3. 科技实力不强

河南省的科研创新实力在中部地区排名比较靠后，与湖南、湖北差距明显。在 18 个中心城市中，除了郑州与洛阳有一定的科技创新实力外，其余的中心城市如周口、南阳、商丘、濮阳、三门峡等科技实力比较落后。在科技已经成为第一生产力的信息社会，科技创新实力不足，无疑是制约中心城市辐射带动效果的重要因素。

科技创新人才队伍建设和用人机制不够健全。河南省高校比较少，缺乏在全国极具影响力的名牌院校，从而限制了高端技术人才的培养。加上工资福利水平缺乏竞争力，外出就读的科研人才不愿回归；就算省内培养的人才也在发达地区优厚待遇和良好工作环境的吸引下，纷纷离开。虽然近年来在人才引进和培养上有很大进步，但总的来说，河南技术从业人员数占总人口的比重依然很低，尤其是高精尖技术人才、涉外技术人才比较匮乏。同时，科研资源配置不合理现象也比较突出，官本位思想比较严重，富有创新精神的年轻人才难以申请到科研项目，缺乏创新能力的在位科研领导却获得大量的科研资源，促使很多青年科研人员来了又离开，导致科研创新水平和高新技术产业比重远远低于东部地区水平。

科技扶持力度不强，科技投入严重不足。科技实力不强还与政府投入不足、政策引导和扶持力度不够密切关联。科研支出占预算支出比重不到2%，人均科研经费就更低了。另外，政府对中小企业支持不够，扶持高技术产业发展的财政税收政策针对性不强，技术创新融资渠道狭窄；对农业科技的研发和推广的财政投入远远低于发达地区。以上的原因导致技术创新成果商品化、产业化速度很慢，不利于中心城市对外围地区的科技扩散。

4. 城镇化进程缓慢

河南省是我国中部的人口大省、工业大省、农业大省，但是河南省城镇化水平并不算高。2011 年，河南省城镇化率只有 40.6%，滞后全国平均水平 10.7 个百分点。2011 年，河南省 18 个中心城市中只有省会城市郑州和新兴城市济源的城镇化率超过全国平均水平；2005～2011 年，城镇化率变化幅度超过全省变化幅度的城市只有周口、驻马店和济源三个城市，只占中心城市总数的 1/6；中心城市的城镇化发展水平参差不齐，导致中心城市的核心竞争力和整体配套设施等优势并不突出，辐射带动能力不强。近年来河南省中心城市城镇化率概况如表 5-8 所示。

表 5-8　近年来河南省中心城市城镇化率概况

单位：%，个百分点

地　区	2005 年	2007 年	2009 年	2011 年	2005～2011 年变化幅度
全　国	42.3	44.9	46.6	51.3	9.0
河 南 省	30.7	34.3	37.7	40.6	9.9
郑 州 市	59.2	61.3	63.4	64.8	5.6
开 封 市	32.7	35.9	39.6	37.8	5.1
洛 阳 市	38.0	41.1	44.2	46.1	8.1
平顶山市	35.0	38.8	41.8	43.1	8.2
安 阳 市	32.5	35.8	38.9	40.5	8.0
鹤 壁 市	42.6	46.0	49.6	49.8	7.1
新 乡 市	33.6	37.3	41.0	42.9	9.3

地　　区	2005 年	2007 年	2009 年	2011 年	2005～2011 年变化幅度
焦 作 市	40.0	43.6	47.0	48.8	8.8
濮 阳 市	28.7	32.1	35.4	33.4	4.6
许 昌 市	32.0	35.8	39.3	40.9	8.9
漯 河 市	31.7	35.7	39.3	40.9	9.2
三门峡市	39.3	42.4	45.4	46.0	6.7
南 阳 市	30.0	33.2	36.6	34.9	4.8
商 丘 市	26.1	30.1	33.4	31.5	5.4
信 阳 市	27.4	31.2	34.1	36.3	8.8
周 口 市	19.0	26.0	29.5	31.5	12.5
驻马店市	18.7	25.9	29.5	31.5	12.9
济 源 市	40.0	45.0	49.0	51.4	11.4

资料来源：根据相关年份的《河南统计年鉴》《中国统计年鉴》整理得到。

河南省城市体系结构虽然比较完善，但中小城市基础设施落后，发展后劲不足；小城镇产业同构现象严重、产业层次低，缺乏规模集聚效应；新型农村社区建设刚刚起步，处于半城镇化状态；城镇体系的这些特征不利于城镇化的跨越式发展，制约着中心城市辐射带动功能的发挥，已成为制约中原经济区城镇化可持续发展的障碍因素。

（四）增强中心城市辐射带动作用的路径选择

1. 完善中原城市群联动发展机制

中原城市群的形成是一个长期发展的历史过程，在工业化、城镇化的推进下，不断由相对分散、孤立的城市经济逐渐向大城市经济带演化，最终形成以郑州为中心的一体化城市群。在中原经济区新型工业化、新型城镇化和农业现代化快速发展的新时期，作为新型城镇化的主体形态，中原城市群在促进经济增长和加快城镇化进程中发挥着异常重要的作用，是带动新型城镇化发展的龙头，是中原经济区建设的主要载体，是辐射带动中原经济区和全省经济社会生态协调发展乃至周边地区发展的重要增长极，是新型城镇化引领"三化"协调发展的主要依靠力量，是中原经济区加快融入国际和国内立体分工体系无可替代的新的空间组织形式。完善中原城市群联动发展机制，推进交通一体、产业链接、服务共享、生态共建，形成具有较强竞争力的开放型城市群，是增强河南省中心城市辐射带动作用的必然选择。

首先，要加强中原城市群各中心城市之间的交通联动。要以宽广的视野、国际化的标准，前瞻性地加快中原城市群中心城市之间的现代化、功能强大、节能环保的城际轨道交通、公路交通线网建设；统筹兼顾中原城市群中心城市之间的空间布局、产业发展、居民出行、土地利用、城乡一体化等方面要求，不断完善轨道和公路交通建设的远期线网规划和近期建设规划，不断扩大线网规模；要加快完善轨道交通的配套设施，按照"立体式交通"的原则，加快轨道交通、公路交通与机场、公交站等交通节点的衔接建设，加强枢纽站点的公交停车场、私人停车场、自行车停车场、行李存放处等公共站场建设，既要实现市内公交的无缝衔接，又要实现城际轨道交通进城区，与机场、地铁、公交等公共交通系统无缝连接的目标，不断优化交通环境，提高群众出行效率，缓解交通堵塞，降低物流成本，方便群众快捷出行，切实提升中心城市的承载能力和运行效率，增强中原城市群中心城市综合服务和辐射带动功能。优化中心城市布局和形态，促进中心城区与周边县城、功能区组团式发展，培育整体竞争优势。

其次，要加强中原城市群各中心城市之间产业联动发展。产业一体化是中原城市群经济一体化的核心。近年来，随着中原城市群建设的深入推进，产业结构不断优化，产业地域分工越来越明显，但与长三角、珠三角和京津冀等发达城市群相比，中原城市群产业优势地位不明显、产业集聚规模小、产业链延展不充分，各中心城市的产业之间缺乏紧密联系与协作。因此，充分运用市场机制和加强政府引导，促进产业向优势区域集聚，着力形成分工合理、配套紧密、链条完善的一体化产业体系是中原城市群建设的当务之急。第一，要优化各城市的产业布局，形成中心城市与其他城市合理分工的产业发展格局。郑州和洛阳以发展现代服务业、高技术产业、先进制造业等高端产业为主；周边中心城市发挥比较优势、突出特色，实现错位发展，形成各自的优势产业，最终形成多层次的区域产业体系，在不同城市之间延伸产业价值链。第二，要根据各城市产业发展现状及要素禀赋优势，发挥比较优势，在中原城市群内部推动产业的集聚与整合，形成合理的产业体系。第三，要构建和完善一体化的产业链。核心城市郑州和洛阳应重点推进高技术产业集群的发展，形成以主导产业为核心的产业链条，发挥产业集群的集聚效应并带动相关产业的发展，形成特色的产业优势和产业集群，提高中原城市群经济一体化水平；其他中心城市应围绕各自的主导产业、龙头企业以及产业聚集区进行产业配套和协作，形成完整的产业链，推动不同城市之间的产业共生共荣，实现中原城市群产业体系生态化和链式发展。

最后，要完善中原城市群各中心城市政府之间的发展协调机制。作为后发地区的河南，实施中原城市群联动发展战略，必须完善中原城市群各中心城市政府之间的协调机制，充分发挥政府的主导作用，综合运用市场机制"看不见的手"和政府推动"看得见的手"，来推动中原市群战略的实施。由于不同中心城市之间的利益存在差异，这就要求完善政府之间的沟通和协调，实现工作机制一体化；第一，要顶层设计发展规划，实现中原城市群发展规划一体化；第二，要实行行政审批一体化，完善和创新城市群管理与协调的体制机制；第三，要实行政府绩效考评工作一体化，构建和完善不以牺牲农业和粮食、生态和环境为代价的绿色 GDP 绩效考评机制；第四，要统一中原城市群的招商政策和举措，实行招商政策一体化，实行产业错位招商的措施，避免中心城市之间的恶性竞争。

2. 优化和完善河南省城市体系布局

通过优化和完善河南城市体系，实现城市网络化发展，加速城镇化进程，以利于在新形势下解决城市发展的无序性和盲目性，发挥城市体系的整体辐射带动功能，达到引领中原经济区"三化"协调发展的战略目标。根据城市地理学基本原理，区域内城市的发展，按照发展趋势一般可以划分为增长极形成、点轴开发及网络化发展等三个阶段。在网络城市系统中，网络的"心脏"就是作为节点的中心城市，而中心城市之间、中心城市和外围区域之间、外围区域与外围区域之间的铁路、公路、通讯等联系通道则是城市网络的"血管和神经"。网络城市系统中节点的合理构建对区域经济发展及城市系统的形成起到强有力的支撑作用，也是城市合理发展的决定性前提。

河南省应构建"三级节点"为支撑的五级城镇体系，形成具有较强综合优势的一级节点优先发展，一级节点辐射带动二级、三级节点的合理发展模式，从而促进河南省经济均衡发展，整体推进。

首先，巩固和增强郑州和洛阳这两个一级节点的发展优势。郑州和洛阳是河南省的核心城市，地理位置优越，交通便利，经济文化辐射带动面广，具有区域性和省域性的综合影响力，是河南省城市网络的战略基点，规模上应进一步扩展，规划郑州为1500万人以上、洛阳1000万人以上的超级大城市。要加快郑州都市区建设，加强城市新区建设，大力培育高端服务品牌，完善高端服务业体系，发展总部经济和楼宇经济，提升服务水平，努力把郑州建设成为国内一流、中部地区领先的高端服务中心，成为国内外具有重大影响力的科技创新中心、高端文化中心、教育中心、卫生中心、物流中心、旅游中心、体育中心、金融中心、商贸会展中心、商务中心和科教信息服务中心，建成辐射中原经济区和周边地区的交通枢纽、通信枢纽、高新技术产业基地和华夏文化传承和创新基地。进一步加大对洛阳市基础设施投资，重点发展高端制造业、战略性新兴产业和现代服务业，积极进行产业结构优化和升级，推动洛阳市不断向现代化城市跨越式发展。只有如此才能增强它们的核心辐射带动力，充分发挥它们对中原经济区建设的双核驱动作用。

其次，加快发展壮大区域中心性城市，完善城市结构体系。逐步将周口、南阳、新乡、焦作、商丘、漯河、信阳等二级节点城市建设成为100万～500万人口的大城市。区域性中心城市要抓住国际和国内产业转移的战略机遇，积极进行产业结构转型升级，扩大产业规模，提升产业关联度，形成规模效应；提高教育、科研水平，完善人才培养、引进机制，提高企业创新、研发能力，占领产业链高端位置，提升产业的核心竞争力；加强城市之间的资金、人才、技术、信息的交流和共享，积极融入中原经济区建设进程，避免被边缘化；使这些区域性中心城市成为区域范围内优势明显、经济辐射能力较强的城市，充分发挥它们在一级节点城市与三级节点城市之间的联动传递作用，并发挥区域中心城市的辐射带动功能。

最后，大力发展作为城市网络体系中第三节点的县城和县级市等中小城市。中小城市具有跨县域综合影响力，它们担负着城市网络体系底层的物流集聚、职能分配的责任，协调整个区域发展。同时，河南省处于这一阶层的城市数量较多，达到109个，是河南省城市网络系统的基层集散中心。要提升中原经济区的整体竞争力，就必须以发展该阶层城市辐射带动作用为基础。要积极扩大中小城市规模，发展特色产业，壮大经济实力，尤其应该鼓励和引导它们立足本地优势资源、以市场化为导向、突出主导产业的专业性和地区特色，强化资源集约节约利用能力，激发城市发展活力，实现内涵式发展，只有这样才能充分发挥其对县域农村经济的辐射带动作用。

四　着力提升中小城市综合承载力

中国未来几十年最大的发展潜力在城镇化，而有序推进农业转移人口市民化是当前我国城镇化面临的重要任务。在我国的城镇化发展实践中，人口一味地大量涌入大城市，"大城市病"问题日趋凸显，促进人口向中小城市和小城镇有序转移迫在眉睫。然而中小城市和小城镇发育不足，城镇综合功能不强，人口承载能力有限。在此背景下，正视我国农业大国和人口大国的国情，研究有序推进农业转移人口市民化与中小城市和小城镇功能提升的互动发展关系，探索提出促进中小城市和小城镇功能提升的有效路径，具有重要意义。

（一）国内外相关研究述评

1. 国外的相关研究

发达国家的农业人口转移是伴随着工业化的稳步推进而产生和发展的，在城镇化发展过程中也比较注重大中小城镇体系协调，中小城市和小城镇发育不足制约人口有序流动的问题较少。拉美等发展中国家在快速城镇化过程中，农村人口在短时间内以空前的速度流入大城市，而由于工业化滞后，城市功能不完善，造成了失业问题严重、城市贫困加剧、基础设施和公共服务设施短缺、城市环境恶化、贫民窟增多等一系列问题。针对这些问题，国外学者展开的相关研究主要有：①关于小城镇发展理论的研究。在意识到大城市恶性膨胀问题后，学者展开了对小城镇问题的理论研究，目前国外小城镇发展理论已趋于成熟，主要有：E. Haward（1898）的田园城市理论、Unwin（1922）的卫星城理论、T. G. Mcgee（1987）的灰色区域理论、D. Senghas（1977；1982）自中心发展理论和 M. Santos（1979）的分享空间理论。②关于"城市病"防治的研究。E. Haward（1898）的"田园城市"、Le Corbusier（1921）的"阳光城市"和 Eliel Saarinen 的（1934）"有机疏散城市"都是针对"大城市病"提出的解决范式。《雅典宪章》（1933）提出，通过处理好居住、工作、游憩和交通的功能关系以及利用现有的交通和建筑技术可以解决城市面临的问题，实现城市的有序发展。③关于贫民窟治理的研究。英国学者 Susan Mayhew（1997）认为，贫民窟是穷人住宅的集中地，通常以多户混居和拥挤为特征。Greg o'Hare（1998）、Yok–Shiu（1998）、Vinit Mukhija（2002）等学者从改善居住条件、完善基础设施、城市更新等方面提出了贫民窟治理的对策；联合国人居署（2003）指出，贫民窟问题的解决策略应该和城市扶贫政策相结合，包括就业、收入、住房、食品、健康、教育和城市基础设施与服务等。

2. 国内的相关研究

关于我国的城镇化道路，历来就有小城镇论和大城市论之争。小城镇论认为，发展小城镇是走具有中国特色的城镇化道路的必然选择；大城市论认为，中国的城镇化应走以大中城市扩容为主的道路。在近些年城镇化的实践过程中，一方面，大量的农业人口涌向大城市，造成大城市不堪重负，而中小城市和小城镇由于功能不完善，其城镇化主力军的作用没有发挥出来；另一方面，大量农业转移人口未能实现有序市民化，成为"两栖"群体，造成一系列经济社会问题。针对这些问题，国内学者也展开了相关研究，主要有：①关于中小城市和小城镇地位与作用的研究。秦待见（2008）、王海霞（2011）等认为走中国特色城镇化道路要充分发挥小城镇的作用；许经勇（2011）提出要高度重视小城镇不可替代的特殊功能；李君如（2012）认为中小城市是新型城镇化的重要主体；陈文玲、崔炜（2012）认为中小城市是促进我国城镇化发展的主力军；魏后凯（2012）认为中小城市和小城镇是今后吸纳农民进城的重要载体。②关于中小城市和小城镇功能的研究。陈玉梅（2000）通过探讨小城镇功能的形成机制，提出了优化小城镇功能的措施；冷静（2002）分析了中小城市城镇化的作用以及所受的制约，其中一点就是中小城市系统功能不足；张宁（2003）提出，从单纯以经济功能建设为中心向特色城市功能、互补合作城市功能和提升型城市功能转化是全球化背景下中小城市发展战略的必然选择；何宇鹏（2008）提出完善城镇功能推进城镇化进程；邵士官（2010）认为小城市应当具备一定区域经济发展的主要载体、适应城镇化进程的区域就业中心、实现生活方式转变的区域社会中心三个重要功能。③关于农业转移人口市民化障碍和对策的研究。张书林（2004），王满四、熊巍俊（2005），胡平（2007），李兴华（2007），胡杰成（2010），简新华（2011）等通过研究，普遍认为制度、政策、素质、观念等是制约农业转移人口市民化的主要障碍；胡平（2007），何晓红（2005），龚长宇（2007），郁建兴、阳盛益（2008），周小刚、陈东有（2009），夏丽霞、高君（2010），王竹林（2010）等从户籍、就业、社会保障、教育、住房等制度和政策创新、完善城镇体系、优化产业结构等方面研究了农业转移人口市民化的对策。

综观已有研究，学者普遍认识到中小城市和小城镇在城镇化和农业转移人口市民化中的重要地位和作用，但是研究还不够深入，尤其是对中小城市和小城镇功能提升在农业转移人口市民化中的作用缺乏研究；农业转移人口市民化的研究主要围绕制度、体制、政策、个人素质和观念等展开，而忽视了对"城市功能"这一承载人口基础条件的研究；关于农业转移人口市民化与城市功能提升相关性研究极少，基于农业转移人口市民化的中小城市和小城镇功能的研究几乎还是空白。

（二）提升中小城市和小城镇综合承载能力的必要性

1. 中小城市和小城镇是有序推进农业转移人口市民化的主要载体

从农业现代化建设的角度来看，农业现代化对农业劳动力存在着挤出效应。随着农业现代化的发展，农业规模化、农业科技化、农业机械化，以及农业比较利益较低等都对农业劳动力产生了挤出效应，而现代化生产对农业劳动力的需求越来越少。加上我国人多地少的基本国情，过多的农业人口必然要离开农村，向城镇转移。从农业人口转移模式的选择来看，农业人口向非农产业转移存在着三种模式，即就地转移、向大城市转移、向中小城市和小城镇转移。目前来看，通过农村产业化经营和村办企业等途径促进大量农业人口就地转移不太现实。大城市产业需求量大，就业机会多，近年来农业人口也主要是转向了大城市。但也导致了大城市人口承载压力巨大，交通拥堵、住房紧张、环境恶化、公共服务不完善等一系列"城市病"问题突出，同时农业转移人口没有市民化，引发一系列的社会问题。目前大城市再继续容纳日益膨胀的农业转移人口面临较大困难。中小城市和小城镇拥有就业方便、进城门槛低、社会关系稳定等独特优势，是沟通城乡的桥梁和纽带，也是现阶段有序推进农业转移人口市民化的主要载体。因此说，有序推进中小城市和小城镇农业转移人口市民化是适应我国国情和城镇化发展阶段要求，缓解大城市人口承载压力，提高城镇化质量的必然选择。

2. 中小城市和小城镇功能提升是有序推进农业转移人口市民化的前提条件

中小城市和小城镇是有序推进农业转移人口市民化的主要载体和必然选择，但中小城市和小城镇要承载大量的农业转移人口，必须要有相对完善的城镇功能作支撑。完善的产业发展功能、集聚辐射功能、宜居功能、服务功能、环境功能、创新功能等是吸纳农业转移人口，推进农业转移人口市民化的先决条件，但是目前，大多数的中小城市和小城镇的功能不完善。例如，多数中小城市和小城镇产业基础薄弱，一方面造成对就业人口的吸纳能力不强；另一方面造成城镇经济和财政实力不强，影响对基础设施和公共服务设施的投入。水电气暖、交通等基础设施落后，教育、医疗、住房、社会保障等公共服务缺失等又造成了中小城市和小城镇对人口的吸纳和承载能力不强，转移人口融入度低、转移人口不能市民化等一系列问题。因此说，提升中小城市和小城镇功能是提高农业转移人口吸纳能力，有序推进农业转移人口市民化的前提条件。

3. 推进农业转移人口市民化是中小城市和小城镇功能提升的动力因素

大量的农业富余劳动力向中小城市和小城镇转移，将为该地区产业发展提供充足的劳动力资源，提高该地区的综合经济实力和财政实力，能够有实力来加强各项基础设施建设，完善教育、医疗、住房、社会保障等公共服务体系，从而完善中小城市和小城镇的功能，提高综合承载能力，为农业转移人口市民化创造条件。城镇综合功能的完善，将会进一步吸纳产业和人口的集聚，产业结构调整和产业升级步伐加快，创新能力增强，带动就业人口结构的变化；相应地，合理有序的就业人口结构反过来会促进当地产业转移升级，进一步增强中小城市和小城镇的综合经济实力与财政实力，使其有能力进一步完善城镇的基础设施和公共服务设施，加强环境保护，打造宜居的生活环境等。尤为重要的是，中小城市与小城镇有能力有条件把所有农业转移人口纳入到公共服务体系，真正实现农业转移人口市民化。从这个角度来理解，推进农业转移人口市民化促进与倒逼了中小城市和小城镇的功能提升，是中小城市和小城镇功能提升的动力因素。

综上分析，农业转移人口市民化与中小城市和小城镇功能提升存在着相互促进、互动发展的关系，中小城市和小城镇功能提升能够加快推进农业转移人口市民化，推进农业转移人口市民化促进与倒逼中小城市和小城镇功能提升。农业转移人口市民化与中小城市和小城镇功能提升的相互关系可以简单地用图 5－2 表示。

（三）中小城市和小城镇综合承载能力的现状特征

1. 推进农业转移人口市民化的需求条件

在推进农业转移人口市民化的过程中，必须满足社会和个人两方面的条件。从社会条件来说，主要是指农业转移人口转入地能够容纳足够多的人口，当地政府能够为其承担市民化的公共费用。具体包括增设基础设施、提高生态环境承载能力、提供公共服务、增加公共管理等方面的费用。从个人条件来说，农业转移人口要实现市民化，首先要实现就业，拥有稳定的收入来源，能够承担自己及家人在城市居住的各项生活成本；其次要有城镇户口，实现农民到市民身份的转换；再次要能够平等地享用教育、医疗、社会保障等公共服务；最后要有市民化的意愿和较高的适应城市生活的素质条件。综合社会和个人两方面的条件，推进农业转移人口市民化受到当前的经济社会发展水平的影响。有序推进农业转移人口市民化，客观上要求具备较好的产业基础和经济实力、较为完备的城镇基础设

中原经济区城镇化模式创新研究

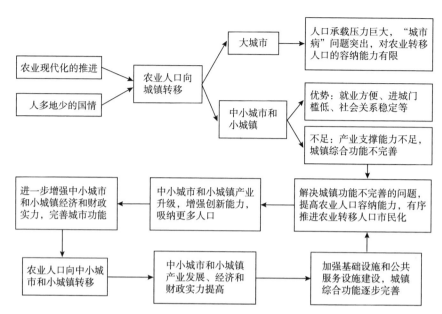

图5-2 农业转移人口市民化与中小城市和小城镇功能提升的关系

施和公共服务设施、均等化的公共服务体系、与时俱进的社会观念和意识、较为健全的制度和政策体系等条件。

2. 农业转移人口市民化与中小城市和小城镇功能关系的现状特征

当前，农业转移人口市民化与中小城市和小城镇功能提升之间尚未形成良性互动、循环发展的关系。究其原因，一是中小城市和小城镇功能不完善，综合承载能力不强，容纳不了过多的农业转移人口，这也是二者尚未形成良性互动关系的主要原因。二是经济条件的制约，一方面，中小城市和小城镇经济实力不强，不能提供完备的基础设施和公共服务设施；另一方面，农业转移人口市民化面临着过高的生活成本，包括过高的入户条件、过高的居住支出、过高的就业风险等，而受自身素质的影响，农业转移人口收入普遍不高，难以承担市民化的过高成本。三是制度和政策条件的制约。长期以来我国实行的是城乡分割的二元体制，近年来我国在破解城乡二元结构方面出台了一系列的政策措施，取得一定的成效。但是传统体制机制的惯性作用依然存在，城乡统一的户籍、教育、医疗、就业和社会保障等制度依然缺失，加上已出台的相关政策落实困难等，阻碍着农民工市民化的进程。四是社会和环境条件的制约。一方面，由于与城市人口在身份限定、经济地位、行为方式等方面存在差异，农业转移人口往往对城市缺乏归属感；另一方面，地方政府和城市人口对进城务工的农民存在着认知偏差，只看到其负面影响，城市管理也主要采取防范式、管制式的管理。这使得农业转移人口成为城市社会的边缘群体。

（四）中小城市和小城镇功能提升的路径规划

遵循系统设计、统筹规划、循序渐进、优化布局的原则，针对有序推进农业转移人口市民化的需求条件和需求特征，笔者提出"强化两大功能、构建四个体系"的路径规划。

1. 强化生产、金融、贸易、物流、信息等经济功能

城市的经济功能是指一个城市在一定地域经济中所起的经济作用以及发挥的经济效能。经济功能是城市形成、存在的前提和基础，也是其他一切城市功能存在的前提和基础，在城市功能中居核心地位，制约和推动着城市的发展。经济功能又包括生产、金融、贸易、物流、信息等方面的内容。城市产业是城市经济功能的载体，城市产业链的延伸以及城市产业的升级决定着城市经济功能的逐步完善和提升。当前，从推进农业转移人口市民化的角度出发，中小城市和小城镇功能提升，首要的就是强化经济功能，为农业转移人口提供就业支撑，为功能优化和提升提供财政基础。要促进产业集聚发展，加快产业优化升级，在促进工业发展的同时，加快金融、贸易、物流等现代服务业的发展，促进城市功能由纯生产功能向生产、金融、贸易、物流、信息等综合的经济功能转变。

2. 强化居住、生活、交通、教育、医疗、文化、就业和社会保障等社会功能

城市的社会功能是指一个城市所能够为居住在该城市的人口提供居住、生活、交通、教育、医疗、文化、就业和社会保障等社会方面的功能。社会功能是城市存在和发展的基本内容，也是城市的基本功能，决定着城市的发展水平和发展质量。中小城市和小城镇具备社会功能是有序推进农业转移人口市民化的基础条件。当前，从农业转移人口市民化的需求条件来看，中小城市和小城镇功能提升，必须要强化各项社会功能，满足

农业转移人口在城市生存的居住、社会、交通、教育、医疗、文化、就业和社会保障等基本的社会需求。

3. 围绕产业基础再造、转型升级和就业需求构建现代产业体系

产业是城市发展的源泉，也是推进农业转移人口市民化解决就业问题的基本条件。同时，产业发展与城市功能存在着相互促进、动态提升的关系，产业结构调整和优化升级是完善与提升城市功能的基础和主要因素。当前，产业基础薄弱、产业支撑能力不强是制约中小城市和小城镇农业转移人口市民化的重要因素，因此要围绕产业基础再造、转型升级和就业需求构建现代产业体系。一方面，要通过招商引资、培育龙头企业、加强产业园区建设、营造环境等多种途径，加快产业集聚发展，扩大产业规模，优化城市和产业空间布局，提高产业支撑能力；另一方面，通过改造传统优势产业、培育新兴产业、发展服务业等措施，优化产业结构，提升产业能级。尤为重要的是，中小城市和小城镇要依托当地产业基础和资源优势，发展形成特色优势主导产业，提高竞争力；同时要加快服务业发展，为农业转移人口集聚提供支撑。

4. 围绕方便居民生活和公平正义构建均等化、全覆盖的公共服务体系

给予农业转移人口真正的市民化待遇，使其享受到城市的公共服务和高质量生活，是推进农业转移人口市民化的重要方面。中小城市和小城镇推进农业转移人口市民化，要围绕方便居民生活和公平正义构建均等化、覆盖常住人口的公共服务体系。就当前来看，首先要解决的是农业转移人口在城市的居住、教育、医疗、就业和社会保障等方面的问题，保障其能够在城市定居。在居住方面，要把农业转移人口纳入城市住房保障体系；在教育方面，要保障农业转移人口随迁子女的义务教育权利；在医疗方面，把农业转移人口纳入到城镇基本医疗保险服务范围；在就业方面，要保障农业转移人口依法享有各项劳动权益；在社会保障方面，逐步将农业转移人口纳入到城市社会保障范围。

5. 围绕提高居民生产生活保障能力构建完善的基础设施体系

完备的城镇基础设施是中小城市和小城镇容纳更多农业转移人口的基础硬件条件，也是该城市或城镇功能的基本组成部分。但是由于地方财政实力不强、规划建设滞后、缺乏有效管理等多方面原因，多数中小城市和

小城镇基础设施薄弱，综合承载能力不强，是制约农业转移人口市民化的重要方面。为此，要围绕提高居民生产生活保障能力构建完善的基础设施体系，不断提高人口承载能力。首先，要加大政策和资金支持力度，全面加强中小城市和小城镇道路交通、通信网络、水电气暖等基础设施建设。其次，要着力提高规划、建设和管理水平，切实提高城镇基础设施的综合利用效率和保障水平。再次，坚持以市场为导向，推动投资多元化。把一些经营性基础设施建设项目引向市场，鼓励企业和个人投资，形成政府、企业和个人多元化投资机制。

6. 围绕满足居民住房需求构建多层次的住房保障体系

实现"住有所居"是人类生存的基本需求。住房保障不仅是确保农业转移人口安居乐业、促进社会和谐稳定的重要民生工程，也是城市功能的基本组成部分和城市经济社会发展的必要条件。当前，由于农业转移人口收入水平普遍较低支付不起过高的住房成本，而城镇住房保障体系不完善，加上多数城镇尚未把农业转移人口纳入到城镇的住房保障体系内，导致农业转移人口的居住条件普遍较差。因此，中小城市和小城镇推进农业转移人口市民化，一方面，要围绕满足居民住房需求构建经济适用房、廉租房、公共租赁房等多层次的住房保障体系，全面提高城市住房保障能力；另一方面，要逐步打破户籍障碍，把农业转移人口等中低收入家庭纳入城镇住房保障体系，并降低廉租房、公共租赁房的申请标准。

（五）中小城市功能提升互动发展的对策措施

1. 加快发展中小城市，提升中小城市功能

中小城市功能是否完善，是农业转移人口市民化与中小城市功能提升形成良性互动关系的关键因素，因此必须加快中小城市发展，提升中小城市功能。城市功能主要包括生产、贸易、金融、物流、信息等经济功能和居住、生活、交通、教育、文化、医疗、就业和社会保障等社会功能。其中，经济功能是城市形成、存在的前提和基础，也是城市的核心功能，制约和推动着城市的形成和发展。提升中小城市功能，首要的就是强化经济功能，为中小城市容纳更多的农业转移人口提供产业支撑和就业支撑，为

基础设施的完善、城市功能的优化和提升提供一定的财力基础。社会功能是城市存在和发展的基本内容，也是城市的基本功能，决定着城市的发展水平和质量。推进农业转移人口市民化，必须要强化中小城市的各项社会功能，为农业转移人口在城市生活、居住、交通、教育、文化、医疗、就业和社会保障等方面提供基本的公共服务。

2. 构建现代城镇体系，优化人口空间布局

中小城市是吸纳农业转移人口的重要载体，但河南人口大多集中于省会城市郑州，致使郑州交通堵塞、环境污染、住房紧张等"大城市病"问题凸显，而中小城市人口集聚能力不足。因此要加快构建现代城镇体系，实行不同的人口集聚政策，优化人口的空间布局促使人口分布与城镇等级体系相一致。坚持中心城市带动战略，按照统筹城乡发展的要求，加快形成大型中心城市、中小城市、小城镇各具特色、竞相发展的城镇体系。根据各个城市的不同定位，实施不同的人口集聚政策，促进人口合理分布。省会城市郑州要实施条件准入限制政策，有条件、有批次、有序推进农业转移人口市民化；洛阳、安阳、南阳、商丘等重要中心城市要结合发展实际，实施相对宽松的农业转移人口市民化政策，着力提升就业吸纳能力和人口承载能力，提高对周边地区的辐射带动能力。中小城市作为农业转移人口的主要承接地，要实施积极的人口准入政策，提高城市综合承载能力和人口吸纳能力，促进人口集中集聚。小城镇要放开落户条件，吸纳农村人口就近转移。

3. 构建现代产业体系，提高产业支撑能力

雄厚的产业基础是推动农业转移人口市民化与中小城市功能提升的重要基础条件。一方面，产业发展是农业转移人口解决就业问题的前提和基本条件。另一方面，产业发展与城市功能提升之间存在着相互促进、动态提升的关系，产业的发展和产业结构的调整、优化、升级是促进城市功能提升的基础和主要因素。当前，中小城市要围绕产业基础再造、产业转型升级、提供就业需求等加快产业发展，构建现代产业体系，提高产业支撑能力。一是着力扩大产业规模。通过招商引资、承接产业转移、加快产业集聚区建设、营造良好发展环境等多种途径，加快产业向中小城市集聚，扩大产业规模，优化城市和产业空间布局，促进产城融合互动发展。二是着力促进产业结构调整和优化升级。通过改造提升传统产业、加快培育新兴产业、大力发展服务业等途径，优化产业结构，提升产业能级。三是着力依托当地优势培育产业特色。中小城市要依托当地的经济基础、资源优势，以及其他一些独特优势，培育发展特色优势产业，提高产业竞争力。此外，要加快服务业发展，为农业转移人口向中小城市集聚提供条件。

4. 完善公共服务体系，提高公共服务水平

构建均等化、覆盖全部常住人口的公共服务体系，不仅是推进农业转移人口市民化的重要方面，也是促进中小城市功能提升的重要内容，对形成农业转移人口市民化与中小城市功能提升良性互动发展关系具有重要意义。因此必须围绕方便居民生活和公平正义构建均等化、覆盖全部常住人口的公共服务体系，满足农业转移人口在城市的居住、教育、医疗、就业和社会保障等基本需求，保障其能够在城市定居生存下去。在居住方面，一方面要围绕满足低收入家庭住房需求构建包括公共租赁房、廉租房、经济适用房等在内的多层次住房保障体系，提高住房保障能力；另一方面要出台政策，把农业转移人口纳入城镇住房保障体系。在教育方面，要保障农业转移人口随迁子女享有平等的义务教育权利。在医疗方面，要把农业转移人口纳入城镇基本医疗保险体系内，保障其能够享受到基本医疗服务。在就业方面，要保障农业转移人口获得平等的劳动收入，并依法享有各项劳动权益。在社会保障方面，将农业转移人口逐步纳入城市社会保障体系内，保障其公平享有各项社会保障权利。

5. 完善基础设施体系，提高设施保障能力

完备的基础设施是中小城市容纳更多的农业转移人口的基本硬件条件，也是该中小城市功能的基本组成部分。然而，由于地方经济基础薄弱、财政实力不强、规划建设管理滞后等多种原因，多数中小城市基础设施薄弱，综合承载能力不强，是制约中小城市功能提升，加快农业转移人口市民化的重要原因。为此，要加强基础设施建设，构建完善的基础设施体系，提高基础设施对居民生产生活的保障能力。一方面，要加大政策和资金支持力度，全面加强中小城市道路、通信、水电气暖等各项基础设施建设，着力解决城市内涝、垃圾污染等问题；另一方面，提升城市基础设施规划、建设和管理水平，切实提高中小城市基础设施的综合利用效率和

保障水平。此外，要完善中小城市基础设施建设的投融资体制，坚持以市场为导向，推动投融资主体多元化，着力解决基础设施建设资金不足的问题。把一些经营性基础设施项目推向市场，鼓励企业和个人投资，形成政府、企业和个人多元化投资机制。

6. 完善各种制度体系，提供有效制度保障

体制机制是加快推进农业转移人口市民化与提升中小城市功能的重要保障。要利用好中原经济区建设被赋予的先行先试的权利，加快体制机制创新，在农业转移人口市民化、推进土地节约集约利用、城市建设投融资等方面先行先试，形成推动农业转移人口市民化与中小城市功能提升互动发展的长效机制。一是探索建立促进农业转移人口市民化的体制机制。加快中小城市户籍制度，以及附着于其上的住房、教育、医疗、社会保障等配套制度改革，着力推进农业转移人口向中小城市集聚并实现市民化。二是探索建立土地节约集约利用机制。走内涵挖潜和集约节约用地的路子，推动农村集体土地使用权流转等制度创新，积极开展城乡建设用地增减挂钩试点工作。三是探索建立城市建设多元化的投融资机制。实施积极的政策支持措施，建立城市建设投融资平台。积极争取国际政策性银行、商业银行等贷款，吸收社会资本参与城市基础设施建设。

第六章
创新产业提升发展模式

随着科技进步和经济全球化步伐的加快，国内外现代产业发展主要呈现出产业分工国际化、产业内部细分化、产业带动关联化、产城功能融合化、产业布局集聚化、产业发展生态化等六大趋势，对中原经济区扩大产业规模，优化产业结构，保持产业持续健康协调快速发展提出了更高的要求。同时，雄厚的产业基础是中原经济区科学推进新型城镇化的重要基础条件。而长期以来，中原经济区的产业发展还比较粗放，主要是依靠资源能源的大量消耗实现经济总量的扩张。当前，中原经济区产业发展主要存在着发展质量不高、产业结构不合理，资源型产业占比过高，服务业发展不足，产业竞争力不强等问题。亟须创新产业提升发展模式，增强产业竞争力，为新型城镇化发展奠定坚实的产业基础。

一 中原经济区产业结构的演变与现状分析

中原经济区产业结构经历了一个漫长的演变过程，尤其是改革开放30多年来，作为中原经济区的主体与核心区域——河南省，在产业发展方面取得了显著的成效，产业层次达到了一定的高度，为建设中原经济区的现代产业支撑体系奠定了坚实的基础。现代产业体系的形成和发展，是与工业化进程、现代经济增长相协调的，研究河南省的产业体系演变规律、发展现状，可以基本概括中原经济区整体的产业体系发展状况，对于中原经济区创新产业发展模式具有重要的意义。

（一）中原经济区产业结构演变

新中国成立前，河南省基本处于封闭、半封闭的自然经济状态，农业经济占据绝对优势，但生产工艺落后；工业生产以轻工业手工场为主，交通运输、邮电、能源工业、商业等都不发达。到 1949 年，河南省社会总产值 23.82 亿元，其中，农业总产值 17.84 亿元，占 74.9%；工业 2.33 亿元，占 9.78%；建筑业 2.82 亿元，占 11.84%；交通运输业、邮电、商业、餐饮业等 0.83 亿元，仅占 3.48%。新中国成立后，河南省的产业结构大体经历了以下三个发展阶段。

第一阶段，新中国成立初期至 20 世纪 60 年代中期（"一五"、"二五"计划时期）。根据国家充分利用、合理发展沿海老工业区和积极建设内地新工业区相结合的方针，河南省成为国家重点建设地区之一，以"一五"时期 156 项重点建设项目中布局在河南的重大工程为代表的一批新建项目和沿海内迁企业初步奠定了河南的工业格局，形成了洛阳、郑州、平顶山等新兴工业城市和机械、纺织、煤炭、建材等现代工业部门和一大批大中型骨干企业。当时的工业布局较多地考虑了集中布局与运输指向的因素，布局的展开则完全按点 – 轴方式渐次推进，新建工业主要布局于京广、陇海两大铁路干线上几个大中城市和一些重点矿区。到 1965 年，按当年价格计算的 GDP 总量达到 62.96 亿元，其中，第一产业 29.58 亿元，占 47.0%；第二产业 19.10 亿元（工业 16.27 亿元，建筑业 2.83 亿元），占 30.3%；第三产业 14.28 亿元，占 22.7%。

第二阶段，20 世纪 60 年代中期到 70 年代中期（"三五"、"四五"计划时期）。河南出现了两个并行的工业化潮流：一是"三线"工业建设；二是地方"五小工业"和"社队企业"的兴起。"三五"时期以"备战"为指导思想的"三线建设"壮大了豫西工业实力，军工企业得到较快发展并有大批沿海工业企业内迁，河南工业实力有了进一步发展，但也存在着"三线"企业布局分散、交通不便、整体效益不高等突出问题；"四五"时期受片面强调建立地区独立工业体系思想指导的大兴"五小工业"和"社队企业"建设，使工业化第一次触及了农村地区，但也形成了一批"大而全""小而全"、工业布局零散、工业效益不高的农村社队企业。到

1975 年，按当年价格计算的 GDP 总量达到 127.77 亿元，其中，第一产业 55.71 亿元，占 43.6%；第二产业 50.34 亿元（工业 41.54 亿元，建筑业 8.80 亿元），占 39.4%；第三产业 21.72 亿元，占 17%，三次产业结构比仍然为"一二三"结构。

第三阶段，改革开放以来先后经历了两个时期：一是 20 世纪 80 年代初期的轻工业补偿性优先发展，食品、轻纺工业得到了加强，轻工业的布局由原有的几个中心城市向豫东南农副产品原料产地推进，这一趋势在 90 年代得到延伸，逐渐形成了以农副产品加工业为依托、以县市和小城镇为聚集区的轻工业发展新格局。二是进入重化工业快速发展时期以来，河南的原材料、加工装配行业、高新技术产业发展出现新变化，一方面重化工业布局由中心城市向周边地区进一步拓展，一些新的原材料工业基地和大型知名企业相继涌现，带动了所在地区的主导产业发展；另一方面随着工业化水平的提高和高新技术产业的成长，涌现出郑州、洛阳等一批高新技术产业开发区和郑州汽车工业、新乡电子工业等新兴工业聚集区，从而进一步改变了河南的工业布局，并在一定程度上奠定了未来的河南工业布局基础。到 2010 年，按当年价格计算的 GDP 总量达到 23092.36 亿元，其中，第一产业 3258.09 亿元，占 14.1%；第二产业 13226.38 亿元（工业 11950.88 亿元，建筑业 1275.50 亿元），占 57.3%；第三产业 6607.89 亿元，占 28.6%，三次产业逐步稳定在"二三一"的结构。这一阶段，由于我国实行改革开放政策，加快制度创新和技术创新步伐，逐步建立和完善社会主义市场经济体制，工业得到快速发展，经济增速明显加快。新中国成立以来，河南省三次产业增加值比例变化详见图 6-1。

综上所述，河南省产业结构演进的过程是在工业化、信息化和市场化推动下，河南省产业体系逐步转换的过程不断由传统产业体系向现代产业体系演变的过程，其实质是河南工业化的过程。

（二）中原经济区产业发展现状

经过改革开放 30 多年的发展，河南成功实现了从农业大省向全国重要的经济大省、新兴工业大省和有影响力的文化大省的历史性转变。尤其是自"九五"以来，河南省为实现中原崛起连续实施了一系列重大措施，

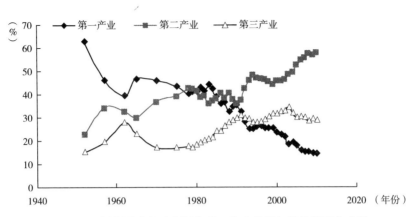

图 6 - 1　新中国成立以来河南省三次产业增加值比例变化曲线

从"一高一低"到"两高一低"，从"三化协调"路径确定到"两大跨越"战略实施，从"建设中原城市群"到"建设中原经济区"，从要求"三化"协调发展到构建"一个载体三大体系"具体途径的选择，若干符合时代需要的重大决策的实施，加快了河南省产业结构的调整优化和产业体系的转换，具备了加快中原经济区现代产业体系发展的良好基础。

1. 现代农业体系正在形成

随着河南省工业化、城镇化进程加快，工业反哺农业、城市支持农村的条件和机制正在形成，农业基础地位得到巩固加强，产业化经营水平不断提高，主要表现在：一是国家支农政策力度不断加大，取消了农业税，对种粮户进行财政直补，对大型农业机械购置、种子、化肥、农药的生产资料进行财政补贴；二是不断加大对农村的财政转移支付力度；三是农业科技发展和科技服务业水平不断提高；四是用工业化理念管理农业，以市场化发展农业的氛围正在形成，河南省粮食核心区建设已经展开；五是大量农村劳动力进城务工，实行土地流转制度，发展规模化农业的条件正在逐步成熟。

2010 年，河南省优质粮食种植面积达到 10636 万亩，优质化率达到73.2%，粮食总产量达到 1087 亿斤左右，占全国粮食总产量的 1/10，连续 7 年保持全国首位；肉、蛋、奶产量分别达到 638 万吨、389 万吨、308万吨，分别居全国总产量的第三、一、四位。黄河滩区和豫东、豫西南"一带两片"奶牛、肉牛，沿京广线生猪、肉羊，豫南淮河流域家禽等优质安全畜产品生产核心区以及郑州、许昌、洛阳、开封等花卉生产核心区已经形成。农业机械总动力达到 9429 万千瓦，全省耕种收综合机械化水平达到 63%，其中小麦的机收、机播水平均达到 95% 以上。全省各类农业产业化组织达到 11674 个，其中省级龙头企业 366 家，421 家企业的年销售收入超亿元，新型的农业社会化服务体系正在形成，农业产业链和农业产业化经营水平得到有效提升。

在新型城镇化、新型工业化快速推进背景下，束缚农业现代化发展的各种体制机制已经具备改革的基础，以市场为导向，以规模化经营为手段，以种植业、现代畜牧业、花卉园艺、经济作物等为主导的新型现代产业体系正在形成。

2. 工业结构调整成效显著

近年来，河南省以工业化为核心，不断加快"三化"进程，工业发展成效显著，增长速度、质量效益和产业结构发生了明显的变化，形成了一批在全国地位举足轻重的优势产业、优势企业和优势产品，有力支撑和带动了全省经济社会快速健康发展。

（1）工业经济增长速度和质量明显提高。"十一五"期间，河南省工业经济规模年均增长 16.1%，比"十五"时期年平均增速高出 1.3 个百分点；其中规模以上工业年均增长 20.2%，快于"十五"时期平均水平2.1 个百分点。2010 年，全省工业增加值达到 11950 亿元，占 GDP 的比重达到 52.1%，比"十五"末期提高 5.8 个百分点，平均每年提高 1.2 个百分点；规模以上工业企业实现主营业务收入 36047.78 亿元，实现利润3166.68 亿元，分别相当于"十五"末期的 3.6 倍和 4.7 倍；城镇工业投资完成 7546.6 亿元，占城镇投资的 54.2%，占比高于 2005 年 21 个百分点，"十一五"期间，全省城镇工业累计完成投资 24946.2 亿元，是上一个五年的 5.6 倍。

（2）工业结构进一步优化。着力优化产业结构，解决工业大但不强、产品全但不优、能源原材料比重过大的问题，增强企业自主创新能力，提高产品技术含量，推进工业提质增效。战略支撑行业规模壮大，2010 年，食品、有色金属、化工、汽车及零部件、装备制造、纺织服装等六大战略支撑产业实现增加值占全省工业的比重为 45.05%，产品精深加工度不断提高。2010 年，全省轿车实现零的突破，产量达到 1.9 万辆，手机产量 2.2 万台，太阳能电池产量 1.2 万千瓦，电解铝、铝材的产量之比从"十五"末期的 1:0.5 提高到 2010 年的 1:1.1。高载能行业结构调整成效显现，2010 年，全省六大高载能行业实现增加值同比增长 15.4%，增速低于全省平均水平 3.6 个百分点；"十一五"期间，高载能行业年均增长 18.0%，增速低于全省平均水平 2.2 个百分点。

（3）企业规模和实力不断扩大和增强。"十一五"期间，河南省大力支持大企业、大集团发展，加强资源整合，引导生产要素向优势企业聚集，形成了河南煤化、中平能化、宇通客车、郑州日产、金龙铜管、栾川钼业、双汇集团、华英禽业、莲花味精等一批国内外知名的行业龙头企业。围绕重点行业、重大基地和关键领域发展，积极深化与央企及国内外优势企业的战略合作。分别与中石化、中粮、国机等一批中央企业签订了战略合作协议，富士康、格力电器、承德露露、广东以纯等省外行业优势企业落户河南，优化了河南省资源型产业为主导的产业结构，轻重工业结构更趋合理。2010 年，营业收入超百亿元的企业达到 30 家，比"十五"末期增加 23 家；超千亿元的工业企业 2 家，其中河南煤化资产、收入双双突破 1400 亿元。

（4）集聚和集群发展态势良好。目前，河南省工业经济集聚化、基地化发展态势明显，工业布局日趋合理。按照"四集一转"的要求，规划建设的 180 个产业集聚区，逐步成为全省工业经济发展的增长极和转型升级的突破口。中原电气谷、洛阳动力谷、郑州百万辆汽车等一批新兴工业基地初步形成，产业规模化、集群化效应不断增强。2010 年，全省集聚区完成固定资产投资 5331 亿元，总量占全省固定资产投资的 33.7%；规模以上工业主营业务收入达到 1.26 万亿元，比上年增长 36.3%，占全省规模以上工业的 34.9%；累计引进项目 3230 个，到位省外资金 1854.9 亿元，占全省的 71.7%，产业集聚发展，展现出蓬勃生机。

（5）节能降耗明显改善。严格控制电解铝、钢铁、水泥、甲醇、焦炭、电石、铁合金等行业项目建设。循环经济试点省建设全面启动，两批省级循环经济试点稳步推进，初步形成了企业、行业、区域相关联，"点、线、面"相结合的循环经济发展格局。淘汰落后产能成效明显，累计淘汰水泥落后产能 5500 万吨，钢铁落后产能 350 万吨。预计"十一五"期间，全省万元生产总值能耗累计下降 21%，二氧化硫和 COD 排放总量分别下降 15% 和 13%。

3. 传统优势产业逐步得到改造提升

推进工业企业信息化是改造提升传统优势产业的重要手段。近年来，河南省坚持"企业主导、政府推动、政策引导、项目带动"的基本原则，以骨干企业和重点项目为依托，制定规划和指导措施，发挥财政资金的引导作用，积极运用信息技术改造和提升传统优势产业技术水平，把信息产业的发展与推进工业产品结构、生产技术结构、工艺流程控制技术的调整结合起来，引导传统优势企业围绕经营管理流程，增加信息化投入，加快信息技术在研发、设计、生产、管理和营销等关键环节的应用，重点推动产品设计研发网络化、协同化、虚拟化、个性化，推动生产制造的敏捷化、柔性化、智能化，推动管理业务精细化、组织结构扁平化、决策科学化，推动企业销售服务电子化、引导企业建立营销管理系统。搭建了中小企业公共信息服务平台与技术支撑平台，为中小企业提供各类公共信息服务与技术支持，促进科技型中小企业和民营科技企业应用计算机辅助设计（CAD）、计算机辅助工艺控制（CAPP）、产品数据管理（PDM）和工厂信息化管理系统（CRP）等成熟技术，全面提升传统优势产业的信息化应用水平。围绕重点行业、产业集聚区、重点企业，创建"两化"融合示范工程建设，在重点产业集聚区、专业园区，建设网络协同制造、生产服务外包异地监控、技术交流和应用培训等公共信息技术平台，为企业提供优良的信息平台服务。

通过一系列信息化手段，河南工业发展突破了传统产业的技术瓶颈制约，进一步改造了化工、有色、钢铁、机械、纺织、水泥、印刷包装等传统优势产业，推动了产品向系列化、品牌化、高端化发展。"十一五"以来：①化工产业重点推进了煤化工、盐化工、石油化工的融合和信息化发展。②有色工业重点在铝、镁、铅锌、钨钼、铜、钛等有色金属方面，突破关键技术，打造六大产业链，着力建设巩义百万吨级铝深加工示范基地、长葛大周百万吨级金属铝再生利用示范基地、十个铝加工特色园区、济源铅锌加工基地、鹤壁镁加工基地和洛阳钨钼钛特色信息化产业基地。

③钢铁工业重大发展高强度建筑用钢和机械加工设备用钢，扩大专用宽厚板、优质棒线材、汽车用钢、精密钢管等优质钢系列产品，推动"一区"（安阳钢铁工业园区）、"五点"（舞阳钢铁、济源钢铁、南阳龙成钢铁、信阳钢铁和郑州永通特钢）的信息化改造。④机械工业重点推动 CAD、CAPP、PDM 和 CRP 的应用。⑤纺织工业重点用信息化突破织、染技术瓶颈，扩大服装、面料和家用纺织的信息化应用，建设郑州中原、新密曲良、淇县新纯等八大服装加工集聚区的信息化平台。⑥水泥行业重点用信息化加强新型干法水泥生产线的控制应用。⑦印刷包装行业加快推广应用 CTP 技术和 CPR 技术，提升包装及印刷业的技术水平和管理水平。

4. 高新技术产业快速发展

"十一五"以来，河南省科技创新能力不断增强，有力支撑了高新技术产业的发展。《2011 年河南省统计年鉴》和相关资料数据显示：2010年，河南省从事科研活动单位 1555 个、人员 14.5 万人，R&D 支出 220 亿元，占 GDP 的 1%。高技术企业由 2005 年的 383 家上升到 2010 年的 868家，是中部增长最快的省份。在精密光学引擎、数字投影仪、光伏、生物医药、锂离子动力电池等领域优势突出。有省级以上研发中心 1043 家，其中省级以上企业技术中心数量达到 756 家，国家级 44 家，组建了 2 家国家工程实验室和 5 家国家重点实验室。2010 年专利授权数 790 件，其中，发明专利 368 件，形成国家或行业标准 554 项，发表科技论文 55010篇，出版科技著作 1908 部，截至 2010 年底，全省拥有有效发明专利件数5359 件，拥有科研用仪器设备原价 123 亿元。

科技创新能力的不断增强有力支撑了高新技术产业的快速发展。统计显示，2010 年全省规模以上高新技术产业实现增加值 1900 亿元，同比增长 24.8%，"十一五"期间年均增长率达 25% 左右，占全省工业增加值的比重达到 16%，已经成为支撑全省工业经济发展的重要力量。其中，高技术产业 2010 年完成增加值 1381 亿元，同比增长 31.9%，增速高于全省平均水平 12.9 个百分点，比 2005 年增加 3.2 倍，年均增速 33.2%，在全国的排位由 2005 年的全国第 13 位上升到第 11 位。一批产业关键核心技术取得突破，华兰生物成为全国首批批量生产甲型 H1N1 流感疫苗的企业之一，甲流疫苗产量占全国的 45%；石油二机成功开发出的数字化超深井石油钻井装备达到国际先进水平。

目前，河南省以"基地化、特色化、产业化"为主线，加强自主创新，加快产业化步伐，积极承接产业转移，强力推进与央企的战略合作，着力培育生物、电子信息、新材料等战略性先导产业。一是编制了电子信息、生物产业调整振兴规划，组织电子信息、生物、新能源及新材料领域的 39 家双百计划备选企业编写了 2009~2015 年发展规划并完成了规划论证。二是与中航工业、兵器集团、中国中铁分别签署了战略合作框架协议，启动了洛阳航空光电产业基地、新乡汽车零部件产业基地、焦作平光光电产业基地等建设。三是组织郑州、南阳、洛阳三个国家高技术产业基地进一步完善发展规划，使超硬材料及制品产业链成为全国第一个获国家支持的区域特色高技术产业链。四是加快高技术产业重点项目建设，如中光学 LCOS 微显示光学引擎、阿格斯非晶硅薄膜太阳能电池等 25 个生物、电子信息产业的省重点建设项目。相信不久的将来以电子信息、生物、新材料、节能环保、新能源和新能源汽车等为主的高技术产业会得到快速发展。

5. 现代服务业规模不断壮大

"十一五"以来，河南省一直处于工业化中期向工业化后期加速推进的历史时期，城镇化的不断加速，顺应人民生活水平的提高和消费结构的升级，河南省委、省政府把服务业发展摆上重要位置，采取一系列政策措施，推动服务业快速发展，服务业整体实力和产业素质进一步增强，为现代服务业发展奠定了坚实基础。

统计资料显示：2010 年，河南服务业增加值为 6607.89 亿元，比 2009 年增长 15.9%；服务业从业人数 1577 万人，比 2009 年增长 4.5%；服务业对生产总值的拉动由 2009 年 3.3 个百分点扩大到 2010 年的 3.4 个百分点。2010 年服务业固定资产投资 7518.99 亿元，比 2009 年增长 26.1%，是 2005 年的 3.35 倍，增速高于工业固定资产增速 7.8 个百分点。

服务业结构不断优化，以现代物流、文化、旅游、金融业等为重点的现代服务业发展迅速。①现代物流业，依托河南省区位交通优势，形成了以郑州为核心、以省辖市为节点的现代物流网络，积极与周边地区相对接，发展势头迅猛。2010 年，现代物流企业数量 3016 个，资产总计

1837.33 亿元，主营业务收入 1018.65 亿元，分别比 2009 年增长 46.3% 和 23.3%。②文化产业，完成部分省直文化单位的改制任务，全面推进文化改革发展试验区建设，动漫创意、影视、演艺产业蓬勃发展，《客家人》《禅宗少林·音乐大典》《大宋·东京梦华》等受到广泛好评，中国文字博物馆建成投用。2010 年，文化产业单位 3499 个，从业人员 9.37 万人，固定资产总额 136.76 亿元，实现销售收入 100.5 亿元，分别比 2009 年增长 4.5%、-1.6%、25.67% 和 14.8%。③旅游业，通过部门联动、政企联手、市场运作方式，不断加大宣传推介河南旅游力度，打造河南旅游新形象，支持有条件的旅游景区和企业整合周边旅游资源，实行统一规划、统一开发和统一推介。着力打造区域性旅游集群，实施 80 个旅游招商项目和 118 个重点旅游建设项目，进一步完善旅游景区基础设施。2010 年，接待国内游客 25845 万人次，实现游客收入 2294 亿元，比 2009 年分别增长 10.8% 和 17.4%；接待入境游客 146.87 万人次，创汇收入 49877 万美元，分别比 2009 年增长 16.7% 和 15.2%。④金融服务业，金融服务网点不断增多，2010 年实现存款 23148.83 亿元、贷款 15871.32 亿元，收入合计 50367.43 亿元，分别比 2009 年增长 20.7%、18.1%、20%；保险业收入 793.28 亿元，比 2009 年增长 40.3%，其中，财产保险收入增长 37.8%，人身保险收入增长 40.8%。2010 年底，河南上市公司 81 家，发行股票 83 只，2010 年首次发行、再融资募集资金 751.1 亿元。其他新兴服务业，如软件产业、商务服务业、科技交流和推广服务业、居民服务业等发展势头迅猛，功能日益完善。

整体上看，在市场拉动和政府推动的双重力量作用下，河南省现代服务业已形成以现代物流、文化、旅游、金融业为支撑，其他新兴服务业快速发展，生产性服务业与生活性服务业分工明确的良好局面。

6. 基础设施和基础产业的支撑能力不断增强

河南省位于中国内陆腹地，素有"中国之中"之称，连南贯北，承东启西，交通区位条件十分优越；河南省矿产资源丰富，能源发展条件较好。河南省处于黄河中游地区，境内可受益于黄河、淮河、长江三大水系的水利资源。改革开放以来，河南省基础设施和基础产业发展较快，已形成较为完善的基础设施和基础产业体系，有力支撑了河南省经济社会的发展。

（1）交通枢纽地位更加突出：形成了以郑州为中心的综合公路枢纽、铁路枢纽和航空枢纽三大体系，三大体系相互连接、相互支撑，形成全国重要的综合性交通枢纽。其中，高速公路形成了"四纵四横"发展格局，省内高速公路密集，县县通高速，2010年河南省境内高速公路通车里程达到5000公里以上，实现了与周边省市的顺畅对接，加强了与长三角、珠三角、环渤海三大经济区的联系。铁路已形成京广、京九、连霍、沪宁四条大动脉"两纵两横"发展格局，正在规划建设的"米"字形高速铁路网络和中原城市群城际铁路网络将极大地提升河南省的区位交通优势。航空体系按照"空地对接、干支结合、以货促客、优化结构"的总体要求，强力推进郑州国际航空枢纽建设和支线机场发展，加快构建以郑州机场为中心，洛阳、南阳、商丘、明港等机场为辅助的、完善的河南省民用机场体系。

（2）能源保障能力不断加强：河南省不断加大煤炭、石油、天然气和水电资源的利用，2010年能源消耗总量21438万吨标准煤，是2000年的2.71倍；能源结构不断调整，不断加大西气东输管网建设，充分利用水电资源，2010年煤炭、石油、天然气和水电资源的能源消费比是84.3:9.0:3.0:3.7，比2000年的87.6:9.6:1.7:1.1大幅度优化。能源加工转换效率由2000年的61.78%上升到2009年的70.15%。2010年，河南省境内总装机容量达到5000万千瓦以上。

（3）水利发展有力支撑国民经济发展：不断加大引黄灌溉、引淮灌溉和水库等水利设施建设，加快"南水北调"建设，有力保证了工农业用水，水资源配置和防洪抗灾能力进一步提高。不断加大城市供水、污水处理等公用事业发展，提高了城镇化质量和支撑保障能力。

（4）信息产业发展迅速。信息产业在"十一五"期间得到快速发展。截至2010年，长途光缆线路长度36446公里，数字微波线路长度500公里，形成了覆盖河南境内所有地区的通信网络；固定电话普及率14.4部/百人，移动电话普及率44.6部/百人；国际互联网用户3043.42万户。2010年，河南省电信业务总量1437.36亿元，比2009年增长15.7%。

7. 产业布局日趋合理

经过改革开放30多年的产业发展，在政府与市场的"双重"作用下，河南省的产业布局形成了以下现状和特点。

（1）工业布局方面：一是依托交通、区位优势，形成了京广、陇海沿线先进制造业聚集带。沿两大轴线的郑州、洛阳、开封、商丘、三门峡、安阳、新乡、许昌、漯河、驻马店、信阳等城市成为河南先进制造业的主要基地。二是以矿产资源、农副产品资源为依托，形成了资源指向型工业区。主要包括：中部地区的平顶山、郑州、焦作、鹤壁、义马、永城等六大能源工业和煤化工基地，豫北、豫西、豫中、豫东四大铝工业带，濮阳、洛阳、南阳三大石化工业基地，豫西灵宝、栾川的大型黄金、钼矿开采基地。豫中、豫南、豫北、豫东四大以农副产品精深加工为主的轻工业基地。三是"西重东轻、西高东低"的工业布局特征明显，在京广线与京广线以西及豫北地区工业结构明显重型化，集中了河南省大部分的能源、原材料工业和机械工业，人均 GDP 较高；而京广线以东的豫东、豫东南地区以农副产品原料加工为主，呈现出轻型工业结构特征，人均 GDP 明显低于西部和北部地区。四是河南具有典型的初级、中间产品多，技术含量高、附加值大的最终产品少的工业布局特征，2010 年资源类产业增加值占工业增加值的比重在 65% 左右，是一个较为典型的资源类产业主导的产业结构。五是装备工业和高新技术产业相对集中在郑州、洛阳等资金、技术、人才条件较好的地区。六是 2010 年以来，河南省加快城镇化进程，加快城市新区和 180 个产业集聚区建设，按照"产城互动"、"四集一转"要求，大规模承接产业转移，产业布局得到进一步优化。

（2）农业布局方面：建设全国粮食生产核心区，逐步形成了黄淮海平原、南阳盆地、豫北豫西山前平原优质专用小麦、专用玉米、优质大豆、优质水稻产业带，成为全国主要的高产稳产商品粮生产基地。调整农业种养殖结构，逐步形成了黄河滩区和豫东、豫西南"一带两片"奶牛、肉牛，沿京广线生猪、肉羊，豫南淮河流域家禽等优质安全畜产品生产核心区以及郑州、许昌、洛阳、开封等花卉生产核心区。

（3）服务业方面：依托中心城市、区域性中心城市、县城和乡镇所在地，逐步形成了以郑州为核心，区域性中心城市、县城和乡镇所在地为支撑的服务业发展格局。呈现出三条生产性服务业和消费性服务业集聚带，即以郑汴－郑洛、郑新－郑许产业带为主轴的京广沿线生产性服务业集聚带和陇海沿线生产性服务业集聚带，沿黄文化、旅游、休闲娱乐等消费性服务业集聚带；逐步形成了"一带五区"即沿黄河历史文化旅游带、太行山生态旅游区、伏牛山生态旅游区、嵩山历史文化风景名胜区、桐柏－大别山生态旅游区和豫东平原历史文化旅游区的发展格局。

（三）中原经济区产业提升面临的主要问题

中原经济区加快推进新型城镇化，面临着产业提升的问题，而产业提升面临着工业转型升级困难、现代服务业发展不足、农业现代化水平亟待进一步提高等问题。

1. 工业转型升级面临诸多制约因素

一是发展方式偏传统。河南工业发展方式偏传统，一方面表现为，经济增长主要依赖于能源原材料产业。2011 年河南工业 38 个规模以上行业中，从产业发展规模排看，能源行业占据了居前 10 位的 6 个席位；从利润总额排名看，能源行业占据了前 10 位中的 4 个席位。另一方面表现为，工业经济增长过度依赖投资拉动，自主创新对经济增长贡献偏低。河南工业发展基于投资和规模扩张的发展模式根深蒂固，重引进模仿轻研发创新，创新能力不强，新产业、新产品更新换代慢。如表 6－1 所示，2011 年河南大中型工业企业 R&D 经费为 213.72 亿元，R&D 项目数 8415 个，新产品项目数 7880 个，开发新产品经费 205.32 亿元，新产品销售收入 2550.16 亿元，分别为全国总数的 3.57%、3.62%、2.96%、3.00% 和 2.54%。与广东、上海、浙江、江苏、山东等省市相比，差距较大。河南工业发展方式偏传统，工业创新能力不强，支撑工业发展的创新体系还未建立，严重制约着河南新型工业化的发展。

表 6－1　2011 年按地区分大中型工业企业 R&D 与新产品开发情况

单位：万元，个

地　区	R&D 经费	R&D 项目数	新产品项目数	开发新产品经费	新产品销售收入
全　国	59938055	232158	266232	68459430	1005827245
北　京	1648538	7048	9238	2135861	34803252
天　津	2107772	10515	14658	1848538	38311448
河　北	1586189	6055	6292	1496755	18992289

中原经济区城镇化模式创新研究

地　区	R&D 经费	R&D 项目数	新产品项目数	开发新产品经费	新产品销售收入
山　西	895891	2348	2171	900093	8609925
内蒙古	701635	1320	1314	534739	5188902
辽　宁	2747063	6799	7416	2866543	29599589
吉　林	488723	1885	2631	709348	24075631
黑龙江	838042	4343	4148	745311	5586813
上　海	3437627	12378	15726	4476248	77721952
江　苏	8998944	31933	38009	11824447	148421107
浙　江	4799069	28672	34186	6014674	100493941
安　徽	1628304	8426	11174	2363512	31826110
福　建	1943993	6441	6721	1997710	31138914
江　西	769834	2608	2870	738567	9418710
山　东	7431254	25193	23040	6623255	111844081
河　南	2137236	8415	7880	2053205	25501566
湖　北	2107553	7077	8633	2435245	30994175
湖　南	1817773	6928	7525	2089970	37595209
广　东	8994412	29243	32879	10662949	143822736
广　西	586791	2890	3468	740604	12260904
海　南	57760	299	426	73969	1350545
重　庆	943975	4524	4612	1073308	30280328
四　川	1044666	6712	10035	1485843	21003174
贵　州	275217	1345	1749	362492	4442117
云　南	299279	1514	1485	390303	3808209
西　藏	1637	16	7	2776	17728
陕　西	966768	4210	5035	1065457	9657071
甘　肃	257916	1280	1192	273986	5026884
青　海	81965	131	94	34745	86513
宁　夏	118879	853	887	120351	1385912
新　疆	223352	757	731	318627	2561510

资料来源：《中国统计年鉴2012》。

　　二是工业结构偏重化。从产业结构看，重工业和资源性工业比重大，生产性服务业支撑力弱、新兴产业发展缓慢，向高附加值升级压力较大。

从轻重工业比重看，如图 6 - 2 所示，多年来河南重工业一直占比在 60%以上，一度高于 70%，重型化特征明显，这与河南的资源优势相关，这种重型化决定了河南工业一般投资规模大，沉淀成本高，与沿海地区轻工业相对比较发达的经济体相比，结构调整优化的难度大，这是河南产业结构优化升级进展缓慢的一个主要制约因素。

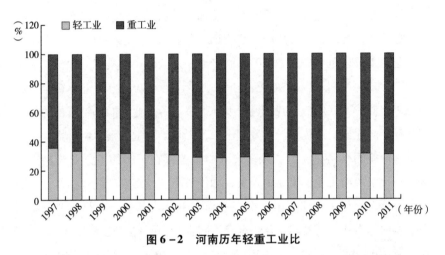

图 6 - 2　河南历年轻重工业比

从产品结构看，更加不容乐观，总体上产品层次低、高端和终端产品少，如具有优势的铝和钢铁，河南产量在全国占比均较大，但长期以来集中在电解铝和普通钢铁产品领域，高附加值产品不多。以出口产品为例，低附加值产品较多，铝、钢材、铜等产品仍占一定比重，而所谓高新技术产品如电话机等，由于加工贸易特性，零部件来自进口或其他地区，真正属于河南工业的附加值很低，而进口产品中机电产品、高新技术产品、集成电路、机床等技术含量较高，显示出河南工业的装备水平对国外的依赖。

从企业结构看，大型龙头企业数量少，辐射带动力弱，产业链接度低，分工合作网络尚未形成。2011 年中国 500 强企业，河南只有 15 家企业入围，且 10 家企业为煤炭、电力、有色金属等能源行业，具有完全自主研发能力、市场开拓能力强、辐射带动面大的龙头企业数量偏少，企业自身竞争能力和发展后劲尚且不足，更无法发挥辐射带动作用。在众多具有较高知名度和较强市场竞争力的区域大型骨干企业中，能真正充分发挥培养行业核心竞争力作用、引导中小企业进行配套供应生产、进行产业链式发展的龙头企业较少。目前在许多较为成熟的产业集群中，大多骨干企业与中小企业的关系还处于松散的状态，甚至有些还存在较为激烈的竞争关系，上中下游的企业之间缺乏紧密的链接。

三是产业链位置偏上游。河南中上游产业多，能源、原材料比重大，产业延伸度不够，比较优势没有充分发挥。以铝工业为例，河南在全国具有产业优势，但是，主要集中在氧化铝、电解铝上，在深加工上虽然有一些企业，主要还是板、带、箔等中间产品，定价模式仍是"原铝价格＋加工费"，未来关键是要在终端产品上下功夫，另外就是当前电解铝企业和深加工企业的关联度低。我们调研发现很多下游企业用的都是省外的铝中间产品，产业链对接优势没有发挥出来，影响了铝工业整体竞争力。这种产业链分割的格局在河南省很多产业中普遍存在，制约了产业链向下延伸，固化了河南工业偏上游的定位，如传统产业与新兴产业、制造业与服务业、信息化与工业化、中上游产业与下游产业、下游产业与装备制造业、科研与企业、科技与文化，以及不同企业和不同区域等之间缺乏关联度，制约了技术、知识、人才等高端要素在不同领域之间的互动和优化配置，限制了创新链条和循环经济链条的延伸，阻碍了不同产业、不同环节之间的交流合作，使得上游产业的资源优势和竞争优势不能全部发挥出来。

四是价值链位置偏低端。从价值链角度看，河南工业偏低端的特征也比较明显，当前，制造业产业链各环节的附加值由加工制造环节加快向微笑曲线的两端，如研发与品牌等服务增值环节转移，而河南的传统优势又大多集中在中间制造环节，研发和品牌环节是河南的弱项，这是河南工业粗放发展、盈利能力弱化的一个主要原因。同时，工业自主品牌建设滞后，制成品出口以低附加值、低技术含量产品为主，自主品牌产品出口占比非常小，具有国际影响力的著名品牌十分缺乏。未来加快向"微笑曲线"的两端增值环节提升，是新型工业现代化的主导路径，一些龙头企业已经取得成绩，如郑煤机、中信重机等，近几年不断提高机械成套装备制造能力，现在已经从简单的供给装备，向提供整体解决方案转型，品牌影响力与市场竞争力大幅度提升，但对河南来说，相对于其许多行业产量规模位居全国首例而言，具有国际竞争力的大企业集团仍然较少。

五是产业空间布局偏分散。河南内部区域间产业同构现象严重，工业布局与区域优势不协调，没有发挥各自的比较优势，各地市之间也没有形成协调发展的空间产业分工体系。正在推进的产业集聚区建设目前也普遍存在着主导产业不突出的问题，缺乏区域特色，各地区争资金、争项目的情况时有发生。全省范围内空间布局的调整和优化在现实中受政绩等多种因素的制约，发展十分缓慢。由于资源禀赋相似，各区域、园区、集群之间产业结构趋同，区域经济的互补性较弱，区域经济缺乏协同发展。在当前抢抓产业转移的历史机遇中，空间布局的分散必然造成同质恶性竞争，在地方政府发展经济的强烈愿望和现行政绩考核体制的共同作用联合驱动下，地方政府通过不合理的优惠政策，以及对微观经济主体的过多干预和短期行为造成政策性过剩日益严重，并引发了严重的区域产业同构现状，区域竞争日趋激烈。中部各省的竞相发展，河南围绕资源、市场、技术、人才和区域核心增长极面临的竞争挑战更加严峻，必然会制约产业空间布局的优化调整，进而阻碍河南推进新型工业现代化的步伐。

2. 现代服务业发展不足

现代服务业的繁荣发展，可以拓展生产生活服务领域，为制造业技术升级和降低成本提供支撑，促进工业结构优化，推动工业转型升级。但是河南的服务业尤其是现代服务业发展仍不尽如人意，依旧是全省经济社会发展的薄弱环节。

河南省服务业整体发展滞后，总量明显不足。2011 年河南省工业和服务业增加值分别达到 13949.32 亿元和 7991.72 亿元，占全省生产总值的比重分别为 51.8% 和 29.7%，服务业发展水平落后工业发展水平近 21个百分点；2011 年河南省服务业增加值占全国服务业增加值的 3.9%，比例很小；而同期全国服务业增加值为 204982.5 亿元，占全国生产总值的比重为 43.35%，河南服务业比重低于全国平均水平 13.6 个百分点。说明河南现代服务业发展滞后于经济发展，总量亟待提升。

区域服务业发展不平衡。从横向比较看，河南省各个省辖市现代服务业发展很不均衡，具体数据见表 6-2。一方面，各城市服务业发展规模差距较大，郑州市无论是就业规模还是产值规模均远远领先其他城市；另一方面现代服务业劳动生产率差异较大，2011 年，河南省服务业劳动生产率平均为 4.91 万元/人，超过全省劳动生产率平均值的城市只有 6 个，分别是郑州市、洛阳市、安阳市、新乡市、焦作市和三门峡市，达到全省劳动生产率平均值的城市只有开封。其中郑州市服务业劳动生产率最高，达到 9.25 万元/人，而劳动生产率最低的省辖市周口市仅有 2.18 万元/人，不到郑州市的 1/4。

表 6 - 2　2011 年河南省各省辖市服务业发展状况

省辖市	从业人员（万人）	生产总值（亿元）	劳动生产率（万元/人）	省辖市	从业人员（万人）	生产总值（亿元）	劳动生产率（万元/人）
郑 州 市	213.51	1973.97	9.25	许 昌 市	69.87	338.79	4.85
开 封 市	74.26	364.61	4.91	漯 河 市	37.36	137.07	3.67
洛 阳 市	138.14	842.39	6.10	三门峡市	38.07	240.19	6.31
平顶山市	81.25	375.28	4.62	南 阳 市	168.27	619.61	3.68
安 阳 市	86.81	438.06	5.05	商 丘 市	121.88	368.41	3.02
鹤 壁 市	24.89	90.50	3.64	信 阳 市	148.46	404.03	2.72
新 乡 市	81.99	421.36	5.14	周 口 市	166.71	363.86	2.18
焦 作 市	64.77	334.62	5.17	驻马店市	140.09	374.64	2.67
濮 阳 市	75.27	185.60	2.47	济 源 市	15.85	76.89	4.85

资料来源：根据《河南统计年鉴 2012》整理计算得到。

河南省服务业内部结构存在问题。近年来，虽然河南省的科技信息、人力资本等知识含量高、智力要素密集度高的信息传输、金融业、商务服务业、科学研究、技术服务等现代服务业有了较快的发展，但交通运输、批发和零售业等传统服务业仍然在河南省服务业中占主要地位；传统服务业具有劳动率低（见表 6 - 3）和附加值低等特点，服务业中过多的传统服务业的存在，反映出河南省服务业在整体层次上仍处于较低水平，影响着河南省服务业发展的整体效益和效率提升，不利于服务业与制造业的互动耦合发展，制约着新型城镇化对促进工业转型升级作用的发挥。

表 6-3 2011 年河南省服务业分行业发展状况

序号	行业分类	行业增加值（亿元）	行业增加值比重（%）	从业人员数量（万人）	从业人员比重（%）	劳动生产率（万元/人）
1	交通运输、仓储和邮政业	961.50	12.03	217.80	13.00	4.41
2	信息传输、计算机服务和软件业	325.90	4.08	35.74	2.13	9.12
3	批发和零售业	1586.09	19.85	535.44	31.97	2.96
4	住宿和餐饮业	797.99	9.99	176.52	10.54	4.52
5	金融业	868.20	10.86	25.15	1.50	34.52
6	房地产业	987.00	12.35	21.98	1.31	44.90
7	租赁和商务服务业	265.20	3.32	32.15	1.92	8.24
8	科学研究、技术服务和地质勘查业	166.04	2.08	16.30	0.97	10.18
9	水利、环境和公共设施管理业	63.65	0.80	13.53	0.81	4.70
10	居民服务和其他服务业	220.66	2.76	323.86	19.34	0.68
11	教育	739.02	9.25	117.59	7.02	6.28
12	卫生、社会保障和社会福利业	263.97	3.30	43.75	2.61	6.03
13	文化、体育和娱乐业	74.33	0.93	8.99	0.54	8.27
14	公共管理和社会组织	672.33	8.41	106.11	6.34	6.34

资料来源：根据《河南统计年鉴 2012》整理计算得到。

3. 农业现代化水平亟待进一步提高

农业、农村和农民问题，始终是关系我们党和国家前途与命运的具有全局性的根本问题，也是制约河南农业现代化发展的最重要的因素。农业既是国民经济的基础，又是一个弱质弱势产业。河南是农业大省和农民大省，农民持续增收难，农业增产增效难，农村发展比较慢，"三农"问题比全国其他地方显得更加突出，新型农业现代化发展困难重重。不少地方农业结构调整仍然是初步的、低层次的、阶段性的。主要表现为种植业比重仍然偏大，农业区域化布局不明显，特色农业规模小，不少地方缺乏主导产品和支柱产业，专业化生产水平低，农产品加工转化增值率不高，农业比较收益较低。河南农产品加工业产值与农业产值之比仅为 0.7∶1，生产的食品仅占消费的 25% ，农产品加工程度只有 49% ，而发达国家这三个指标分别达到了 3：1、90% 、80% 。而且在河南农产品加工企业中，80% 以上为初加工产品，如红薯、小麦等农产品仅仅是粗整理后向外销售，而加工成粉条、粉面、精产品等占的比例极小。新型城镇化建设在加快转移农村富余劳动力的同时带走了农村也十分需要和紧缺的人力资源，所以一些地方农业生产缺人手、农村建设缺人才、抗灾救灾缺人力等"三缺"现象凸显，农业兼业化、农村空心化、农民老龄化等"三化"趋势明显，农村留守儿童、留守妇女、留守老人等"三留守"问题突出，加大了农业农村持续发展的难度。

二 发达国家推进现代产业发展的经验借鉴

目前，我国正处于城镇化加速发展、工业化加速推进的重要历史时期，河南省在加快建设中原经济区的过程中，正在持续探索"两不牺牲、三化协调、四化同步"科学发展的路子。走好这条道路，需要加快现代产业发展。而发达国家已基本完成工业化，走完了现代产业体系由兴起、发展到成熟的过程，正处于自我完善和进一步提高阶段。借鉴发达国家现代产业体系形成、发展和成熟中的一些有益经验和教训，对于中原经济区现代产业发展中少走弯路，及时正确地解决发展中的矛盾和问题，促进现代产业发展和迅速提升，具有十分重要的理论意义和实践意义。

（一）发达国家现代产业发展的特点

由于发达国家在产业发展基础、资源环境约束、社会文化传统等方面存在较大差异，所以它们所采用的发展模式和形成的现代产业体系也各具特色。例如，美国是科技创新和制度创新推动型的、典型的全面发展的大国现代产业体系发展模式，第一、第二、第三产业协调发展，高度发达。农业广泛而深刻地渗透到整个经济体系中，用高新技术产业改造提升的传统优势产业领先全世界，知识型现代服务业高度发达。德国以金融、保险、信息、咨询服务等为代表的知识型现代服务业高度发展。德国传统制造业高度发达，其制造技术、车辆技术也一直保持世界领先地位，机械制造、汽车制造、电器和化学工业是德国经济的四大优势部门。日本现代制造业高度发达，特别是电子、汽车、计算机等工业在世界领先。韩国的汽车、电子、数字广播、移动通信、计算机等产业已经具有明显的发展优势。瑞士的精密制造业，瑞典、丹麦的信息通信业、生命科学技术、生物能源等高科技产业以及林业造纸、造船工业等传统产业领域具有强大的研发实力。

尽管发达国家的现代产业体系结构各具特色，但综合来看，其现代产业体系同时也呈现出许多共同的特点。

在产业结构层面：首先是产业结构呈现高端化，服务业占 GDP 的比重一般在 70% 以上，三次产业趋于融合发展，服务业迅速向第一产业和第二产业扩张和渗透。其次是产业向绿色化方向发展，发达国家多是将实现产业快速发展与提高资源利用效率、加强环境保护有效结合起来，实现产业发展的可持续发展，从而培育出产业的持久竞争优势。再次是产业向高技术化方向发展，突出表现在他们依托优势迅速占领高技术研发的制高点，一方面是高技术产业迅猛发展，另一方面是通过高新技术对传统产业改造提升，使得整个工业日益高技术化，农业和服务业的高技术化发展也逐步加强。最后是产业向国际化方向发展，发达国家在信息化和全球化浪潮中，充分利用全球资源发展自己的产业，以形成产业链、价值链的优势。在全球经济一体化大背景下，将各国的产业发展都纳入到本国的产业分工体系之中，充分利用国际资源，占领国际市场，推动产品向价值链的高端发展，形成具有核心竞争力的现代产业体系。

在产业组织层面：发达国家的现代化企业充分利用经济全球化的有利条件，通过跨国经营，控制整个产业链与价值链，企业规模不断做大做强，垄断能力或定价能力不断增强。首先是形成了一大批大型企业集团，这些企业集团竞争力强，国际化特征明显，发挥着引领行业发展、组织资源分配和专业化生产、推动行业技术创新和管理现代化的龙头作用，在世界 500 强企业中占有较多的名额，而且排名靠前。其次是形成了一大批具有国际影响力的产业集群、产业链条、产业技术联盟，发挥着集聚发展、组织竞争、技术创新的重要作用。

在产品层面：产品的高端化，即发达国家的产品长期处于价值链的高端，它们不断通过技术创新来提高产品技术含量和附加值，通过管理创新打造品牌，通过价值链和产业链管理来实现全球资源的优化配置。

在制度层面：发达国家大多采取市场经济体制，具有完善的法律法规体系和政府扶持产业发展的有效政策。

归纳起来，发达国家的现代产业体系是一种"制造"与"创造"相互促进，先进制造业与现代服务业相互配套，工业化与信息化相互融合，科技、文化、人才互为支撑的"先进制造业＋高新技术产业＋现代服务业"三位一体的框架结构体系。

（二）发达国家现代产业发展的主要经验

虽然发达国家现代产业体系演进的道路各具特色，现代产业体系的产业构成各不相同，但分析总结其现代产业体系演进进程和共同规律，可以为我们建设中原经济区现代产业体系提供许多有益的国际经验。

第一，不断的制度创新和产业政策推动可以缩短现代产业体系的形成过程。现代产业体系是随着工业化进程的推进和现代经济的增长逐步形成的。但是，政府在制度方面的不断创新，不断制定和实施的扶持技术创新的产业政策，在构建现代产业体系这一过程中起着极为重要的作用。产权保护的制度框架有利于保护技术创新的积极性，提高创新预期净收益。低成本的交易制度便于技术创新实现高技术产业化，推动产品结构、产业结构的调整，使产业结构向高端化方向发展。政府扶持技术创新的产业政策，还可以通过降低创新预期成本，提高创新预期净收益，这是美国抢抓历次技术革命，占领技术制高点的重要经验。同时，在"紧追型"的新兴工业化国家，除了实施制度创新和技术创新的有效手段外，实施促进产业升级调整的产业政策也是其重要的经验之一。

第二，现代产业体系的形成过程是产业整体水平提升的过程。一方面，现代产业体系的形成过程是产业结构不断演进的过程。由最初的"一、二、三"的产业结构逐步演进，最后形成"三、二、一"的产业结构。另一方面，在现代产业体系的形成过程中，技术创新和管理创新发挥着重大作用。技术创新促进了高新技术产业的发展，以及推动了高新技术对传统产业的技术改造，使得传统的钢铁、汽车等资本密集型产业逐步转变为技术密集型产业，从而也逐步形成了新的高新技术产业和高附加值产业占主导的产业体系。管理创新促成了企业和产品的名牌化战略，世界500强企业实际成为发达国家企业展示的平台。

第三，在现代产业体系构建中越加重视资源的集约节约利用和环境保护。在发达国家的工业发展史上，美国、英国、日本等多数国家经历过对资源粗放利用、对环境恣意破坏的阶段，造成了巨大的资源浪费和环境污染问题，付出了惨重的代价。在此之后，发达国家都特别重视资源节约利用和环境保护。例如，日本为解决钢铁、炼油、石油化工、发电、造纸等产业的污染公害问题，制定了一系列政策措施，加大发展环保产业和生物产业的投入力度。

第四，现代产业体系的形成过程也是与工业化发展阶段相协调，主导产业不断更替的过程。在每个工业化发展阶段，每个国家都具有引领本国经济增长的主导产业。一般来说，都是选择市场需求量大、技术进步快、产业关联性强、国民收入高的产业作为主导产业。从世界各国工业化演进的过程来看，发达国家产业演进一般是沿着轻纺工业－重化工业－高加工度工业－耐用消费品工业的逻辑路径来演进的。

（三）发达国家发展现代产业的启示

1. 技术创新是促进现代产业发展的第一推动力量

从世界发达国家现代产业体系的形成过程看，真正推动现代产业体系形成的第一推动力还是自主创新。突出的自主创新能力始终是发达国家建立现代产业体系的第一推动力量。究其原因，技术创新能够不断推出高新技术产品，在满足人类不断升级的消费需求的同时，能够占领技术制高点，形成强大的市场竞争力，引领产业发展。中原经济区作为我国经济的重要组成部分，改革开放以来，并没有完全脱离工业化国家早期的一般发展模式，"依附式"或"跟进式"依然是其技术发展的主要表现形式，在产业发展层面表现为技术创新动力不足、环境和资源关系恶化、服务业发展受限制等弊端，这种"依附式"技术发展模式，有可能使中原经济区落入持续滞后的"后发陷阱"。从发达国家的经验看，构建符合中原经济区发展实际的现代产业体系，必须把提升中原经济区的自主创新能力放在首要位置，不断提升自主创新能力，同时要不断进行制度创新，形成有利于创新的产业政策，提高创新效率。

2. 制度创新是促进现代产业发展的重要支撑

中国改革开放的总设计师邓小平同志说："改革是中国的第二次革命。"从根本上说，改革的过程就是制度创新的过程，制度创新的目的，就是通过改革，逐步解决影响发展全局的深层次矛盾和问题，以及创新体系中存在的结构性和机制性问题，形成有利于现代产业体系形成的制度环境。世界各个发达国家都处在不同产业结构调整时期，进行了不同形式的制度创新，其核心就是对制约产业结构调整约束瓶颈进行突破，进行符合当时实际的制度创新，实现由制度非均衡态向均衡态的转变。最为明显的例子，是英国和日本的"郡主立宪制"改革，它顺应了工业革命后资本主义的发展要求，从而使产业结构得以快速转换；产权制度的确立，顺应了"理性经济人"追求自身利益最大化的需要，知识产权制度保护了技术创新主体的利益，这些都激发了创新主体的创新热情。建设中原经济区的现代产业体系，必须建立经济可持续发展的制度体系，将经济结构调整和发展方式转变这一问题纳入全方位体制改革和制度创新中，通过一系列制度安排，为技术创新拉动现代产业体系发展培养良好的制度环境。

3. 产业政策引导对现代产业的发展至关重要

产业政策的引导在许多产业体系形成过程中发挥着至关重要的作用。尽管多数发达国家是高度发达的市场经济，但在其现代产业体系的形成过程中，政府的政策引导作用也不可低估。例如，日本在不同的经济发展时期分别实施了"倾斜式生产""知识密集型""内需主导型""出口导向型"政策等，促进了产业结构的优化升级和现代产业体系的形成。为此，根据不同发展时期，针对当时的发展状况与面临的突出矛盾和问题，制定符合实际的产业政策，是推动中原经济区现代产业体系发展的有效途径。制定产业政策既要根据中原经济区的产业发展实际，又要把握产业结构演进趋势和规律，做到有的放矢。

4. 现代产业体系是一个和谐、平衡的产业生态系统

从发达国家构建现代产业体系的结果看，既包含了先进制造业、现代服务业、高新技术产业这些高端产业，同时也包括现代农业、基础产业，以及一些优势传统产业。从中原经济区的交通区位、资源环境、产业基础、文化底蕴等现实情况看，中原经济区现代产业体系发展的最终目标是建立一个三次产业结构更加合理、更加高级的产业结构体系。具体来讲，就是服务业比重大幅提高，现代服务业充分发展，以现代农业为基础，先进制造业不断壮大，优势传统产业得以技术改造，核心竞争力显著增强，基础产业得到进一步发展的三次产业协调发展，基础产业、支柱产业、主导产业互为支撑，共同发展的产业生态系统。

三　中原经济区构建现代产业体系的实现路径

从现阶段到 2020 年前后，是中原经济区由工业化中期向工业化后期加速转变的重要历史时期。中原经济区将逐步由工业经济主导转变为服务经济主导，进入产业结构深度调整期。在建设现代产业体系的过程中，中原经济区要明确和坚持以下战略取向：一是推进工业高端化与集聚化发展；二是农业生产核心化和与工业、服务业融合化；三是生产服务化和推进服务现代化。通过产业结构的深度调整，建立结构合理、特色鲜明、节能环保、竞争力强的现代产业体系。

（一）加快技术创新步伐

本质上，工业现代化是一个在不断的技术变迁环境中获得技术能力，并将其转化为产品创新和工艺创新的过程，技术进步是后发国家实现产业转型与赶超的根本动力，必须通过落实创新驱动发展战略推进新型工业现代化，但是要选择与本地实际相适应的创新路径。

1. 引进和培育适宜技术

技术并不是越先进越好，而是要适合河南工业的结构与层次，有限赶超就要大力引进与培育适宜技术，尤其是要引导科研机构与企业对接，建立合作平台，构建以企业为主体的创新体系，将技术创新建立在应用基础上，实现技术创新的快速产业化，尽快转化为支撑河南工业现代化的生产力。

2. 支持企业渐进式创新

创新分为破坏式与渐进式，破坏式创新不是我们的重点，在某些具有优势的领域里采用渐进式创新方式，逐渐接近或赶超前沿，尤其是利用河南的资源与要素优势，持续改进产品形态，降低生产成本，是河南工业的主要创新路径。

3. 提升新产品开发能力

创新的微观层面就是新产品开发能力，就规模庞大的传统产业而言，适销对路的新产品偏少是河南工业发展面临的主要困境，甚至同一个行业里，新产品开发力度大的企业市场空间仍然十分广阔，而依靠老产品缺乏开发能力的企业经营非常困难，提升新产品开发能力是河南工业创新的重要着力点。

4. 支持传统产业领域的创新

传统产业的创新空间与潜力被大大低估了，尤其是当前新技术、新平台、新模式层出不穷，传统产业的创新大有潜力可挖，河南传统产业规模大，是经济社会发展的核心支撑，要进一步支持传统产业的技术、产品创新，引导传统产业的企业把资源向新技术、新产品转移，形成新的利润增长点。

（二）推进信息化与工业化的深度融合

党的十八大报告提出了"四化同步"的战略目标，把信息化提到了一个新高度，对河南来说，推进信息化与工业化深度融合，是推进新型工业现代化的必经之路。抓住信息化快速发展的新机遇，发挥后发优势，突出重点领域与关键环节，加快推进信息化与工业化深度融合。

1. 推进信息化与产业链深度融合

用信息技术提高产业发展水平，以信息化推进不同产业间融合发展，支持企业以信息化手段提高生产经营水平，把信息技术嵌入到主导产业中，以装备制造业、汽车产业、食品产业、石化产业、有色金属产业、医药、建材等优势产业为重点，选择适用的信息技术，推进核心产业链信息化，实现企业间业务融合和信息资源的共享，提升制造业研发设计、生产制造和经营管理整体水平，提高各行业的自动化、数字化、网络化水平，支持各类企业通过电子商务创新商业模式。

2. 推进信息化与创新链深度融合

提高信息化对区域创新体系的支撑作用，支持企业研发部门信息化建设，实现信息化与创新链的融合，加强信息技术与制造技术、新能源、新材料等技术的充分交互。支持企业利用信息化平台构建全球化、区域化的产学研创新合作联盟，集聚国际国内创新资源，创建河南自主创新资源网，构建一个国家级、省级、市级研发机构创新资源的互动平台，以信息化推进创新资源的优化配置和科研成果的快速转化。

3. 提高产业集聚区信息化水平

支持产业集聚区打造信息服务中心，创建一批信息化建设试点园区，成立专门的信息化建设管理机构，为园区与企业、企业与企业之间提供信息交流互动平台。加快培育一批数字化产业集聚区，充分发挥信息通信技术"加速器"、"助推器"、"倍增器"作用，利用信息通信技术改造提升传统产业，推进产业集聚区"两化"融合，积极推进云计算、无线宽带、下一代移动通信、下一代互联网和物联网等技术发展应用，加快发展互联网、物联网、云计算等信息网络产业，实施移动通信网络提升工程，实施宽带网络战略，提高产业集聚区信息化水平。

4. 提升郑州国家级信息枢纽地位

按照中原经济区规划的要求，强化郑州作为全国信息中心枢纽的地位。一是加快推进郑州市"国家级信息化和工业化融合试验区"建设，优先布局新一代移动通信网络，推进物联网产业园建设，实施重点领域物联网应用示范工程，扩大无线城市覆盖范围，率先打造"移动互联网落地"、"物联网应用"、"移动电子商务"、"信息惠民服务和业务应用互动聚合"四个新锐服务平台；二是争取国家级重点信息化项目落户郑州，加快推进中原数据基地、呼叫中心和大型 IDC 数据中心等重大项目建设，围绕交通物流、金融服务、电子商务、电子政务等重点领域，加快建成公共信息服务平台和业务应用平台，吸引物流、金融等现代服务业以及制造业研发环节等国内外大型企业在郑州建立区域性总部和研发中心；三是提高无线城市群建设水平，建成无线城市省级门户平台，坚持"平台上移，服务下延"，增强郑州信息中心枢纽的辐射带动作用，形成郑州与其他城市协同发展格局；四是加快研究制定郑州（或中原）云计算产业发展规划，2010 年以来，为抢抓云计算产业机遇，北京"祥云工程"、上海云海计划、重庆云端计划、广州天云计划、武汉"黄鹤白云"计划等陆续推出，郑州市在云计算领域已经有了一些基础，应加快规划，力争让郑州在云计算、云服务领域走在中西部地区前列。

5. 实施一批"两化"深度融合重点工程

除了前文提到的重点工程和示范性项目外，笔者建议在以下几个领域尽快谋划创建一批信息化典型样本，发挥优势，突出特色。一是打造无线河南，在无线城市群的基础上，加强与有关部门和企业的协调，实现无线网络资源全覆盖，打造无线河南；二是重点依托城市新区、产业集聚区、高新区、技术开发区、中心商务区、特色商业区等，打造一批区域性信息服务平台，把信息平台建设与公共研发平台、企业服务平台等结合起来，总结推广 10 个省级数字化示范集聚区的建设经验，扩大试点范围；三是重点培育一批两化融合示范企业，参考借鉴三一重工、沈阳机床等先进企业的经验，支持中信重工、郑煤机、南阳二机、许继集团等大型成套装备企业，以及双汇、三全等冷链配送企业构建信息化生产和服务平台，形成示范带动效应。

（三）推进各类产业载体建设

自 2008 年以来，河南省政府对全省原有的 312 个产业集聚区进行了规范整合，加快建设 180 个省级产业集聚区，近几年产业集聚区建设全面展开，产业集聚区发展迈上新台阶，已经成为河南现代产业体系的发展平台与重要载体。产业集聚发展的目的是形成真正的产业集群，产业链无缝对接，企业间分工协作。未来一段时期，河南产业集聚区必须要从企业堆积向产业集群转变，提升产业载体功能与层次，支撑新型工业现代化。

1. 实施"聚链、强链、延链、补链"工程

针对河南产业链松散的特点，加快实施"聚链、强链、延链、补链"工程，所谓"聚链"就是要促进上中下游产业集中布局实现产业链无缝对接，所谓"强链"就是要强化产业链关键环节形成核心竞争力，所谓"延链"就是要积极向产业链两端高附加值环节延伸，所谓"补链"就是要弥补本地产业链缺失与突破瓶颈环节。通过实施"聚链、强链、延链、补链"工程，着力在高加工度环节、增值环节、瓶颈环节、关键环节、配套环节上寻求突破，引导大中小型企业间建立分工合作关系，重点在装备制造、电子信息、汽车及零配件制造、铝深加工、食品、轻工、新型建材等产业上推进产业链上游向下游延伸扩展、价值链由低端向高端攀升。提高河南产业的延伸度和链接度。

2. 构建现代产业分工合作网络

依托产业集聚区，加快构建现代产业分工合作网络，增强大型企业集团对产业网络的带动力，提升中小企业专业化分工协作水平，推动产业链各环节高效对接，实现新型工业现代化。培育一批龙头企业，引导龙头企业对产业链进行整合，支持大中小型企业间建立分工合作关系，提高河南产业的延伸度和链接度。

3. 加快推进产业链本地化

在省内调研中笔者感受最为深刻的一点就是，河南产业配套能力较弱，很多本土企业和移入企业的零部件采购地都在千公里以外，主要集中在东部沿海地区，由于缺乏本地产业链的配套，造成零部件成本居高不下，而且供货周期很长，显然不能适应当前市场瞬息万变的竞争环境。本地配套产业链的缺失在未来以反应速度为核心的产业竞争中必然会削弱河南工业企业的竞争力，造成这个问题的原因是多方面的，关键的一点是本地大型国有企业集团都是封闭式产业链，所有的配套在企业内完成，没有培育配套产业链企业的意识，在现代产业发展中这种封闭式产业链配套网络肯定是以牺牲效率为代价的。要重点支持大型企业集团共建配套产业园区，共同培育一批配套型企业。

（四）进一步深化开放合作

要把借助外力与激活内力有效结合起来，把对外开放作为基本省策，大力承接高端产业转移，积极融入全球价值链，提升河南工业现代化水平。

1. 引导产业链与产业网络整体转移

依托资源优势打造特色产业园区，支持企业采用"转移＋升级"的方式，避免企业在河南简单复制过剩产能，鼓励沿海地区的整条产业链上的企业群整体转移过来，尤其是要与世界 500 强及国内大型企业集团对接，发展成为它们的区域性产业基地。以龙头带配套，以核心环节吸引龙头，形成上中下游产业链环节共同发展的承接转移格局。

2. 扩大与提高产业承接的规模与层次

严格控制传统产能的简单移植，从弥补河南战略支撑产业的短板出发，在纺织服装、食品、装备制造、有色金属、电子信息、新能源新材料等方面加快引进大项目，着力填补承接战略性新兴产业的空白领域和增强薄弱环节。这需要在政策措施上进行大力支持，打造一批承接产业转移的知名品牌，出台配套政策引导沿海企业通过"转移＋升级"的模式迁入，避免迁入产业成为新一轮区域经济发展的包袱。

3. 引导本地企业强化与大型企业集团的配套协作能力

随着沿海大型企业与知名品牌纷纷入驻河南，产业链与价值链重构将为本地企业发展带来新机遇，本地企业要抛弃自我发展的落后思想，在与大型企业的配套合作中做精做专做强，需要出台具体措施支持中小企业、民营企业提升自身与大企业的链接、协作、配套能力，构建"双赢"格局，避免本地企业陷入与入驻大企业的竞争中而丧失发展机遇，使迁入的大型企业集团成为带动河南产业升级的新引擎。

4. 积极融入全球价值链

抓住外向型产业加速向内陆转移的历史机遇，发挥郑州航空港经济综合实验区的综合优势，加快发展一批全球价值链的节点产业、节点企业和节点板块，围绕电子信息、服务外包等引进一批国际企业巨头，支撑本地企业融入这些企业的产业链，引导这些节点向上带动河南产业链，带动整体工业发展水平提升。同时要积极向创新和品牌两端高附加值环节延伸，找到在全球价值链上向上攀升的路径。

（五）加快新兴产业培育

战略性新兴产业的发展不能脱离区域现有的产业基础与资源禀赋，选择和发展战略性新兴产业需要与区域传统优势产业紧密结合，根据河南的产业基础与资源特色，笔者认为应该集中在以下几个重点方向。

1. 依托装备制造业优势发展高端装备制造

河南装备制造业具有雄厚的产业基础，郑州、洛阳两地近年来充分发挥在重大装备、工程机械、农用机械、轴承等方面的制造业优势，瞄准国际水平加大自主创新力度，相继研发、生产出航空航天轴承、大型矿山设备等一大批具有自主知识产权的产品，逐步扩大了高端装备制造的规模。随着中铁隧道装备制造落户郑州，以及洛阳的"新重机"工程和"新洛轴"、"新河柴"等一大批赶超国际先进水平的工程和项目建设，郑州、洛阳的装备制造业产业优势进一步提升。许昌则围绕许继集团，正在打造国内一流、国际先进的电力电子装备制造业基地，许继集团确立了特高压交直流输电、大功率风力发电、高速铁路牵引供电等大型科研攻关项目作为公司的战略发展方向，累计投入数亿元建设国家特高压输电设备国产化基地，在直流输电方面，许继集团创造了 6 个世界第一、18 项世界纪录。在特高压直流输电工程中，许继集团换流阀市场占有率达到 50%，控制保护设备市场占有率达到 75%。依托技术优势，许继集团正在实现从传统电控设备制造业向高端智能电控设备制造业的升级。这些案例说明河南具有依托装备制造业优势发展高端装备制造业的巨大潜力。

2. 依托汽车产业基础发展新能源汽车产业

河南省汽车工业起步较早，至今已有 50 多年的历史。"十一五"以来，河南省汽车及零部件制造业规模不断扩大，涌现出一批市场竞争能力强、发展前景好的企业和产品，产业集聚效应明显。其中，郑州作为河南的整车制造基地，近年来加快了电动汽车产业的发展步伐，正在从传统动力汽车制造向新能源汽车制造扩展。目前，宇通、日产、海马、少林 4 家整车生产企业和郑州飞机设备公司在纯电动汽车研发领域均具有较好基础，在新能源汽车领域累计有 9 项产品已获得工信部公告资格，宇通客车、少林汽车的混合动力大客车、纯电动客车及郑州日产的自主品牌电动车已开始批量投放市场；海马、郑飞公司已自主研发出可批量生产的纯电动车，郑州已规划在 2015 年建成国内重要的新能源汽车制造基地。在该领域河南显然具有后发优势。

3. 依托化工产业优势发展新材料与新能源产业

化工新材料具有耐高温低温、耐腐蚀、抗老化及强度高、耐摩擦等优异的性能，目前已广泛用于电子、汽车、化工等领域，河南应挖掘石油化工、煤化工、盐化工等领域的资源与产业优势，大力发展石化基、煤化基、盐化基新材料，把通用工程塑料、有机硅材料、有机氟材料、碳纤维、膜材料等作为依托化工产业发展新材料产业的重点领域，如濮阳林氏化学新材料股份有限公司对碳 5 深加工生产的聚异戊二烯乳液，市场前景很好。同时，化工行业在新能源的开发中也有重要作用，河南可以把二甲醚、纤维乙醇、生物柴油等作为依托化工产业发展新能源产业的重点领域。

4. 依托有色金属产业优势发展新材料产业

河南是全国重要的有色金属产业基地，铝、钨、钼、镁等产业规模居全国前列，各类稀土资源也比较丰富，但是，由于缺乏高端产品尤其是复合型功能材料产品，产业发展质量与效益难以提升。根据有关资料，工信部正在确定最终纳入战略性新兴产业的新材料类别及品种，其中有色金属行业就上报了近百个新材料品种。河南依托有色金属产业基础发展新材料产业，就是要重点发展新型铝合金、钼钨合金、钛合金等关键技术开发及产业化项目，推进有色金属产业高端化发展。

（六）大力推进制造业服务化

对河南来说，传统产业比重很大，大多处在价值链低端环节，往研发、设计、营销、品牌等高附加值环节攀升的空间还很大，产业附加值低主要就是因为缺乏这些环节，这些环节就是现代服务业，加快推进现代服务业与制造业协同演进，就是要发展壮大这些高附加值环节，提高制造业的服务增值能力，实现新型工业现代化。

1. 推进生产性服务业与传统优势产业协同演进

河南传统优势产业比重大，但产业层次比较低，向研发、服务等高附加值环节延伸的空间广阔，而且传统优势产业也只有向新技术、新产品、新工艺拓展才能实现转型升级，生产性服务业在其中一定会起到巨大的促进作用，加快推进科技研发、技术交易、信息咨询等环节外包，推进制造业服务化。

2. 推进文化创意产业与传统优势产业的深度结合

传统优势产业从"汗水到智慧"需要文化创意产业的驱动，文化创意产业与传统产业结合可以形成新的经济增长点，河南的一个重要定位就是华夏历史文明重要传承区。河南有着灿烂悠久的历史文化，但是文化与产业的结合尚处于初级阶段，未来有着广阔的发展空间，政府应出台政策措施加快推进区域文化在产业各环节中创造价值。

3. 推进制造型企业向综合解决方案提供商转型

出台具体措施推进加工制造型企业向服务化转型，培育一批综合解决方案提供商，支持企业聚焦研发创新、品牌服务等高端环节，把一般加工制造环节外包出去，并实现对整条产业链的整合与提升，提高对大型工程的综合承接能力，在研发、服务领域培育新的更高的利润区。支持省内大型制造业企业借鉴海尔、中信重工、郑煤机等企业的经验，制定从"制造业"向"服务业"转型、从"提供产品"向"提供解决方案"转型的战略规划。

4. 推进商务中心区和特色商业区建设

突出产业定位，通过科学规划、合理布局、创新机制、完善政策，突出个性特色，着力推进研发创新、金融、信息服务、管理服务、中介服务等高端服务业集聚发展，引导区域内企业总部集中布局，培育一批产业高集聚、产出高效益，功能高集合、空间高密度，就业高容量的服务业集群，加快在全省基本形成布局合理、层次分明、功能完善、生态协调的中心商务功能区和特色商业区发展体系，成为生产性服务业集聚发展的重要载体和平台，打造一批高端服务业集聚区、区域发展服务中心。

（七）积极推进绿色低碳发展

按照"两不三新""四化同步"科学发展路子的要求，更加注重资源节约、生态建设和环境保护，在推进工业现代化进程中走符合河南实际的资源消耗低、污染排放少、生产安全度高的特色绿色低碳发展道路。

1. 促进高碳产业减碳化发展

河南能源、原材料产业比重高达 60%，重工业比重接近 70%，绿色低碳发展也要坚持有限赶超，要促进这些高碳产业减碳化发展，在有色金属、煤炭、火电、食品、化工、建材、造纸、医药等八大高耗能、高排放行业领域，加快发展循环经济和清洁生产，向高附加值环节延长产业链条，加快发展生态工业园区。

2. 推进节能降耗减排

围绕高耗能产业，加快推进节能减排降耗，支持企业通过引进新技术、新装备等实现产业链绿色，支持企业通过在产品的设计、生产等各个环节引入"绿色"理念，实现产品全生命周期绿色，提高产品价值。

3. 化解传统过剩产能

充分利用当前经济持续下行的倒逼机制，积极化解过剩产能，调整和优化存量，加强对各个产能过剩行业发展趋势的预测，制定有针对性的调整和化解方案，积极引导支持企业把资源向新领域转移，培育发展新产品、新工艺、新技术，在化解产能过剩中拓展新的产业成长空间。

4. 大力发展环境服务业

支持本地企业依托节能环保装备制造业优势向服务领域拓展，积极引进国际国内环境服务企业为河南工业企业提供综合服务，大力发展环境服务业，为工业绿色发展提供综合解决方案，积极培育提供资源节约、废物管理、资源化利用等一体化服务的循环经济专业化服务公司，重点发展集研发、设计、制造、工程总承包、运营及投融资于一体的综合环境服务，着力培育综合环境服务龙头企业。

第七章
创新城市发展模式

改革开放以来，伴随着中原经济区经济的快速增长和社会的全面进步，河南城市建设与发展取得了巨大成就，城市数量不断增多，城市新区迅猛发展，城市面积不断扩大，城市经济实力显著增强，城镇体系不断优化，城镇化水平快速提高，城市建设日新月异，城市功能逐步完善。但是也暴露出了发展方式粗放、经济结构不尽合理、城市开发建设无序、资源环境问题突出、城市管理不科学、社会发展失衡等一些深层次矛盾和问题。河南亟须深入贯彻落实科学发展观，认真分析城市发展面临的机遇和挑战，加快城市发展模式创新，把握城市发展模式创新的重点和指向，切实采取措施，促进城市健康可持续发展。

一　中原经济区现行城市发展模式和存在的主要问题

（一）河南城市经济发展方式

1. 经济实力显著增强，但是产业结构层次偏低

改革开放以来，河南抓住国家宏观调控和经济发展由外延式向内涵式转变的有利时机，积极发展城市经济，对产业结构进行了战略性的调整，随着各项改革深入推进，社会主义市场经济体制进一步完善，城市经济发展迅速，城市产业结构优化升级也取得较大成效。2009 年，河南省 17 个省辖市市区实现地区生产总值 5590.21 亿元，占全省地区生产总值的比重达到 28.7%。其中第一产业为 243.90 亿元，第二产业为 2844.00 亿元，

第三产业为 2502.30 亿元，分别占全省的 8.8%、25.8% 和 43.9%。三次产业结构为 4.4∶50.9∶44.8，优于全省 14.2∶56.5∶29.3 的产业结构。

但是，从总体上看，目前河南城市的产业结构仍然存在三次产业结构不合理、产业发展不协调的问题，主要表现在农业基础薄弱、工业大而不强、服务业发展严重滞后、产业层次不高、资源开发型产业比重大、高新技术产业发展不足、资源环境约束日益加剧等方面。尤其是农业大市及中小城市，产业基础薄弱，部分城镇缺乏优势产业支撑，综合经济实力较弱，承载力不强，集聚能力有限，满足城市集聚要求的二、三产业不够发达，对农村富余劳动力的吸纳能力较弱，阻碍了城镇化进程。

首先，城市产业结构优化升级缓慢，层次偏低。与全国平均水平相比，河南省城市产业结构层次偏低。2009 年，河南城市第一产业比重高于全国平均水平 1.4 个百分点，而第三产业低于全国平均水平 3.9 个百分点（见图 7 - 1、图 7 - 2）。

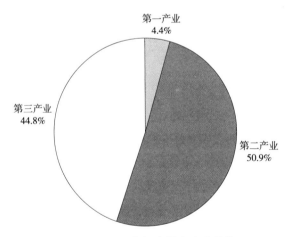

图 7 - 1　2009 年河南城市产业结构

其次，城市产业体系不够科学。一是整体工业布局的聚集效应不强。长期形成的均衡发展、重复投资的现象比较严重，城市之间产业联系不紧密，还没有发挥整体优势，真正形成竞争力强、带领河南工业迅速崛起的工业体系。二是各城市之间工业结构趋同严重。三是产业层次较低，呈现出初级、中间产品多，技术含量高、附加值大的最终产品少的特征。四是

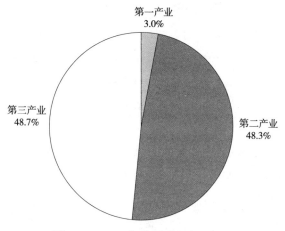

第一产业
3.0%

第三产业
48.7%

第二产业
48.3%

图 7 - 2   2009 年中国城市产业结构

第三产业发展滞后，发展水平相对较低，对农村富余劳动力的吸纳能力较弱，产业支撑能力不强。

2. 投资快速增长，而消费需求明显不足

投资、消费和出口是拉动经济发展的三驾马车，而河南省近年来城市经济的快速增长主要是依靠以政府为主导的投资的快速增长拉动的。从内需和外需的关系来看，由于河南地处内陆，尽管近几年河南城市进出口总额等指标快速增长，但是由于基数较低，与东部地区相比，河南城市外贸指标还很低，外向型经济发展还很滞后，出口对经济的拉动作用还比较弱。

从投资和消费的关系来看，近几年来，河南城市投资需求大幅度增加，消费需求增长不明显，消费对经济的拉动作用尚未发挥出来。2006～2009 年，城镇固定资产投资年均增长 35.1%，而城镇居民人均消费性支出年均增长 10.7%，显示出城镇固定资产投资增长速度远远高于城镇居民消费性支出的增长速度。由此可以看出，河南城市经济增长主要是依靠投资拉动，消费需求严重不足。没有消费需求配合的投资需求单方面快速增长，必然会产生短期政策效果明显、长期政策效果不佳的结果。在经济增长越来越受到"需求约束"的今天，消费率的长期偏低，将导致投资增长最终失去消费需求的支持，阻碍经济进一步发展。

3. 科技进步明显，但总体自主创新能力不强

自主创新是推动区域经济发展的内在动力，是区域核心竞争力的源泉，这也决定了区域经济发展的关键在于培育和提升自主创新能力。考虑到城市创新方面数据的不可获取，而城市创新、高素质人才等指标都在全省占据了绝对主导地位，在此用全省的数据来分析说明河南城市自主创新能力不强的问题。

近年来，河南省城市创新成果数量持续增长，高新技术产业迅速发展，自主创新能力不断增强，但也应该看到，河南省城市创新基础总体还比较薄弱，缺乏核心技术和自主知识产权，自主创新能力不强。首先，河南高技术制造业比重过低。而且，高科技产业技术含量不高，市场竞争力不强。许多高技术企业仍然只具有高技术产品加工功能，缺少核心技术。其次，河南企业缺乏自主创新意识，创新投入、创新产出等指标与先进省份都存在较大差距。2009 年，河南大中型工业企业研究与试验发展（R&D）经费 122.18 亿元，仅占全国的 3.8%，分别为广东、江苏、山东的 24.4%、27.0% 和 29.7%；大中型工业企业新产品销售收入 1631.30 亿元，仅占全国的 2.8%，分别为广东、江苏、山东的 20.8%、22.4% 和 23.9%。河南在知识产权方面与发达省份也存在巨大差距。2009 年，河南申请专利 19589 项，仅占全国受理数的 2.2%；获得授权专利 11425 项，其中发明专利 1129 件，占全国的比重分别为 2.3% 和 1.7%，远低于河南省地区生产总值占全国 5.7% 的比重。

由此可以看出，创新能力与发展方式密切相关。河南省由于缺乏核心技术和自主知识产权，造成经济结构不合理；经济结构不合理又造成资源消耗高、环境污染重。因此，创新城市发展模式必须依靠自主创新，自主创新必须与转变发展方式紧密结合。

（二）河南城镇体系现状与问题

1. 河南省城镇体系现状

改革开放以来，伴随着河南经济社会的快速发展以及中心城市带动战略的实施和中原城市群的建设，河南城镇迅速发展壮大起来，城镇化水平显著提高，城镇数量逐渐增多，城镇规模不断扩大，城镇功能日益完善，

城镇质量和效益明显提高，城镇实力和竞争能力显著增强，河南城镇体系也不断优化调整。30多年来，河南城镇已由过去相对松散、互补性差、联系不强的城镇体系，演变成等级序列完整、层级结构分明、职能定位清晰、空间结构合理的大型中心城市、中小城市、小城镇各具特色、竞相发展的城镇体系。2009年，河南省有17个省辖市、21个县级市（含省管济源市）、88个县城、50个区和904个建制镇，其中，特大城市2座，大城市7座，中等城市15座，全省城镇人口达到3758万人，占全国城镇人口总数的5.8%。

2. 河南省城镇体系存在的问题

第一，大中城市数量少，中心城市规模优势不突出。省会郑州城市规模偏小、辐射带动作用不明显，在全国城镇体系中的等级地位不高；全省中等城市数量偏少，承上启下的节点作用不够突出；小城镇数量多，但规模小、功能不全，服务带动乡村地区发展的功能较弱；城镇间互补性不强，经济联系不够紧密。第二，核心城市首位度较低，辐射带动能力不强。郑州作为河南城镇体系的核心城市，无论是从经济总量、质量、结构、环境，还是从地理位置、人才资源、城市功能等因素来看，都已具有核心增长极的一定条件和基础，但是由于其首位度较低，经济实力较弱，集聚和辐射能力不强，导致其对全省城镇的辐射带动作用不明显。第三，城镇化进程缓慢，城镇化水平普遍偏低。目前，无论是与经济发达的沿海省份相比，还是与全国平均水平相比，河南城镇化进程滞后和城镇化水平较低的问题都十分突出。2009年，河南省城镇化水平为37.7%，而同期全国平均水平为46.6%，较全国落后了8.9个百分点。第四，职能分工不尽合理，专业化职能不突出。由于受到地方利益的驱使，河南城镇体系中各城镇职能分工不尽合理，专业化职能不突出，产业同构和经济结构雷同现象比较严重，导致各城市之间对资源和产品销售市场的无序竞争，结果彼此制约，互补性差，经济联系弱，城镇体系处于一种松散状态，很大程度上制约了整个区域经济的发展和社会效益的提高。第五，空间布局还有待优化。目前，河南省城镇体系初步形成了"一群、两心、三层、四带、五轴"的空间布局结构。但是随着经济社会的快速发展以及交通条件的改善，特别是高速铁路、高速公路、轻轨等的相继开工和建设，这种空间布局结构仍需进一步的优化和调整。

（三）河南城市规划建设模式

1. 城市规划建设取得巨大成就

改革开放以来，河南省城市建设取得了长足发展，城市规模不断扩大，城市人口持续增加，城镇化水平快速提高，城市功能逐步完善。至2009年底，河南省共有38个城市，其中17个省辖市（由于济源市数据不完整，本文把济源市作为县级市统计，不含在省辖市里面），21个县级市，占全国城市总量的5.8%；城市建成区面积达到1913平方公里；全省城镇人口达到3758万人，城镇化率提高到37.7%。固定资产投资快速增长，城市基础设施不断改善。2009年全省17个省辖市市区固定资产投资总额3357.3843亿元，占全省的29.3%。居民的居住、生活条件、出行状况等得到了较大改善。

2. 城市规划建设存在的问题

河南城市规划建设尽管取得了一些成绩，也存在着一些问题，不符合科学发展观的要求。主要表现为，城市建设盲目追求数量而忽视质量，单纯依靠规模扩张、外延式发展的传统模式。一是城市规划滞后，系统性和综合性不强，忽略对城市整体功能的优化。二是城市建设资金匮乏。三是盲目开发、违背规划、无序建设、重复拆建现象时有发生。四是"城中村"存在着环境、消防、治安等严重问题，为获高额补偿抢建风盛行，改造难度不断加大。五是城市基础设施不足，公共设施落后，服务功能不完善。与部分省份乃至全国城市基础设施平均水平比较，河南城市基础设施水平具有较大差距。这必然造成道路拥堵、居民生活质量下降等一系列问题。此外，城市建设中还存在着城市建筑形式单一，缺乏文化品位和现代气息等问题。

（四）河南城市生态环境发展模式

1. 城市绿化和环保工作逐步得到加强

城市是人类赖以生存的环境和创造着高度的物质文明的集中地，是一个以人为中心的城市生命有机体通过与自然环境和社会环境之间的相互作用、制约和依赖构成的统一体，是一个庞大复杂的社会经济复合生态系统。发展绿色经济、倡导绿色文明、推广绿色生活方式、营造绿色城市环境已成为每个城市发展的首要选择。河南省城市绿化和环保工作不断得到加强。2009 年底，河南省 38 个城市建成区绿化覆盖面积 69426 公顷，建成区绿化覆盖率达到 36.3%；公园 248 个，公园绿地面积 17154 公顷，人均公园绿地面积 8.7 平方米。各市政府对环境保护工作的重视程度进一步提高，加强了城市各类污染控制的力度，加快了城市生活污水、生活垃圾集中处理等环保基础设施建设的投入和进度，城市环境管理与综合整治工作总体上取得了较大的进展，城市环境得到明显改善。2009 年，全省 38 个城市排水管道 13896 公里，生活垃圾清运量 679 万吨，垃圾无害化处理率达到 75.3%。

2. 河南城市生态环境发展中存在的问题

几十年来，随着城镇化进程的加快，河南省城市人口密集、交通拥挤、资源短缺、环境污染、生态恶化等问题十分严峻。一是城市工业污染严重。自新中国成立以来，城市的工业化程度日益加深，高投入、高消耗、高污染的生产方式使经济在一定程度上得到了飞速发展，然而却造成了严重的环境破坏和资源浪费。资源的不合理利用造成资源严重短缺。2009 年，河南省城市人均日生活用水量 118.5 升，远远低于全国 176.6 升的平均水平，居全国倒数第二位。二是各种城市垃圾成为城市环境保护与治理的难题。随着城市人口的膨胀，各种城市废弃物和生活垃圾迅速增加。大部分城市垃圾是露天堆放，或以自然填埋等原始方式处理，对资源、大气、土壤等造成极大危害。三是噪音、电磁污染日益加剧，影响城市环境改善。近几年各大城市的出租车及私家机动车数量猛增，致使交通拥挤，既造成空气污染，也带来噪声污染，城市面貌大受影响。另外，高新技术发展带来的电脑、手机等各种通信设备的运用引起的电磁污染也日益严重。四是城区的高强度开发挤占森林和绿化用地。2009 年，河南城市建成区绿化覆盖率为 36.3%，不仅与北京（47.7%）、江西（44.4%）、江苏（42.0%）、海南（41.9%）、山东（41.2%）、广东（40.8%）等省份存在较大差距，而且低于全国 38.2% 的平均水平。在工业化和城镇化的发展中，如何节约和有效利用资源，营造美好的人类聚居地，实现人与自然协调发展，成为转变发展方式改善城市生态环境亟待解决的重大课题。

（五）河南城市管理模式

1. 河南城市管理现状

近年来，为了创造整洁优美、文明有序的城市环境，让老百姓生活得更舒适、更健康、更方便，河南省从城市市容市貌管理、环境卫生管理、市政设施管理、园林绿化建设和管理、广场公园绿地管理、建筑工地管理、城市公共交通管理、城市出租车管理等方面加强了城市管理。加快市容环卫事业改革步伐，全面放开环卫作业、垃圾处理设施建设和运营市场，切实提高市容环卫管理水平；引导城镇建设资金重点加强城市供水管网、燃气管网、供热管网等的改造和建设以及垃圾处理项目建设、城市公共交通设施建设；加快园林绿化养护行业市场化、产业化步伐，强化园林绿化管理队伍建设；规范城市公交运营管理和车厢文明服务，确保运营安全和车辆卫生，把出租车纳入城市公交的统一管理；狠抓建筑工地安全管理，以深入开展建筑施工安全质量标准化工作为重点，全面提升建筑行业安全文明管理水平；突出抓好重大危险源的控制和治理工作，建立健全建筑、供水、燃气等建设领域公共突发事件应急管理体制和保障机制，增强建设系统应对突发事件的能力。

2. 城市管理存在的问题

城市建设和管理是一个城市发展的基础和首要任务，城市建设主要包括城市基础设施建设、完善城市功能和提高城市品位三个方面；而城市管理则是一项社会性系统工程，是城市软环境的建设，关系城市的形象、政府的形象和城市居民的形象。但是，目前河南城市管理比较粗放，存在着一些问题。一是重建设轻管理现象较为严重。改革开放以来，河南城市建设步伐进一步加快，但城市管理理念比较落后，管理方法比较粗放，往往是重建设轻管理，重地上轻地下，重形式轻内涵。有些城市盲目拉大城市框架，不重视城市功能的完善和品位的提高，城市基础设施欠账较多，脏乱差的现象在一些地方依然存在。二是科学的管理机制没有形成。有些城市由于城市管理体制未理顺、条块关系不协调、法制不健全等原因，城市管理难以形成合力，难以形成共同负责、共同参与管理的制约机制，城市管理仍处于行政管理与依法管理并存，人治与法制相连，城管暴力执法事件时有发生，严重阻碍了城市管理走上科学、长效的管理轨道。三是城市管理体制改革滞后。有些城市投融资体制、市政公用行业市场化改革进展不快，城市投融资渠道狭窄，建设资金不足，市政公用行业垄断等问题比较突出。四是市民素质不高，文明意识不强。表现为随地吐痰、乱倾倒垃圾、不遵守交通规则、毁坏市政设施的现象比较严重，市民的文明素质亟待提高。

（六）河南城市社会发展方式

1. 城市各项社会事业健康发展

以改善民生为重点的社会建设取得重大进展，河南城市经济社会发展的协调性增强。居民生活水平明显提高，2009 年河南城镇居民人均可支配收入和人均消费支出分别为 14372 元和 9567 元，分别比 2005 年增长47.8% 和 58.4% 。公共服务能力不断提高。进一步加大对科技教育的投入，高等学校招生规模继续扩大，职业教育迅速发展，基础教育更加巩固，科技创新能力及科技进步对经济增长的推动作用不断增强。2009 年，全省 17 个省辖市普通高校、普通中学和小学在校学生分别为 123. 09 万人、126. 28 万人和 173. 86 万人，占全省的比重分别为 89.9% 、18.7% 和16.5% 。文化产业蓬勃发展，百姓精神文化生活日益丰富。医疗卫生和社会保障体系进一步完善。2009 年，全省 17 个省辖市市区拥有医院、卫生院 929 个，拥有医院、卫生院床位 11. 83 万张，拥有医生 5. 41 万人，占全省的比重分别为 7.6% 、39. 1% 和 38. 8% 。社会保障覆盖范围持续扩大。社会福利事业稳步发展，社区建设逐步加快。

2. 城市和谐社会建设中存在的问题

社会发展是经济发展根本目的的直接体现，是让全体人民共享改革成果的新目标，也是全面小康社会建设目标的重要组成部分。目前，河南省城市社会发展和和谐社会建设还存在一些问题，亟须转变社会发展方式。一是劳动力资源丰富但是劳动力素质较低，高素质人才匮乏。河南省高素质人才绝大多数集中在城市。2009 年，河南省共有普通高等学校 99 所，在校学生 1368813 人，分别占全国的 4.3% 和 6.4% ，低于河南省人口占全国 7.1% 的比重；每十万人口高等学校平均在校生数为 1774 人，远低于全国2128人的平均水平。这与河南省人口大省的地位极不相称。二是医疗卫生服务水平需要进一步提高。2009年，全省17个省辖市市区拥有医院（卫生院）、医院（卫生院）床位数、医生数占全国地级及以上城市的比重分别为4.3%、5.5%和4.7%，比重过低，"看病难、看病贵"问题突出。三是居民收入增长缓慢。四是就业和社会保障体系还不健全，压力巨大。五是保障性住房等关系群众切身利益的一些民生问题亟待解决。

二　创新中原经济区城市发展模式的环境分析

今后一段时期，国际国内经济形势的深刻变化和河南省经济社会发展的阶段性特点，决定河南省将进入增长动力较大与调整压力加大并存、产业转移加快与竞争态势加剧并存、自身优势凸显与瓶颈约束趋紧并存、社会全面进步与民生诉求增多并存的新时期，转变河南城市发展模式也面临着前所未有的机遇和巨大的挑战，总体上看，机遇大于挑战。

（一）机遇和有利条件

1. 我国及全省经济发展的态势长期向好

1978～2008年的30年间，得益于人口结构与劳动力转移，工业化与产业转型，出口导向与制度转变的动态循环，中国GDP年均增长9.9%，实现了人口最大国的经济市场化转型。未来三十年中国将通过新农村改革和PRC模式继续走可持续发展之路，年均增长率有望达到7%以上，城镇化率逐步提高到65%，成为全球第一大市场经济体。另外，长期的积累使中国的综合国力得到极大提高，中国已从一个经济技术落后的发展中国家发展成为一个经济总量居世界前列的新兴工业化国家。展望未来30年，中国经济仍将保持良好状态，劳动与资本的资源配置将继续发生结构性的变化，导致中国的内需和外需进行调整，经济发展将呈现出新的形态。因此，未来一段时期，我国仍将处于重要的战略机遇期，国家应对金融危机、促进经济回升向好的基础进一步稳固，平稳较快发展的趋势不会发生根本改变，东部地区将加速现代化，中西部地区将加速工业化和城镇化，河南省城镇化也进入加速推进期，城乡居民消费结构不断升级、人口和产业加快集聚，其蕴藏着巨大的投资、消费潜力，这将为河南城市扩大投资和消费需求、拉动经济增长提供有利条件，促进居民消费结构的快速变动和加快升级，形成投资、需求协调拉动经济增长的局面。

2. 国家促进中部崛起战略深入实施

自确立促进中部崛起的战略以来，中央相继出台了一系列关于促进中部崛起的政策和措施，明确了中部地区在全国经济发展格局中的目标定位，加大了政策和资金的扶持力度。继中央在 2006 年出台《关于中部崛起的若干意见》后，2010 年，国家发展和改革委员会正式发布了《促进中部地区崛起规划》，明确提出要加快形成沿长江、陇海、京广和京九"两横两纵"经济带，积极培育充满活力的城市群，争取到 2015 年，中部地区实现经济发展水平显著提高、发展活力进一步增强、可持续发展能力明显提升、和谐社会建设取得新进展的目标。可以预见"十二五"时期，中部崛起战略实施将不断深入，河南城市建设与发展也将争取到更多的外部资金和政策支持，人流、物流、信息流等生产要素集聚效应将更加明显，为河南加大城市基础设施建设、改善城市环境、完善城市功能、创新城市发展模式、增强城市竞争力提供了难得的机遇。

3. 国际国内产业转移和升级步伐加快

产业转移是优化生产力空间布局、形成合理产业分工体系的有效途径，是推进产业结构调整、加快经济发展方式转变的必然要求。当前，我国正处于重要的战略机遇期，工业化、城镇化、信息化加速推进，经济进入新一轮增长周期，同时也是中国经济社会发展的转型期。随着国际国内产业分工深刻调整，东部沿海地区受土地、融资、劳动力成本以及能源原材料价格逐年增加和环境容量指标逐年削减等因素的制约，我国正在加快产业调整和转型升级。产业转移和资本流动加速向中西部地区转移，这给河南城市转变发展方式，加快建设和发展带来了难得的机遇。河南城市建设和发展可以充分发挥资源丰富、要素成本低、基础设施完善、市场潜力大的优势，积极承接国内外产业转移，这不仅有利于创新城市发展模式，加快全省的新型工业化和城镇化进程，促进区域协调发展，而且有利于推动东部沿海地区经济转型升级，在全国范围内优化产业分工格局。

4. 新科技革命孕育着新兴产业

历史经验表明，每一次危机都孕育着新的技术突破，催生着重大科技创新和科技革命。依靠科技创新培育新的增长点、新的就业岗位和新的增长模式，是摆脱金融危机的根本途径。新材料、新能源、绿色产业、创意产业等作为新兴产业将决定下一轮经济增长周期的产业发展方向，同时信息技术与传统产业加速融合，以生物技术、新能源技术为代表的技术革命也方兴未艾。围绕新科技革命，引导各类资本投入，聚集资源、人才和技术，大力发展那些市场前景广阔、资源消耗低、带动系数大、就业机会多、综合效益好的战略性新兴产业，将成为推动河南省城市产业转型升级、促进城市发展模式创新的重要途径。

5. 建设中原经济区总体战略的实施

为了加快中原崛起，促进中部崛起，以及促进我国经济持续发展和区域协调发展，河南省审时度势，构建以郑州为核心，以京广－陇海黄金十字架为骨架，以中原城市群为牵引，以河南省为主体并与周边省份的相邻地区共同组成的"中原经济区"。中原经济区发展定位是全国"三化"协调发展示范区、全国新型城镇化发展先行区、全国粮食生产核心区、全国文化改革发展试验区、全国生态文明建设示范区、全国重要的先进制造业和现代服务业基地。建设中原经济区是河南省"十二五"时期的总体发展战略，有望上升为国家战略。中原经济区建设布局即将全面展开，一大批基础设施和结构升级项目将相继投产并产生效益。河南城市发展可以抓住中原经济区建设的重大机遇，加快城市基础设施建设、提高城市承载力，大力发展服务业，促进产业升级，扩大消费，增强消费对经济的拉动作用，加强生态环境保护等，加快推进城市发展模式创新。

（二）挑战和不利因素

1. 传统发展模式面临严峻挑战

长期以来，河南省城市发展都是建立在资源、环境、劳动力的传统比较优势基础上的，发展中的一切成就和问题都与此有关。目前经济发展中的创新能力不足、缺少核心技术、资源环境代价太高、GDP 大而不强等问题层出不穷，传统发展模式面临严峻挑战。过于依赖资源消耗的粗放型发展模式与资源、环境的矛盾越来越尖锐。特别是未来一个时期，国际社会将制定更加严格、涵盖更为广泛的环境保护规则和低碳排放标准，我国将会承担更大的减排责任。同时，世界经济正处于调整变革之中，科技进步酝酿新突破，产业发展出现新趋势，河南省要在这样的环境中创新城市发展模式，必须走出传统发展模式，加快科技创新，大幅度提高自主创新能力，推动科学技术跨越式发展，推动经济发展由资源依赖型向创新驱动型转变，由粗放型向集约型转变，推动经济社会全面协调可持续发展。

2. 区域竞争压力日益加大

经济波动困难时期往往也是各种经济要素重新组合、产业重新布局时期，是国家间、地区间既有发展格局的变化调整期。后危机时代到来，党中央、国务院十分重视发展方式的转变和产业布局的调整，为在新一轮产业调整布局中抢占先机，争取发展的主动权，提升区域竞争力，各地都在利用国际金融危机形成的"倒逼"机制，全力以赴抓结构调整，抓转型升级，积极调整生产力战略布局，打造发展新平台，培育下一轮经济增长的新动力，抢占发展制高点。沿海发达地区、临近省份和西部地区竞相发展，围绕资源、市场、技术、人才和区域核心增长极的竞争更加激烈。在这种情况下，面对其他省份的激烈竞争，河南发展"不进则退、慢进亦退"。面对现实和差距，创新河南城市发展模式，面临的区域竞争压力巨大。

3. 资源环境的瓶颈制约日益加剧

我国是一个人均资源相对匮乏、环境污染问题突出的国家，节能减排一直是国家资源环境工作的重点。从应对气候变化能力的角度出发，国家也会逐渐改变对化石能源的过度依赖，减少对其的需求。由于人口基数大，河南省人均资源占有量较少：人均矿产资源占有量仅为全国平均水平的1/4，人均水资源仅为全国平均水平的1/5，世界平均水平的1/20。在已探明的矿产资源储量中，石油已消耗67%，天然气已消耗53%，铝土矿仅满足14～17年的开发需求。这些数据表明，过去较长时期的强力开发，使得河南省目前主要的能源原材料工业发展将很快难以为继。同时，河南省生态环境承载能力不断下降，化学需氧量（COD）年排放量居全国第五位，二氧化硫排放量居全国第二位；4类以上水质河段占全省河段的比例达40%以上，1000多万人面临饮水不安全问题等。随着环境保护政策的逐步深入推进，环保标准的日趋严格，节能减排硬约束不断增强，河南创新城市发展模式面临的资源环境制约也日益加剧。

4. 经济持续发展动力不足

世界经济可能进入增速放缓、结构转型、竞争加剧和制度变革多重特征并存的时期，河南省城市发展长期依靠投资拉动，消费对经济增长的拉动作用较弱，投资与消费结构性失衡。河南作为第一人口大省，尽管消费潜力巨大，但是短期内难以发挥主导作用，保持经济社会发展持续动力面临诸多困难。此外，深化重点领域改革压力不断加大。目前，河南省市场化程度还不高，影响城市发展的体制机制障碍还比较多，尤其是可持续发展中的资源环境、城乡区域的均衡发展、公共需求全面快速增长以及公共治理、社会结构变化带来的压力等矛盾和问题日益凸显。创新河南城市发展模式，需要进一步突破制约经济发展、社会进步的体制机制障碍，这不仅涉及以市场为取向的经济体制改革，也涉及以改善民生为重点的社会体制改革，还涉及政治体制、文化体制的变革和创新，系统性、综合性要求更高，难度更大。

5. 和谐社会建设任务仍很繁重

今后一段时期我国经济结构、社会结构、社会组织形式、社会利益格局等都将发生深刻变化，社会建设和管理将面临诸多新的问题。特别是随着社会发展水平提高，人们对实现公共服务均等化和促进公平正义的要求越来越强烈，对有尊严的生活更加向往，对和谐社会构建期望更高。河南城市社会事业发展相对滞后、公共服务体系不健全，教育、医疗、社会保障等一些领域还比较薄弱，就业和社会保障压力大、居民收入增长缓慢，关系群众切身利益的一些民生问题亟待解决，稳定、安全生产和社会治安形势依然不容乐观。随着经济社会转型加速，改革进入攻坚阶段，河南城市转变发展方式、保障和改善民生将面临严峻考验，尤其是收入分配结构的调整，社保覆盖面的扩大，住房、养老、医疗、教育等社会福利的增加等都将明显提速，和谐社会构建任重道远。

三 创新中原经济区城市发展模式的重点和指向

创新中原经济区城市发展模式必须要明确重点和指向，要促进城市经济发展方式由粗放型向集约型转变，推进城市建设由外延型向内涵型转变，建立科学、高效、民主的城市管理新模式，培育开放包容、和谐共荣的城市社会环境，建设资源节约、环境友好的生态型城市，完善城市空间布局和形态。

（一）促进城市经济发展方式由粗放型向集约型转变

促进城市经济发展方式转变是中原经济区城市发展面对国内外经济形势深刻变化、面对日益突出的资源环境约束、面对产业规模的扩大和日益激烈的市场竞争格局，所做出的必然选择。

一要加快推进产业结构调整，逐步形成以农业为基础、高新技术产业为先导、基础产业和制造业为支撑、服务业全面发展的产业格局，实现经济增长由主要依靠第二产业带动向依靠第一、第二、第三产业协同带动转变。二要扩大居民消费需求，探索建立依靠内需特别是消费需求的不断扩大来拉动经济增长的发展模式，实现经济增长由投资拉动为主向投资、消费、出口协调拉动转变。三要大力发展低碳经济，实现经济发展由"高碳"模式向"低碳"模式转变，改变高消耗、高排放、低效益的社会经济发展模式，缓解经济增长与资源环境之间的尖锐矛盾。四要加强自主创新体系建设，加快科技创新，大幅度提高自主创新能力，推动科学技术跨越式发展，推动经济发展由资源依赖型向创新驱动型转变，由粗放型向集约型转变，推动经济社会全面协调可持续发展，建设创新型城市。五要深化收入分配制度、投融资体制、垄断行业等重大领域改革，完善基本公共服务体系，形成和完善有利于经济发展方式转变的体制和机制。六要完善政绩考核评价机制，实现由过度强调 GDP 的考评机制向强调科学发展的考评机制转变。

（二）推进城市建设由外延型向内涵型转变

城市建设必须要由无序开发向有序开发转变。加强规划引导，推行主体功能区规划，强化空间管治和区域调控，统筹区域规划、城乡规划和土地利用规划，做好相互间的协调衔接，引导各开发主体和政府的空间行为。由此规范空间开发秩序，合理安排城镇建设、农田保护、产业聚集、村落分布、生态涵养等空间布局，优化资源空间配置，促进人口、经济、资源、环境协调发展，推动形成功能定位清晰、结构合理高效的城市空间格局。

由"摊大饼"式的城市蔓延向建设"紧凑型"和"复合型"城市转变。促进城市集约发展，通过对土地的混合使用和密集开发，提高土地利用效率和效益，用足城市存量空间，减少盲目扩张，发挥城市的综合集聚效应，在紧凑布局之中为公众打造舒适条件，提高效率，实现经济、人居、生态等城市功能的复合。

由片面追求城市规模扩张向注重城市品质提升转变。更加关注城市建设中的文化传承、个性特色、人居环境、生活质量等方面的问题，强化城市品质方面的独特性，在发展理念上，要创新思路，更加注重科学发展和可持续的精明增长；在人文传承上，更加注重弘扬城市文化，加强对历史文化和非物质文化遗产的保护，体现不同地域的文化特色。在空间形态上，更加注重体现城市的环境特色，尊重和传承城市文脉与风貌特色，打造古今交融、形神兼备、紧凑宜人，凸显个性的品质城市。

（三）建立科学、高效、民主的城市管理新模式

继续深入推进城市管理体制改革，改变那些重建设、轻保护，重开发、轻治理，重眼前增长、轻长远发展，重局部利益、轻整体利益的错误观念，以科学发展观为指导，加强和改进城市管理工作。要实现由"重建轻管"向"建管并重"转变，由短效突击向长效管理转变，由粗放管理向精细化管理转变，注重城市规划、建设与运行之间的互动，加强城市运行管理，并参照客户关系管理的思想，站在城市公共产品最终提供角度，反溯整个公共产品的生产与管理过程，实现规划、建设、运行一体化的全流程城市管理。

首先，要不断拓宽工作领域和工作内容，由专业管理向综合管理转变，将城市管理的重点不仅放在城市规划、建设、运行方面，而且放在城市科技文化教育与社会公用事业及社会治安、卫生保健、劳动社会保障、社区建设、郊区发展等方面。其次，要加强政府能力建设。新的形势和任务，对政府工作提出了更高要求。在转变城市管理方式过程中，必须加强政府能力建设，提高政府的政策能力、资源汲取能力、社会资源整合能

力、社会利益平衡能力、社会控制能力、公共服务能力、社会管理体制创新能力和依法行政能力。再次，要重视城市管理各能动主体的参与，由政府单一推动向政府与社会、居民、企业多元互动转变，通过政府、市场与社会的良性互动为居民提供优质高效的城市公共产品与服务，最终实现城市管理从以政府为中心到以人为本、以居民为中心的管理方式的转变，形成管理科学、运转高效、群众满意的城市管理新格局。

（四）培育开放包容、和谐共荣的城市社会环境

多样性的城市比单一性的城市更具有活力，建设多样性的城市，必须培育开放包容、和谐共荣的社会环境，更加注重居民（既包括本地居民，也包括外来人口）对城市的主观感受和认同程度，使城市成为广大居民和创业就业者的和谐幸福家园。一要营造包容兼蓄、开放、自由、平等、宽容、礼让、有序的社会氛围，培育创新文化，弘扬科学思想，尊重首创精神，激发创造热情，营造"鼓励创新、宽容失败"的创新文化氛围，促进创新创业发展。二要强化公众参与，进一步落实科学决策，推进民主化、公开化、法制化的进程，强化公众监督，进一步建立和完善公众参与城市建设与管理的体制机制。三要注重社会公平，追求人与人的和谐共存，从人民群众最直接、最现实、最关心的问题入手，加快完善社会公共服务。要千方百计扩大就业；提高居民收入水平，缩小贫富差距；进一步完善医疗卫生服务体系和社会保障体系；优先发展教育事业，解决上学难问题；努力构建多类型、政府与市场相结合的住房供应保障体系，解决低收入阶层住房问题；制止公共空间私有化，反对风景优美、生态优越的区域通过土地出让转化为个别人所享有。

（五）建设资源节约、环境友好的生态型城市

一直以来，河南的城市发展是一种简单扩大规模的粗放型、外延式发展，片面追求城市规模和发展速度、忽视质量，城市发展中土地资源浪费、能耗过快、城市无序蔓延、环境污染等问题严重，如果仍然沿用此种方式，必将进一步加剧原有矛盾，使河南的城市发展不可持续。因此，必须按照建设资源节约型和环境友好型社会的要求，创新城市发展模式，努

力建设资源节约、环境友好的生态型城市。

一要贯彻科学发展观，坚持可持续发展战略。在发展经济的同时，充分考虑人口、环境、资源的承受能力，正确处理人与自然的关系，保持人与自然的和谐发展，用尽可能小的代价来获得经济的发展，在不牺牲未来需要的情况下，满足当代人的需求，实现自然资源持续利用，实现社会持续的发展。城市管理工作要把坚持以人为本与尊重自然规律结合起来，既满足人的需要，又维护自然界的平衡，既注重当前的利益，又注重未来的利益。

二要大力发展循环经济。循环经济是转变经济发展方式，实施可持续发展的主要途径和方式，也为落实科学发展观提供了保障。首先，要树立循环经济发展理念。把经济效益、社会效益和环境效益统一起来，在考虑经济总量提高的同时，还要考虑生态承载能力；在关心经济发展的同时，还要关心子孙后代的生存。其次，要注重抓好关键环节。在资源开发、使用、消耗、再利用等方面要注重提高资源综合利用率、资源综合回收利用率和资源循环利用率。再次，加强改革创新，进一步完善促进循环经济发展的财政、税收、金融、投资等各项政策，形成有利于循环经济发展的政策环境和体制机制。最后，要构建循环经济的技术支撑体系。在循环经济发展中，科技是最核心、最关键、最重要的推动力量。加大对资源节约和循环利用关键链接技术的攻关力度，重点发展工业生产中有利于节能、节电、节水和节地的高效节能降耗技术；积极引进、消化和吸收国内外先进技术；提高企业的自主创新能力，形成以企业为主体的循环经济技术开发和创新体系。

三要建设资源节约、环境友好型社会。我国和河南省都正处于工业化和城镇化加速发展时期，资源环境的压力日益加大。为解决资源环境约束的矛盾，我们必须要建设资源节约和环境友好型社会，而这又是一项长期的战略任务。首先，加强政府引导，加强绿色 GDP 指标体系的研究和试行，优先开展对资源环境的核算，强调经济发展质量。其次，加快制定与资源节约和环境友好型社会相应的标准体系，加大执法力度，在经济发展的同时切实保护资源环境。再次，积极倡导有利于资源节约和保护环境的绿色消费模式。要尊重市场规律，以财税、价格等经济政策推进绿色消费，并以此带动绿色产品和服务的生产，形成绿色消费和绿色生产的良性互动。最后，不断培育环境友好的文化氛围。建设资源节约和环境友好型社会也是全面建设小康社会的应有之义，要培养公众的资源环境危机意识，使建设资源节约和环境友好型社会的理念成为全社会的共识和奉行的价值观。

（六）完善城市空间布局和形态

按照统筹规划、合理布局、完善功能、以大带小的原则，遵循城市发展客观规律，以大城市为依托，以中小城市为重点，科学规划河南各城市功能定位和产业布局，加强城镇间的内在联系，促进大中小城市和小城镇协调发展。

一要缓解特大城市中心城区压力。郑州、洛阳是河南省特大城市，中心城区压力极大，交通拥堵、承载力低等问题突出。所以，必须注意缓解郑州、洛阳等特大城市中心城区压力，避免"摊大饼"式的无序蔓延，按组团方式进行空间布局和功能定位，中心城区要不断完善金融、现代物流、科教文化、各类中介服务等高层次服务功能，每个组团要发展合理的人口规模、产业功能和基本的服务功能，从而形成中心城区与各组团有机分散又功能互补、紧密联系的发展格局，既提高城市综合承载力和运行效率，又避免大城市病。需要特别说明的是，这里提出的组团建设，既可以根据需要建设新城区，也可以对中心城区周边已有的中小城市和小城镇进行更有效的开发再利用。

二要强化中小城市产业功能。大城市可以吸纳大量的农业转移人口，但是这种候鸟式、钟摆形的人口流动也付出了巨大的社会代价。所以，在发展大城市的同时，还需要强化中小城市产业功能，特别是那些远离大城市的中小城市：一方面要进一步解放思想，转变观念，放宽条件，放开领域，放活主体，强化服务，完善政策，不断优化发展环境，鼓励社会各界人士投身创业，繁荣民营经济；另一方面要抓住经济全球化和世界经济格局调整、国际国内产业转移的战略机遇，进一步改善投资环境，完善政策服务体系，创新招商方式，积极承接产业转移。由此创造更多就业机会，引导农村劳动力就近转移，缓解大城市压力，扩展城镇空间，缩小区域差距。

三要增强小城镇公共服务和居住功能。缓解大城市压力，除了要强化中小城市产业功能吸纳城镇化人口，还要增强小城镇公共服务和居住功能，改善其基础设施、发展社会事业，一方面可以使其通过疏散人口、转移功能、承接产业等形式与大城市进行互动；另一方面则可以使其成为开展农村产业化经营和社会化服务的中心，吸纳农村地区第二、第三产业及农村人口集聚，成为"以城带乡"过程中大中城市辐射农村的重要节点，充分发挥其在一定区域内沟通城乡联系、协调城乡发展的纽带作用，带动广大农村地区的经济社会发展，实现城乡统筹。

四要推进大中小城市交通、通信等基础设施一体化建设和网络化发展。作为尚不发达的地区，河南要提高中原城市群一体化的推进效率，促进大中小城市和小城镇协调发展，必须从最具备条件、最容易突破、最能产生带动效应的领域入手，基础设施建设正是当前最适当的选择。河南应抓住国家加大政策、资金支持，扩大内需的难得机遇，推进基础设施同城化，借助电子化、数字化、网络化手段，形成综合统一的交通、电力、通信、供电、供排水等基础设施管理体系，作为城市之间紧密联系、分工协作的突破口和设施保障。

四　创新中原经济区城市发展模式的对策措施

创新中原经济区发展模式，包括城市经济、社会、规划、建设、管理等多方面的内容，要从改革官员政绩考核与政府绩效评估方式、推进城市产业转型升级、做好农业转移人口向城镇居民转化的管理工作、加强城市规划的编制和实施、建立高效快捷的城市交通运输体系、破解城镇"住房难"问题、重视城市绿色人居环境建设、强化城市综合防灾减灾和应急管理能力等方面出发，采取切实有效的措施，推进中原经济区城市发展模式创新。

（一）改革官员政绩考核与政府绩效评估方式

长期以来，我国和河南省干部的政绩考核标准都过于重视经济指标，尤其是过于重视 GDP 增长，而忽视经济发展与环境和社会的协调，这也造成了盲目拉大城市框架、追求政绩工程等粗放的城市发展方式。因此，要以科学发展观为指导，以促进城市可持续发展为目标，改革官员政绩考核与政府绩效评估方式，构建科学的官员政绩和政府绩效评估体系，激励城市领导干部转变思想，调整行为，科学谋划城市发展。一是对地方政府政绩的评价，要把该地方社会经济发展与其历史状况及长远发展有机结合，尤其要注重该地方可持续发展的能力。二是对地方政府官员的考核、评价应该建立一个综合的指标体系，减小经济数量、增长速度指标的权重，加大经济增长质量、社会民生改善和环境保护等指标的权重，并高度关注地方政府在遵守国家法律法规方面的表现，对其直接干预市场运转或企业活动所造成的经济损失必须承担相应的法律和经济责任。三是对政绩考核要进行成本分析，不但要考核取得的政绩，还要考察为此付出的投入和代价，以正确评价政绩带来的现实成效与长远影响，避免不计成本和代价进行重复建设所造成的资源浪费和生态破坏。

（二）推进城市产业转型升级

产业支撑是撬动一个城市经济发展的杠杆，强有力的产业能够创造出更多的就业机会和需求，为不断完善城市功能、解决城镇化进程中遇到的各种问题提供源源不断的财力。产业是立城之本、兴市之基，是城市发展的推进器，一个没有产业支撑的城市必然是一个经济基础脆弱、缺乏造血功能、没有发展动力的城市。因此，必须积极推进城市产业转型升级，增强城市产业的生命力，强化城市产业支撑。河南各城市应抓住国际金融危机带来的产业转型升级的重大契机，加快推进产业转型升级和产业一体化进程，努力打造本地区特色产业优势。

一要科学制定城市产业发展规划，优化全省产业布局。对各个城市的比较优势都要进行科学论证，在立足优势的基础上找准定位，并结合本地区自身特点发展优势产业，通过城市产业结构重组，形成各展所长、优势互补、和谐发展的良好局面。

二要按照增强核心竞争力的要求优化工业结构，加快形成以高新技术产业为先导、以基础产业和制造业为支撑的现代产业体系。不仅要积极运用高新技术和先进适用技术改造提升传统产业，更要加快培育战略性新兴产业，加快发展信息网络、交通运输、节能建筑、航空航天、装备制造等方面的新材料产业及生物育种、生物医药等生物产业，努力抢占未来国际竞争的制高点。

三要充分重视第三产业特别是现代服务业在城市产业转型升级中的作用。优先发展现代物流、金融保险、科技研发、文化创意、工业设计等生产性服务业，促进现代服务业与现代制造业互动发展；推进社区服务、信息咨询、旅游文化等生活性服务业转型升级；鼓励有条件的地方如郑州、洛阳等城市发展生产性服务业集聚区，加快培育一批服务业龙头企业和知名品牌，大力发展服务贸易。

（三）做好农业转移人口向城镇居民转化的管理工作

国际经验表明，城镇化过程通常是伴随着工业化进程自然进行的。但在我国，二元化的户籍制度和土地制度，扭曲、制约着城镇化进程。农民虽然可以进城从事第二、第三产业，却不能享受城镇居民的社会福利，因而很难成为真正意义上的城镇居民。长此以往，城镇化进程得不到实质推进，还衍生出了诸多社会问题，城市更难以健康发展。因此，必须做好农业转移人口转化为城镇居民的管理工作。农业转移人口转化为城镇居民，表面上是户籍问题，本质上则是需要改革依附在户籍制度上的各项社会福利和保障制度，这是一项复杂的系统工程。需要根据城市的经济水平、综合承载能力，在总结经验、完善制度的基础上循序渐进，针对不同情况，加强分类指导。

一要加强和改进大城市人口管理。对于郑州、洛阳、安阳、商丘等特大城市和大城市，其本身经济较为发达，设施和服务水平较高，对人口的吸引力很大，外来人口众多，如果一下子放宽落户条件，必然会有更多的外来人口涌入，当地的基础设施、公共服务和生态环境都将不堪重负，引发和加重"大城市病"。因此，短期内大城市的重点任务还是要放在加强和改进人口管理上，要做到更加包容，更加人性化。

二要根据实际放宽中小城市和小城镇外来人口落户条件。对于中小城市和小城镇，则要积极发展经济，扩大就业容量，改善基础设施、发展社会事业，增强公共服务和居住功能，根据实际放宽外来人口落户条件，降低农业转移人口进城就业和定居的门槛，解决他们安家落户的问题，从而强化自身吸纳人口集聚的能力，与大城市互为补充，成为工业化与城镇化的又一类重要承载空间。

三要注重在制度上解决好农民工权益保障问题。尽管目前还不能马上实现农民工与城市居民享有同等的社会福利和保障，也要加快制度建设和落实，首先保护好农民工权益，一是要保障农民工依法享有各项劳动权益，确保农民工工资及时发放与合理增长；二是要依法保护农民的土地权益，不能把农民放弃承包地和宅基地作为进城落户的先决条件，在农民进城还没有扎下根之前，决不能轻易收回农民赖以生存的土地；三是要大力培训农民工特别是新生代农民工，提高其技能水平，培养其适应经济发展方式转变要求的劳动能力，从而保障其就业权益；四是要建立中央和地方各级政府为农民工提供公共服务的公共财政体系，逐步完善对农民工的基本公共服务，包括子女就学、安居、社会保障等。

（四）加强城市规划的编制和实施

城市规划是城市建设和管理的"龙头"，是协调城市布局和各项建设、促进城市经济社会协调发展的根本依据，其引导调控经济发展与城市建设的作用日益凸显。因此，必须大力加强城市规划的编制与实施工作。

一要高水平、高质量完成规划编制。要符合科学发展的理念，适应加快发展方式转变的要求，体现城乡统筹协调发展的思想。树立紧凑、复合发展理念，把土地等自然资源的集约利用落实到城市规划建设的全过程，增强规划的前瞻性、科学性；树立组团、集群发展理念，注重发挥城市群、城市圈等区域城市聚集体的集聚辐射效应和联动效应，中等以上城市也都要适应新形势，把核心城区和卫星城市一体规划，实现中心城区与各组团相互衔接、功能互补；树立绿色、低碳发展理念，积极探索以低能耗、低污染、低排放为基础的城市发展模式，搞好城市规划与循环经济发展规划和节水型城市建设规划的衔接；树立特色、品位理念，规划要充分体现城市特质，避免"千城一面"，传承城市文脉，提升城市品位；坚持"三规合一"，各类城乡规划都要与土地利用规划、各类产业规划对接套合，减少盲目性，不留后遗症，确保实现城乡建设和城镇化工作合法合规，实现资源的优化配置和集约节约利用。

二要严格规划管理。确保城市规划贯穿到城市建设始终。维护规划的权威，坚持按规划办事，决不迁就让步，需要调整规划的，必须经规划委员会集体研究决定，坚决维护规划的严肃性；强化集中统一，坚持把城市规划管理权高度集中在政府，实行统一管理，严把土地使用审批关、建设设计审查关、定点放线关、施工验收关；完善监督制约机制，加强行政执法力度，定期进行执法检查，及时查处各类违法行为，自觉接受人大、政协和社会的监督。

三要强化公众参与。公众参与是城市规划的必然趋势，城市规划必须充分尊重群众的知情权和选择权，全过程、全方位、全领域公开规划管理，形成决策者、设计者、开发商和民众之间的良性互动，实现公平与公正，确保城市规划的顺利实施。

（五）建立高效快捷的城市交通运输体系

当前，交通拥堵问题已成为制约城市健康发展的头号难题，严重影响了城市运行效率和居民生活质量。因此，创新城市发展模式的一个重要任务就是要建立高效快捷的城市交通运输体系，根治居民"出行难"问题。理论研究和国内外众多城市的实践表明，城市交通问题的治本之路，不是道路建设，而是应该控制交通需求量，其中最关键的是要降低私人小汽车的日常出行量。要实现这一目标，必须改革现有城市交通体系，改变私人小汽车和高架桥领先发展的模式，优先发展公共交通，鼓励步行、自行车出行。

要统一考虑交通体系规划与城市空间布局和土地利用，对于多中心的城市空间布局，各组团之间要采用地铁、轻轨和快速公交等大容量快捷公共交通相联系；组团内部的交通方式主要采用步行和自行车，在公共交通重点布置完善的行人通道、停车场等配套设施，以满足不同出行方式之间相互衔接的需要，最终形成高效快捷的交通网络。

首先，坚持公交优先发展战略。城市公共交通与人民群众的生产生活密切相关，是城市经济社会全面、协调发展的重要基础，公交优先就是百姓优先。要切实落实公交优先发展政策，提供快捷、安全、方便、舒适的公交服务，使广大群众出行首选公共交通。其次，为步行和自行车出行提供良好的出行环境。要加强对侵占人行步道、自行车道行为的管理；进一步完善人行步道及过街设施、自行车道及停放设施；加强自行车停放和管理；因地制宜发展公共自行车，在公交站点、大型社区及旅游景区提供公共自行车服务系统，形成"公共自行车＋公共交通＋公共自行车"的绿色出行模式。

（六）破解城镇"住房难"问题

居住与就业一样，是事关人民基本生存的重大民生问题。"十二五"规划建议将住房问题单独提出，体现了中央对当前社会中"住房难"问题的高度重视，也从一个侧面反映出住房问题对于城镇化、对于城市健康发展的重大意义。河南是人口大省、农业大省，耕地保护任务艰巨，人地矛盾已经十分突出，如何在有限的城市建设用地中解决好大量人口的居住问题，更需要决策者谨慎谋划，必须坚持保障居民"住有所居"的原则，按照"首先保障所有居民的基本居住权"这一主导思想从三个方面着手来解决"住房难"问题。

第一，建立多渠道、多层次的住房供应体系。应当主要采取三个方面的举措：一是强化各级政府职责，加大保障性安居工程建设力度，重点应是发展廉租房和公共租赁住房，加快棚户区改造，以保障中低收入阶层最基本的居住需求。同时，要根据各地实际状况，号召有能力的城市逐步取消户籍限制，研究制定农民工申请保障性住房的办法，尽可能向外来务工人员开放供给。二是通过土地、财税、金融等政策调节，鼓励增加中低价位、中小套型、节能省地型的普通商品住房供应。三是大力发展房屋租赁业，规范房屋租赁市场秩序，以提高城市容纳外来人口的能力，这对郑州、洛阳这类特大城市尤为重要。

第二，引导住房消费趋向理性和成熟。当前住房消费存在着重自有轻租赁、重面积轻品质、重奢华轻环保、重眼前轻长远等误区。要积极倡导健康文明、节约资源的住房消费。一是政府要从保障和改善民生的角度出发，建立健全住房保障体系，促进住房消费供需平衡，让大多数人可以通过市场买到房，低收入人群通过住房保障住上房。二是对自住性和改善性的住房消费加以引导，树立健康文明的住房消费观念，引导住房消费逐步走向理性和成熟，政府也要搞好土地合理供应、集约利用和管理。

第三，加快住房信息系统建设。以城市住房信息系统建设为重点，房屋登记数据为基础，与住房和城乡建设部联合，共同建立部、省、市三级住房信息系统网络和基础数据库，全面掌握个人住房的基础信息及动态变化情况，为科学制定相关政策提供技术支持，为实施房地产市场宏观调控政策、提高行业管理和社会服务水平创造条件。

（七）重视城市绿色人居环境建设

城市建设要强调节约用地，但不能以牺牲城市的绿地、绿化、公共空间为代价，一味地追求开发密度，否则就会加剧热岛效应，降低城市环境质量，使生态环境受到的干扰更加严重。而一个城市如果缺乏良好的环境质量，其竞争力势必极大下降，更难以实现可持续发展。因此，必须重视城市绿色人居环境建设。

一要加强空间管制，在城市扩张过程中设立禁止开发区域，保护田园、森林、湖泊、河流、湿地以及其他自然斑痕。恢复原有的河流水系，加强雨水渗透，涵养地下水。在城市中按一定的服务半径布置大小不一的公园绿地，形成疏密有致的城市绿地布局，不仅可以作为居民休闲娱乐场地，也可以作为城市灾害发生时的避难场所。

二要把生态功能放在城市绿化的首位，在城市绿化中多采用本地特色明显的乡土树木和杂草，充分发挥本地野生作物的生态功能。土树和杂草是经过长期的优胜劣汰、自然竞争后才留存下来的，它们对当地的环境条件适应性强、易繁殖、易栽培、易存活，养护成本低，这种因地制宜的绿化方式，一方面有利于保护城市的自然原生态，保持当地物种的多样性，从而构筑更为和谐的人与自然的关系；另一方面，杂草土树代表了一个城市的特色，能有效地避免"千城一面"的尴尬。

三要走"立体绿化"道路，开展屋顶、垂直等多种绿化形式。立体绿化不仅可以有效利用空间资源，极大地增加城市绿量，同时对建筑物本身也能起到隔热节能和降低噪音的作用。此外，还要调整目前草多树少的种植结构，增加树木种植，形成以乔木为主，乔、灌、藤、花、草相结合的复层绿化模式，多建"林荫广场"和"林荫道路"等。

（八）强化城市综合防灾减灾和应急管理能力

城市具有人口集中、经济集中、社会财富集中、现代化设施集中等特点，一旦发生突发性灾害，往往会造成大量的人员伤亡和惨重的财产损失，严重影响城市可持续发展和社会稳定。因此，必须高度重视城市公共安全，加强城市综合防灾减灾和应急管理能力建设，把城市作为一个有机的整体，将防灾意识贯彻到城市全部建设与管理当中去，既要加强硬件设施建设，也要重视相应软件的完善。

一要加强硬件设施建设，包括将政府办公楼、公园、体育场、学校、广场等建设成为"防灾据点"；建设公园、绿地雨水收集和储蓄池不仅可用于防洪防涝，又可用于消防和绿地浇灌以节约水资源；推广先进技术在城市安全管理中的应用等等。总之，必须树立以人为本的理念，以保卫生命与财产安全为设计出发点，制定科学、合理、先进的城市规划，并保障规划方案在城市建设中真正落实，这是保障城市安全的物质基础。

二要完善软件设施，重点是建立科学、有效的城市公共安全日常管理体系和应急处置机制，具体包括：建立和完善面向公众的公共安全教育培训体系，加强公共安全知识教育、防范技能培训以及心理适应能力调适；建立统一、权威的信息发布平台，保证在危机发生的第一时间对外公布一致、可靠的信息，对社会公众进行有效的舆论引导；建立公共安全日常管理协调机制，做到对危机的可能发生有超前的预测，对区域内危险源头的控制有积极的措施，对突发事件的处置有系统的预案；建立协作统一的管理平台，保证涉及公共安全管理的各职能部门有机衔接、相互配合。

第八章
创新农村人口转移模式

实现农村人口有序向城镇转移，是新型城镇化的重要内容，对于推进中原经济区建设，加快中原崛起河南振兴具有重要的战略意义。过去的农村人口转移主要是涌向大城市，造成了大城市人口膨胀、交通拥挤、住房困难、环境恶化、资源紧张等突出问题。亟须研究分析在新型城镇化进程中中原经济区农村人口转移的现状和特点、深入剖析农村人口转移存在的障碍性因素，从而提出农村人口转移的新模式，有序推进农村人口转移。

一 中原经济区农村人口转移的现状和特点分析

河南是全国户籍人口第一大省，劳动力转移输出第一大省。随着新型城镇化进程的加快推进，农村人口转移速度不断加快。2011年末，全省户籍人口数为 10489 万人，其中农村人口 6234 万人，占总人口的 59.4%。全省常住人口 9388 万人，农村劳动力资源达 5100 余万人，富余劳动力约 3200 万人，已实现转移就业的农民劳动力达 2465 万人。目前，全省农村劳动力转移就业主要呈现以下几个特点。

（一）转移规模继续呈逐年递增趋势

近年来，河南新型城镇化进程快速推进，产业集聚区、城市新区、中心城市组团、商务中心区和特色商业区，以及新型农村社区等载体建设日趋完善，吸引了大量的农村富余劳动力转移。同时，随着农业劳动生产率的提高，对农业劳动力的需求愈加有限。

城市的拉力和农村的推力，以及政府不断加大的农村劳动力转移就业工作力度，使得农村外出务工人员持续增加，农村劳动力转移步伐明显加快，转移规模继续呈逐年递增趋势，每年新增农村劳动力转移就业均在100万人以上，占每年全国农村劳动力转移就业规模的1/8以上。2006～2011年的五年期间，河南转移农村劳动力由1746万人增加到2465万人，累计新增转移农村劳动力719万人，年均增速在7%以上（见图8-1）。

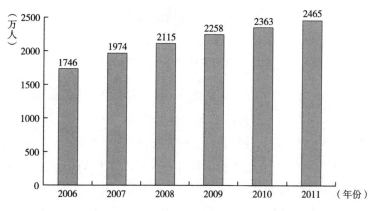

图8-1 "十一五"以来河南省累计转移农村劳动力人数

（二）省内转移的比重显著上升

随着中原经济区建设和"三化"协调发展进程的加快，河南承接产业转移的能力越来越强，加上河南省委、省政府不断实施农民工回乡创业的优惠政策，省内就业岗位越来越多，工资、社会保障、医疗保障水平也有很大的提高。河南农村劳动力省内转移步伐明显加快，比重显著上升。数据显示，2008年，分布在广东省、浙江省等5省市的外出务工人员占外出从业人员总数的43.5%，2011年下降到39.5%。而2011年河南农村劳动力转移就业2465万人，比上年新增102万人。除部分海外输出外，农村劳动力就业省内转移1268万人，省外输出1190万人，省内务工人数首次超过省外，所占比例超过半数，达到51.44%（见图8-2）。同时，全省在省内就业的农民工，52%在本县内就近就业，48%跨县市就业。就地就近转移成为河南农村人口转移的主要形式。

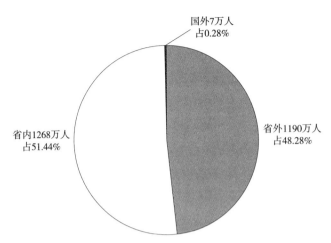

图 8 - 2　2011 年河南农村劳动力转移就业分布情况

农村劳动力省内转移比重大幅提升，其主要原因：一是随着中原经济区建设步伐加快，河南坚持以新型城镇化引领"三化"协调科学发展，全省经济发展形势良好，使得农村劳动力就业本地化趋势日趋显著。据近期抽样调查结果显示，全省农村居民计划到省外务工的比例已从 2011 年的 55.6% 下降到 46.4%，愿意在本地（本市、本县）务工的比例从 15.1% 上升到 25.2%，本地（本市、本县）对农村居民务工选择有更大的吸引力。

二是产业集聚区建设快速推进，成为吸纳农村劳动力转移的重要载体。近几年，河南加快推进产业集聚区建设，并将集聚区从业人员数作为产业集聚区考核和晋级的重要指标，有效促进了农村富余劳动力的"家门口就业"。同时，通过各项政策措施，大力鼓励产业集聚区特别是传统农区县的产业集聚区大力发展劳动密集型产业，创造更多适合农民工就业的岗位。目前，全省产业集聚区中有 11 个从业人员超过 3 万人。

三是大力发展家庭服务业，积极吸纳农村劳动力转移就业。目前，全省家庭服务业企业达 13000 多家，吸纳农村劳动力 30 余万人。

四是扶持创业带动就业。以小额担保贷款为抓手，从资金、场地、技术等方面大力支持农民工回乡创业，2011 年全省共发放小额担保贷款 37.2 亿元，扶持 4.2 万农民工实现创业，带动 22 万人实现就业。同时，河南各地大力帮扶中小企业发展，特别是农村一些小型加工厂、畜禽养殖场发展迅速。加之各地积极开展新型农村社区建设，省内吸纳劳动力的能力不断增强。不少农民工纷纷表示，当下外出生活成本提高、子女入学困难，而且各地区间工资的差距逐渐缩小，很多务工人员选择在家门口就业或自主创业。目前，全省农民工累计回乡创业人数达 78 万多人，带动近 300 万农村劳动力就地就近就业，创业带动就业的能力逐年提高。

（三）转移人口结构趋于合理化

从性别结构来看，河南转移劳动力中男多女少，男性占 62.9%，女性占 37.1%。男性农民工从事的职业主要有技术工人、生产工人、建筑工人和专业技术人员；女性农民工从事的职业依次为各类服务员、生产工人、一般职员及办事员。但在一些具体的行业差别较大，如从事建筑业的农民工中，99% 为男性。女性在纺织、家政及餐馆等服务业中居多。

从年龄分布来看，河南省转移劳动力中以中青年为主，年龄在 18 ~ 45 岁之间的占整个务工人数的 76.89%，其中"80后"人数多于其他年代的人数。"80后"作为新生代农民工，其打工的动因已经由"经济型"转为"生活型"，在争取较高经济收益的同时，也希望能同时开阔视野、增加个人阅历、满足情感需求。他们年轻力壮，身体素质较好，文化水平较高，容易掌握劳动技能，又有吃苦耐劳精神，在职业竞争中具有较强的优势。

从受教育程度来看，农民工的文化素质低于城市同龄劳动力。全省农民工以初中文化程度为最多，占 60.78%；其次是小学和高中文化程度者，分别占 18.16% 和 18.73%；大专以上文化程度和文盲、半文盲这两极的人员比例都很低。对流出地来说，这部分群体文化素质并不算低，而且是农民工中具有较高文化素质和思想意识较新，适应环境能力较强的群体。但与城市同龄劳动力相比，其素质仍然相对较低，对高层次就业岗位的选择余地非常小。绝大多数转移劳动力只能从事那些技术含量低，以及脏、累、重、苦、险和城市人很少问津的工作。

从人口转移的组织化程度来看，自发外出务工占据多数。由政府部门或有关单位集体组织输出的农民工所占比例较小，仅约占 36%。农民工多数通过投亲靠友、自找门路或者通过务工地劳务市场介绍务工，在城市的陌生社会环境中，逐步形成了以血缘、地缘以及业缘为纽带的聚集现象。

从转移人口地域分布来看，省内转移已成主要趋势。其中，全省在省内就业的农民工中，52%在本县内就近就业，48%跨县市就业；在外省务工的农民工，集中分布在广东（深圳、广州、东莞）、江苏、浙江、北京、上海、天津等经济发达的省市及长三角、珠三角、京津塘等经济发达地区；在国外务工的农民工，主要分布在东南亚、日本、韩国、中东、非洲等地区。

从转移人口就业行业分布来看，外出务工人员主要从事二、三产业中收入较低的行业。据统计，外出务工人员从事第一、二、三产业的比例分别为14.4%、50.9%、34.7%，且二、三产业从业人员的比例在逐年提高。农民工主要从事建筑、运输、矿业、制造、电子、纺织、服装、烹饪、保安、钟点工、保姆、服务员、采棉、机械、维修和船员等行业。从业类型主要集中在煤炭、冶金、化工、机械、纺织等条件艰苦、污染较重的行业和城市基本建设、第三产业等收入较低的岗位上。而从事金融、科学研究、技术服务和地质勘察、水利、环境和公共设施管理、公共管理和社会组织等组织管理型、高新技术和技术创新开发性行业的人员相对较少。据调查，全省农民工以务工形式从事建筑业的占到27.74%，矿产采掘业的占10.39%，纺织业的占20.55%，餐饮商贸的占23.11%。

（四）具有专业技能的人数不断增多

近年来，河南省不断加大投入，实施全民技能振兴工程，大力开展农村劳动力技能培训。一是扩大培训规模。2011年，共完成各类职业技能培训379万人次。截至目前已累计培训农村劳动力1080多万人次，占转移就业人数的43.8%。二是加强培训机构管理。全省认定各级各类农民工定点培训机构1400多家，农村劳动力培训网络和考核考评制度已初步建立健全。三是实施分类培训。根据农村劳动者的不同需求，规范培训形式和内容，提高培训质量和效果。对有创业愿望和能力的农村劳动力开展创业培训，帮助他们实现创业；对在岗农民工开展技能提升培训，进一步提高技能水平，实现稳定就业。四是免费培训范围不断扩大。从 2011 年开始，河南省阳光工程培训由过去的补贴培训变为免费培训，接受阳光工程培训的农民不再缴纳任何费用，还免费为农民提供教材、技术资料等；对沼气工等个别工种免费进行职业技能鉴定；对参加创业培训的农民提供食宿和交通费用。免费培训不仅降低农民参加培训的成本，也极大地激发了农民参加培训的积极性。

农村劳动力转移就业技能培训工作的大力开展，使得参加技能培训的农民工人数持续大幅增长。2011 年末，外出务工人员中参加过技能培训的人数达到 1080 万，占 43.8%，参加技能培训人员数比 2010 年增加 145 万人，比例比 2010 年提高 4.2 个百分点；参加技能培训人员数比 2009 年增加 356 万人，比例比 2009 年提高 11.7 个百分点（见图 8-3）。

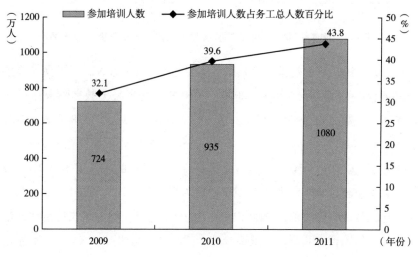

图 8-3　2009~2011 年河南省外出务工人员参加培训情况

（五）城市融入程度明显提高

河南省坚持统筹协调，确保农民工能享受基本公共服务，多策并举，切实维护农民工合法权益，使得转移人口的城市融入程度明显提高。

一是农民工务工收入不断增加。2010 年，河南省劳务收入为 1980 亿元，人均年劳务收入 8380 元，比 2009 年分别增加 285 亿元和 873 元，增幅分别达到 16.7% 和 11.6%。2011 年，河南省劳务收入达到 2340 亿元，人均年劳务收入 9493 元，又分别比 2010 年增加 360 亿元、1113 元，增幅分别为 18%、13.3%（见图 8 - 4）。

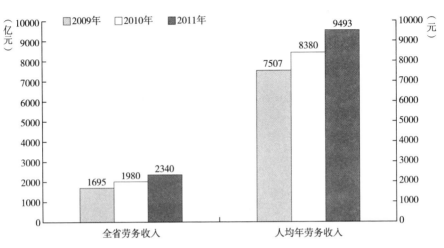

图 8 - 4 河南省 2009 ~ 2011 年劳务收入总量和人均年劳务收入情况

二是农民工享受的基本公共服务逐步完善。其一，农民工子女平等接受义务教育的权利得到落实。2006 ~ 2010 年，全省义务教育阶段适龄农民工子女总数分别为 32.3 万人、23.1 万人、16.3 万人、18.8 万人、21.2 万人，入学率均达 99.5% 以上，其中入公办学校的比例保持在 85% 左右，并逐年提高。2011 年秋季，全省安排符合入学条件的农民工子女 27.3 万人，入学率超过 99%，基本实现了"应入尽入"。其二，农村留守儿童学习和生活状况得到改善，解除了农民工的后顾之忧。建立了农村留守儿童档案，对特困留守儿童进行跟踪管理。建立"留守儿童之家"、"阳光童乐苑"、"留守儿童亲情家园"等各种服务阵地 9870 个，爱心志愿者与留守儿童结对 13 万多对，开通"亲情电话"和视频电话 1039 部。建立农村留守儿童指导服务机构 3423 个，流动儿童家长学校 3382 所，国家、省、市三级农村留守流动儿童示范家长学校 400 多所。其三，农民工疾病防控和流动儿童免疫得到加强。将农民工集聚人群作为重点监测对象，加强农民工传染病监测和报告。把农民工子女纳入当地的免疫规划中实施免费预防接种，免费开展麻疹、流脑、乙肝等疫苗的查漏补种和应急接种。其四，部分农民工享受到保障性住房优惠待遇。把进城务工人员纳入公共租赁住房保障范围，并鼓励用工企业利用自有土地为农民工解决住房问题，切实改善农民工生活居住条件，部分农民工已享受到保障性住房优惠待遇。第五，部分转移人口解决了进城落户问题。省政府专门出台《关于促进农民进城落户的指导意见》，在户籍管理上，逐步实行城乡统一的户籍登记管理制度和居住证制度，并放宽落户条件，重点解决长期在城市生活的农民工以及新生代农民工进城落户问题。截至目前，全省共为46.6万农民解决城镇落户问题。

三是农民工的合法权益得到维护。首先，农民工劳动合同签订率得到提高。从2007年开始，监察部门每年一季度利用两到三个月的时间，在全省建筑业、服务业等行业集中开展以提高农民工劳动合同签订率为目的的"春暖行动"，推动企业与农民工签订劳动合同，维护农民工的合法权益，督促企业为农民工缴纳社会保险。2011年河南省规模以上企业农民工劳动合同签订率达96.6%，全省累计签订集体合同4.26万份，涉及包括农民工在内的职工370多万人。其次，积极引导用人单位和农民工参保缴费，农民工参加社会保险覆盖面逐步扩大。截至目前，省内农民工参加城镇职工养老保险、医疗保险和工伤保险的人数已分别达到17.2万、33.13万、159.2万人。最后，农民工工资拖欠现象得到有效遏制。通过落实农民工工资保障金制度和农民工维权公告牌制度等措施，有效遏制了农民工工资拖欠现象。每年均由多部门联合，组织开展农民工工资支付情况专项检查，依法保护农民工的劳动报酬权益。2011年全省共为9.1万名农民工追讨工资1.842亿元，从全省建筑领域农民工工资保障金中支付农民工工资900余万元，维护了农民工的合法权益。

二 中原经济区农村人口转移存在的问题分析

河南是人口大省，其中大部分为农村人口，这些农村人口向城镇转移的快慢，直接影响着河南新型城镇化的进程。目前，河南农村人口在向城镇转移的过程还存在一些问题，这些问题不解决，将会制约全省新型城镇化的推进速度和发展质量。目前，河南农村人口转移中存在的问题主要有以下几方面。

（一）城乡土地制度差异强化了农村人口对土地的依赖

目前我国实行的是城乡二元的土地所有制制度，城市土地与农村土地的产权主体不同。城市土地为国家所有，农村土地为农民集体所有。同样是土地公有制，但二者并不同地、同权、同价。国有土地有完全产权，包括所有权、处置权、使用权，农民集体所拥有的农村土地产权是不完全的，农村集体土地只有土地占有权、使用权、收益权，而没有完全的处分权。国有土地使用权可以转让、抵押、出租给任何合法的经济主体，而农村集体土地使用权只能首先在集体成员内部初始配置，宅基地使用权不能抵押和转让给集体成员之外的人，农地的承包权也不能抵押，其流转也受到一定限制。农村集体土地要转变为城市建设用地，首先要通过政府征收转变为国有土地。农村集体的土地即使已经由政府有关部门确定为建设用地，要用于农民自住房、村办企业以及公共设施以外的建设，也必须首先被政府征收为国有土地。农民在自己的宅基地上以及村民集体在集体建设用地上建设的住房只能卖给本村居民，如果卖给外村特别是城市居民，则被视为小产权房，不受法律保护。在现行征地制度下，农民的土地财产权利被忽视，补偿偏低。在土地补偿上农民没有力量参与博弈，甚至没有议价的权利。农村集体土地征用后转移给国家的是土地的所有权，其价钱很低；而国家出让给开发商的是土地的使用权，其价钱比征地价要高出几倍乃至几十倍。事实证明，农村集体土地一经征用，其用途改变使地价大幅上升，但农民却无法享受到土地增值带来的利益。

城乡土地制度的差异造成农村集体土地和农民宅基地的流动性差，强化了农村人口对土地的依赖性。河南有着几千年的农耕文化，它使农民对土地有着强烈的依赖性。农民对土地的依赖主要在于三方面，一是依赖耕地作为社会保障和生存基础，二是依赖宅基地作为住房保障的最后退路，三是依赖宅基地上附着物的固定资产增值作为资产性收入的重要来源（如城中村与城郊村）。随着工业化、城镇化的发展，土地的稀缺性越来越凸显。农民也逐渐意识到土地的价值，对拥有的集体土地的增值有较强的预期，尤其是临近城市的乡村。有部分农民即使有能力在城市生存发展也不轻易放弃农村户籍，以及同户籍相联系的对那部分农村集体土地的财产所有权。虽然现在河南提倡农民进城可以保留其集体土地的一切权益，包括耕地承包权和宅基地使用权。但是这些权益不能通过市场自由买卖、抵押等流通方式来获取收益，农民的这些资产无法换取在城市生活、创业的资本，对在城市的生存状况不抱信心。因此，有部分农民在城里挣了钱，很大一部分拿回农村老家盖房子，而人在城里又不回去住，造成农村住房的高空置率，这既是个人和社会资源的浪费，同时又阻碍了人口从农村有序、全面转移出来的良性循环机制的构建。正是由于这种"永久迁移"的机制无法形成，进城就业的农民为了规避未来失业的风险，也无法彻底放弃农村的土地，造成"离乡不放土"的局面。

（二）中小城镇第二、三产业支撑能力较弱不利于农村人口的均衡转移

按照规划，河南省"十二五"期间要从农村转移 900 万人口进入城镇，这么大数量的人口进入城镇，仅依靠大城市是不行的。大城市现在也面临一些问题。大量劳动力过度集中于大城市，一方面，随着产业转移和产业升级，大城市产生的劳动岗位已不能满足所有劳动力转移的需求；另一方面，大城市高昂的生活成本和严格的户籍制度使农村劳动力无法真正融入城市生活，而大城市也无力为大量涌入的劳动力提供足够的社会保障和公共服务，并产生了交通拥堵、环境污染、就医教育等诸多问题。以郑州为例，郑州市区目前有户籍人口 425 万，常住人口 910 万，面临着交通拥堵、环境污染等问题。2013 年 1 月 10 日全国 120 个重点城市空气质量日报统计中，全国空气质量最差城市前 10 名中就有河南省的郑州、平顶山、开封、三门峡等 4 个城市。再者，农村富余劳动力无法在大城市安家立业还衍生出留守儿童、空巢老人、土地闲置等若干问题，这些问题已影响社会稳定和经济发展。显然，这种依赖大城市工业化带动的农村富余劳动力"候鸟"型人口转移已无法适应社会经济发展的要求，河南农村人口的有序转移还需把重点放在中小城镇。

中小城镇在城乡发展中具有承上启下的作用，将是这些农村人口转移的主要落脚点。从河南省情来看，河南的中小城镇数量多，在落户政策、土地资源、环境承载能力等方面有更大空间，更有利于农村人口就近转移，降低农村人口向城市转移的成本。

虽然中小城镇在农村人口转移方面有较大空间，但目前河南中小城镇第二、第三产业支撑能力不强，还不能为大量农村转移人口提供足够的就业机会和就业岗位。一是中小城镇的第二产业偏向重型化，制约其人口集聚能力。长期以来在河南产业结构中，有色金属、重化工、煤炭等为主的资源型重化工产业占全省工业比重为 70% 左右，河南产业结构呈现出重型化的特征，这些产业大多属于资本密集型产业，所能容纳的就业人口有限。以河南省的永城、义马、灵宝、新密、登封、汝州、巩义和禹州等 8个资源型城市为例，2011 年河南 108 个县市第二、第三产业就业人员占总人口的平均比重为 49.7%，但在 8 个资源型城市中，只有义马市超过了平均比重，其他 7 个城市都低于平均水平，说明资源型重化工产业的人口吸纳能力不能满足新型城镇化中农村人口转移的需要（见表 8 - 1）。二是第二产业发展不平衡。中小城镇第二产业发展的载体是产业集聚区，在河南省的 180 个产业集聚区中，有 114 个布局在县域，是承载农村转移人口的重要领域。但由于各产业集聚区大多是新规划的，起点比较低，各个产业集聚区建设时间、比较优势也不相同，发展很不平衡，总体上仍处于政府主导为主的初级阶段，龙头企业不多，中小企业配套不完善，产业规模较小，人口承载能力较低。三是第三产业所占比重较低，无法为农村转移人口提供就业机会。衡量城镇现代化水平的重要标志是城镇第三产业的发展水平，在中小城镇能够提供大量就业岗位的服务业发展水平较低，无论是生产性服务业还是生活性服务业，都发展不足。目前正在进行的特色商业区和商务中心区建设，刚刚起步，有的地方还处在规划之中，对中小城镇服务业的带动作用还没有显现。

表 8 - 1 河南 8 个资源型城市第二、第三产业就业人数情况

单位：万人，%

城　　市	第二、第三产业就业人数	总人数	第二、第三产业就业人员所占比重
永　城	62.35	151.49	41
义　马	10.76	16.49	65
灵　宝	18.81	73.76	26
新　密	26.28	79.98	33

城　市	第二、第三产业就业人数	总人数	第二、第三产业就业人员所占比重
登　封	30.31	67.32	45
汝　州	35.18	105.64	33
巩　义	37.94	81.02	47
禹　州	53.26	125.96	42

资料来源:《河南统计年鉴2012》。

（三）传统农区公共财力不足导致新型农村社区建设缓慢

新型农村社区是河南省五级城镇体系的重要组成部分，是河南新型城镇化的战略基点。以新型农村社区建设作为抓手和切入点，使广大农民在"不离土不离乡"的情况下，实现就地城镇化，以就地城镇化实现城乡一体化，是河南省正在探索的以新型城镇化引领"三化"协调发展的科学发展之路。

河南省人口基数庞大，如果片面倚重人口异地转移的城镇化道路，农村人口大量涌入大城市，一方面加重流入地的负担，另一方面造成流出地的要素流失。就地城镇化对于推进城镇化和城乡一体化具有多方面的重要功能。一是有利于降低农民转变为市民的门槛。二是有利于降低大城市接纳农民工异地转移的成本。三是有利于促进小城镇的发展，完善城镇体系，实现大中小城市的协调发展。四是有利于缓解大城市的就业压力、环境压力。五是有利于涵养农村发展要素，避免人口流出地和流入地的人口结构失调。六是有利于推进城乡一体化。河南省城乡一体化的重点在县域，县域城乡一体化需要依靠建制镇的带动。而从河南省的情况看，建制镇规模小，对周围农村的带动力严重不足。以商丘市为例，根据2012年河南省经济蓝皮书披露的数据，商丘全市建制镇73个，每147平方公里仅有一个小城镇。全部建制镇中没有一个镇的城镇人口超过10万人，经济实力薄弱，基础设施落后，居民消费能力低。因此新型农村社区通过合村并点、合村并镇，实现就地城镇化，成为促进农村人口有序转移、实现城乡一体化的重要路径。

新型农村社区的基础设施和公共服务体系建设需要巨大的资金投入。据河南省新型农村社区试点建设情况测算，每个新型农村社区，基础设施和公共服务设施建设平均投入953万元（按每个社区6000人规模，人均1600元左右），单靠地方财力和村集体自筹，难以完全解决。尤其是经济相对不发达的传统农区，资金问题更是制约新型农村社区建设的重要因素。传统农区农业人口多，城镇化率低，是河南新型城镇化中需要转移农村人口最多的区域。但是商丘、信阳、驻马店、周口等传统农区的财政收入都较低，无法满足新型农村社区的建设资金需求。而与此同时，有些中央转移支付和省级配套的"涉农"资金，由于有明确的投向，却不能有效地整合使用。例如教育方面有危房改造项目资金，但要求必须用在村庄小学，不能用于新社区建学校。以驻马店为例，2012年驻马店市启动建设的51个新型农村社区就需要4.8亿元建设资金，其中财政投资只有1.6亿元，另有整合部门资金1.3亿元，其中还有近2亿元的资金缺口需要解决。财政投入不足使得传统农区的新型农村社区建设只能够保重点，建设一些示范性的社区，还不能大范围推进，制约了新型农村社区对农村人口的吸纳能力。

（四）农村人口职业培训滞后影响了转移人口的就业质量

随着我国产业不断升级，农村劳动力数量与质量的问题与矛盾同时显现，这一新情况在近几年越来越突出。一方面有大量的农村人口进入城市用工市场，另一方面这些农村人口的文化素质不能适应岗位需求，出现新时期的用工荒。农村人口的素质与其就业的质量有直接的关系，一般来说，受教育程度越高，就业的质量就越高。文化程度在很大程度上影响着农村人口在城市务工的收入水平，文化程度越高，其收入水平也越高。农村人口受教育一方面来自学校义务教育，另一方面来自社会提供的职业技能培训。对农民工进行职业技能培训，一方面能够解决企业用工的结构性矛盾，另一方面也能够提高农村转移人口的就业能力。

河南是人口大省，有大量的富余农村劳动力，每年有1000多万的农村劳动力需要就业，但目前农村人口职业培训滞后，不能适应经济发展的需要，也影响了农村转移人口在城镇的就业质量。农村人口职业培训滞后的原因主要有几个方面，一是教育培训机制不畅。这是导致培训工作存在薄弱环节的重要原因之一。当前农民工培训存在多头管理、各自为政的现象，农业部门、人力资源和社会保障部门、教育部门、科技部门、建设部门、工会、共青团、妇联等部门和组织，都参与了农民工职业培训，但是各部门的培训自成体系，独立运作，导致了培训资源分散，不能形成合力，实际培训效果不佳。二是培训资金投入不足。政府对农民工职业培训经费的支持非常有限。以焊工培训为例，每人学费1000多元，每人才补贴600元，农民工还需要额外投入费用，有一部分人就会觉得不划算或者是有经济压力而放弃培训。企业从自身经济利益出发，对职业培训也是尽量减少投入，降低费用。三是农民工自身培训积极性不高。一方面，缺乏长远职业规划。不少农民工外出打工并没有特别明确的目标，不知道该不该学、该学什么，学了有什么用；另一方面，经济拮据，无力支出培训费用。多数农民工游离于城市社会的边缘，靠出卖体力所赚取的微薄收入大部分只能维持基本的生活开支。此外，农民工所从事的职业主要是一些简单的劳动，如餐饮行业、建筑行业等。社会上对这些领域的职业认识存在着一定的误区，认为其不需有太多专业技能，这种状况使其不太重视文化知识的学习和职业技能的培训。四是教育培训机构鱼龙混杂，诚信度低。农民工培训学校存在"公立"和"私立"之分。这导致获得国家补贴的公立培训机构对市场不敏感，而营利性培训机构则过于追求利润，有的培训学校还以负责介绍工作的承诺招生，收取培训费用后却不管介绍工作，使农民工觉得受欺骗，对职业培训产生抵触心理。

（五）传统体制机制的惯性作用使得农民工生存条件没有根本改变

近几年，中央和地方政府，在推动、构建和谐社会，统筹城乡发展中做了很多有益于农民工的工作，承担了大量的社会义务和责任。在改革就业制度，关注民工生存和义务教育等方面建立健全了覆盖城乡的社会保障体系，让广大进城务工的农民享受到了前所未有的政策和社会人文关怀。但传统体制机制的惯性作用依然存在，农民生存条件相对较差的状况没有得到根本改变。

长期城乡有别的制度分割导致的对农民工的社会歧视和体制性障碍依然存在，影响着农民向新市民的转化。由于历史原因，我国长期以来实行城乡二元经济和社会结构，形成了城乡人口之间在价值观念、思维方式和生活形态方面的反差，转移农民难以融入城市生活而成为"边缘人"。这些问题的存在，除了其自身素质的因素以外，还在于城市社会尚未宽容地接纳他们。身份制度的限定、经济地位、文化素质、行为方式的差异，使得转移农民与城市人之间存在严重的沟通障碍，难以进行全面的社会互动，有的城市转移农民甚至得不到基本的尊重和人际关照，被排斥在城市生活之外。农民工虽然能到城市打工，但没有被纳入产业工人的范畴。农民工与城市产业工人从事同样的工作，付出同样的劳动，但同工不同酬、不同时、不同权。他们虽然在城市打工多年，但始终是城市社会的边缘群体。他们的合法权益得不到保护，劳动条件恶劣，生活条件艰苦，没有与用工单位签订劳动合同，没有参加养老保险、医疗保险，在工作中受到的身体伤害得不到合理的赔偿，工资经常被拖欠，子女不能享受城市的优质教育资源。进城农民工的职业培训、劳动保障及其他服务和管理经费往往是由农民工自己负担。这种城乡差别使得城市市民在进城农民面前拥有一种天然的心理优越感，对进城务工的农民有一种负面的看法，特别是认为这些农民工"不利于城市的社会治安"，甚至连整个城市管理体制对他们的态度也基本是防范、警惕和排拒。据对北京、上海、广州等地市民的调查，在社会问题中，认为严重程度最高的是收入差距，其次就是外地人影响社会秩序。这种民调其实反映了城市市民在国家保护主义下形成的身份优越感在他们内心中是长期起作用的，也是根深蒂固的。

（六）传统乡土观念和意识浓重直接影响了农村人口的有序转移

土地是农业生产的主要因素，不能任意搬动，因而农民必须定居，几乎世代相传，居住同一个村落，以便照顾土地生产。农业种植的空间稳定性与相应的经济行为、文化行为的地域保守性，使得人们对土地都怀有一种深深的眷恋，这就是深厚的乡土观念。小农经济长期存在，造成了人们对土地的依赖，加上乡土观念的影响，安土重迁早已成为传统。所以占人口绝大多数的农民是不愿意离开故土的，即使在天灾人祸严重时被迫流亡，大多数人还是要千方百计返回故乡。乡土观念是一种凝聚力，同时也是一种保守的力量。乡土观念，对于农村人来说，可以成为战胜任何困难、建设家乡的勇气与信心。但同时由于对土地的过分留恋，祖祖孙孙依附于土地，又使人们产生了极大的惰性，不愿意改变生活状态，不愿意扩大自己的视野，不愿意离开眷恋的土地和熟悉的人群而到陌生的城镇生活，甚至在百年之后，不论离乡多远他们还要想尽办法叶落归根。

河南有历史久远的农业文明，传统的村庄聚居形式形成一种牢固、持久而复杂的社会经济关系，广大农村居民深受乡土观念影响，常年生活在相对封闭的区域里，安于现状，缺乏改变生活方式的能动性和创造性，这阻碍了部分农村人口的有序转移。而且，这种观念的存在也带来了一些社会问题。例如，由于根深蒂固的"乡土情结"的生活观念和"入土为安"的封建思想，大量的青壮年劳动力转移进城后势必造成许多老人留守在农村，老年人同子女一起居住生活的家庭比例越来越小，这就使过去的大家庭制受到冲击，加速了家庭分立和小型化趋势，代际关系变得脆弱，使得农村老年人口这一群体的赡养问题出现了困难。在农村人口养老保险机制尚未健全的情况下，农村人口老龄化现象突出必然将对农产品的生产、分配、交换、消费各个环节都带来巨大影响。另外，在大量青壮年农村人口进城工作后由于工作环境和工作压力的增加，往往无暇照顾其子女。在他们中间，相当一部分会把其年幼的子女托与父母照料，这些在农村上学的孩子由于缺乏父母的监管和指导，他们的受教育水平就会远远落后于其他同龄的孩子，逐渐因此而丧失接受更高教育的机会和能力，从而不能更好地融入城镇化进程中。

三 创新农村人口转移模式的条件分析

在新型城镇化的进程中，人口由农村向城市转移受到当前的经济社会发展水平的制约。在新型城镇化进程中要实现人口的有序转移，客观上要求创造布局合理功能完善的城镇体系、结构优化质量较高的产业体系、均等化的城乡公共产品供给体系，提高高素质多技能的人口比重，农村居民社会观念和意识与时俱进，制度和政策体系科学健全等。

（一）布局合理、功能完善的城镇体系

按照规模适度、合理布局、特色鲜明和功能互补的原则，着力构建和完善包括省域中心城市、区域中心城市、中小城市、小城镇和新型农村社区在内的五级镇体系，是实现新型城镇化进程中人口有序转移的重要条件。

增强省域中心城市——郑州的科技创新和文化引领作用，促进高端要素聚集，完善综合服务功能，增强辐射带动中原经济区发展的能力，密切中心城区与新郑、新密、荥阳、登封等周边县城的联系，推进组团式发展。巩固提升洛阳作为中原城市群副中心城市的地位；发挥安阳、南阳、商丘等地区性中心城市的门户城市作用；推动开封、新乡、焦作、平顶山向特大城市发展；提升许昌、漯河、驻马店、信阳、濮阳、周口、鹤壁、三门峡等地区性中心城市的综合承载能力；推动济源成为新兴的地区性中心城市。推动中小城市内涵式发展；打造一批特色鲜明的重点旅游镇、工业镇和商贸镇，提升小城镇服务功能，发展成为面向周边农村的生产生活服务中心。发挥农民主体作用，尊重农民意愿，因地制宜建设新型农村社区，实现新型城镇化的底层突破。最终形成大中小城市、小城镇、新型农村社区协调发展、互促共进的发展格局，加快人口转移。

通过推进城市间市场体系、通信信息、高速公路和城际快速铁路、重点产业等方面的合作，依托城际通道，构建合理城镇体系，从职能结构、规模结构、空间分布、相互联系密切程度等方面促进人口和产业合理分布。

坚持大中小城市和小城镇协调发展，制定科学、合理的城乡发展战略，设计适宜的城乡体系空间布局、城乡体系规模结构、城乡体系功能定位和城市支撑体系是引导人口合理转移，吸纳流动人口的有效措施；结合"一小时经济圈"发展态势，在都市区基础上，发展壮大区域性中心城市，使城镇规模层次性分布，实现城市之间的资源分配和功能互补，使之成为吸纳转移人口的增长点，发挥其对农村剩余劳动力转移、新型农村社区建设的带动作用和对转移人口的吸纳作用。坚持大中小城市和小城镇协调发展，利用城乡规划这个基本手段来引导和调控，建立新型的城乡统筹

关系，实现城乡融合发展，即一方面促进乡村发展，确保城乡各自都有相对独立的空间，同时为城市空间结构的调整和规模的增长提供发展空间；另一方面要为城乡产业、人口、资本等要素在城乡内的转移提供空间，形成良性的城乡要素循环机制，促进城乡共同繁荣。特别是要根据不同地区的实际情况，实现差异化发展。在中原城市群内部，加快形成"都市区－区域性中心城市－中小城市－镇（乡）－农村社区"的"网络化"的城乡空间结构体系，促进农村人口和城市产业梯次转移，加快城镇化进程，实现率先发展；在豫东北、豫东南地区则实施"大分散、小聚合"的城乡空间结构模式，发展特色产业经济，保护生态环境，促进全省城乡、区域协调发展，有序推进农村剩余劳动力向"一小时经济圈"以及安阳、周口等区域性中心城市转移。

（二）结构优化质量较高的产业体系

结构优化质量较高的产业体系，是产业结构与就业结构协同发展的保障。要在中原经济区新型城镇化进程中实现人口有序转移的美好蓝图，产业发展是关键。没有相应的产业体系作为支撑，新型城镇化进程中实现人口有序转移就会成为空中楼阁。因此，我们要构建起能够支撑"两型"社会建设、实现"三化"协调发展的新型产业体系。

一方面，要实现三次产业协调发展。河南省第一产业主要是传统农业，农业的技术含量及机械化水平较低，生产方式还比较原始；再加上规模小、专业化与产业化程度较低，导致了第一产业聚集大量富余劳动力，农村居民人均纯收入低于全国平均水平。河南省第二产业重化工业特征突出；传统重化工业是典型的高能耗、高污染行业，是资本密集型产业，对劳动力的吸纳作用有限。第三产业是吸纳劳动力最强的产业，但河南省的第三产业以传统服务业为主，发展速度偏慢，2011 年的就业人数在三次产业中是最少的，只占到总就业人数的 27%。第三产业发展滞后抑制了劳动力向非农产业的转移。"一二三"产业的就业特征十分明显，与国际上发达国家或者先发地区"三二一"产业的标准就业格局还有很大的差距。要发展优质、特色、绿色、高效的现代农业，加快释放农村富余劳动力；要走工业化与信息化深度融合的新型工业化道路；要积极发展现代服务业；通过产业间的互动耦合，最终实现三次产业协调发展。

另一方面，要实现知识密集型产业、资本密集型产业和劳动密集型产业协调发展。根据生产要素在各个生产部门集中的程度，可以将社会生产及其产品划分为"劳动密集型"、"资本密集型"和"知识密集型"的产业（或部门）和产品。劳动密集型产业是指要用较多的劳动力、消耗较多的活劳动的行业、部门或企业，它们生产的产品的成本中，活劳动所占的比重较大；资本密集型产业是指需要较多资本投资的行业、部门或企业；知识密集型产业，又称技术密集型产业，是指在生产过程中，对技术和智力要素依赖大大超过对其他生产要素依赖的产业。随着当代科学技术的进步，知识密集型产业在迅速发展。在目前的河南省新型城镇化推进过程中，既要发展物联网、云计算、高端软件、新兴信息服务、智能终端设备、高级医疗器械等知识密集型产业，也要发展重型机械工业、石油化工等资本密集型产业，更不能忽视旅游、餐饮服务业，建筑业和纺织业等劳动密集型产业。要发挥市场机制的资源配置作用，实现这三类产业的协同发展，夯实城镇化进程中人口有序转移的产业基础。此外，在完善传统产业链，提升产品所处的价值链层次的同时，大力发展创意产业。通过发展创意产业为转移人口提供更多的就业岗位。

（三）均等化的城乡公共产品供给体系

均等化的城乡公共产品供给体系是保障新型城镇化进程中人口有序转移的社会安全网。构建均等化的城乡公共产品供给体系，能够使全省范围内的任何人在任何地方、任何时候都享有平等的公民基本权利，都能以承担得起的价格享受基本的同质公共服务，共享经济社会现代化的发展成果。应该说，均等化的城乡公共产品供给体系的构建为社会的全面进步提供了安全底线，为社会的和谐发展提供了良好平台，是新型城镇化进程中转移人口的社会身份顺利转变的重要保障。而要实现均等化的城乡公共产品供给，需要政府由监督控制型政府向激励服务型政府彻底转变。同时，也需要企业承担相应的社会责任，使公共服务迅速社会化，从而把改革开放事业向纵深推进。只有这样，才能保障河南社会的平稳过渡与和谐转型，促使河南从一个落后的农业大省跃升为一个现代化产业强省，顺利实现从农村社会向城市社会的转型。

城乡公共产品或者公共服务主要包括基础教育、医疗卫生、社会保障、基础设施等关乎民生的基本公共品和服务。城乡基本公共服务均等化是尽可能让全体社会成员享受大致相当的基本公共服务。推进城乡基本公共服务均等化，有利于实现城乡和谐发展，确保人民共享发展成果；有利于实现对社会弱势群体的有效保护，保障公民的基本权利；有利于完善各级公共财政分配体系，建设服务型现代政府。

均等化的城乡公共产品供给体系，是公平和正义的具体体现，是经济社会进一步发展的基础和动力。均等化的城乡公共产品供给体系将为人的发展提供平等的权利和机会，保障每个社会成员的生存和发展。在均等化的城乡公共产品供给体系保障下，转移人口才可能通过诚实劳动，得到自己应得的东西，满足自己的合理期望，从而充分调动自身的积极性，融入城镇化的发展进程中，各司其职、各尽所能、各得其所，共同推动中原经济区的持续发展。

河南最基本的省情是农村人口占多数，而且改革开放以来，农村发展远远落后于城市发展。均等化的城乡公共产品供给体系作为公平和正义的一个有效载体，其构建和完善，免除了城镇化进程中转移人口的后顾之忧，有利于加快农民市民化的进程，有利于促进农村经济发展和农业现代化建设，有利于把城市先进文明向农村传播，提高农民的素质；有利于城市的长久繁荣，最终实现城乡融合发展。

目前，各级政府加大了基本公共服务方面的财政支出，城乡基本公共服务均等化也取得了较快发展。但也更应当清醒地认识到，城乡间、地区间基本公共服务水平不平衡，农村基本公共服务资源短缺、基本公共服务保障措施不落实等问题依然严重。当前，应该建立全社会多元化的服务机制，调动政府、社会和基本公共服务部门的积极性，形成职责明确、服务明晰、绩效考核、投资供给的一整套体系，通过政府服务、购买服务、契约服务、保障服务和自愿服务等方式加快推进基本公共服务均等化。

（四）提升高素质多技能的人口比重

新型城镇化进程中能否实现人口的有序转移在很大程度上还取决于转

移人口自身的就业能力。高素质多技能的人口比重越高，越有利于人口的有序转移。世界先发国家的经济发展经验表明，一个国家或者地区在经济起飞时期，人力资源开发的重点是中等和高等职业教育。德国依靠"双轨制"职业教育培训，提高劳动者素质，为其他国家推动工业化进程提供了经典的范例。日本缺乏自然资源，但其工业现代化得益于培养了一批又一批高素质多技能的劳动者。韩国能够从亚洲金融危机中重振经济，其中一个重要因素，就是多年来依靠"技能立国"，在提高劳动者素质与技能方面进行了长期不懈的努力。随着经济社会的进步，技术更新速度的加快，劳动者必须不断学习和迅速掌握新技术，方能适应市场竞争的需要。如果劳动者只掌握单一的生产技术和技能，就难以满足社会进步和经济发展对就业技能的要求。河南只有大力发展职业教育和培训，才能充分发挥人力资本优势，才能源源不断地为经济持续健康发展提供高素质的劳动者，实现劳动力的充分就业，最终达到在新型城镇化进程中实现人口有序转移的战略目标。

对河南而言，大力提升转移人口中接受过职业技能教育的人口比重尤其重要。河南农村存在大量富余劳动力，但他们技能单一，缺乏对当今的新技术、新技能的了解和掌握，制约着他们向城市第二、三产业的有效转移。在转移的人口中，初中文化的劳动力是转移人口的主流，高中及以上文化的比例较低。这些转移人口一般只接受过短期职业培训，少部分接受过初级职业技术培训或教育，接受过中等职业技术教育的比例不高。这些转移人口很难进入科技型企业，基本上只能从事高风险、重体力、低报酬行业，这也是他们就业能力不高、收入低的主要原因。大力推动职业教育，提升劳动者素质，培养一专多能的劳动者对推动城镇化进程中的产业结构优化升级也有积极作用。现代经济的发展主要取决于掌握先进科学技术知识、专业技能本领并有创造能力的劳动者。在河南产业结构的演进过程中，正是由于劳动者素质和技能跟不上社会经济发展和科技进步而产生了结构性失业现象，从而影响产业结构与就业结构的协调性。因此，针对河南劳动力素质总体偏低的现状，需要大力推动职业教育，提升劳动者素质。

河南省要整合培训资源，加大人力资本投资，充分利用人口红利。要建立一批实训中心，整合利用好省内的培训机构、职业技校和高等院校的师资等资源来提升转移人口的素质和就业能力，增强他们的市场竞争综合实力，从而使农村劳动力转移更具有序性。同时，注重基础教育，将人力资本投资投入到基础层面，培养未来发展所需人才。提高人口素质，加强人力资本投资，强化人力资本的积累，着力解决河南城镇化发展过程中长期存在的人口素质整体偏低的问题。

（五）与时俱进的社会观念和意识

新型城镇化进程中的人口转移的实质就是农民市民化的过程，是传统农民脱胎换骨走向现代文明的过程，是推动社会历史进步和实现社会现代化目标的过程，也是传统农民走向"终结"和现代新市民群体"再造"的过程。而在解决农民市民化问题中，培育农民与时俱进的社会观念和现代化的市民意识是首要的事情。因为思想是行动的先导，没有观念的转变就不会有积极的行动。

恩格斯指出："就单个人来说，他的行动的一切动力，都一定要通过他的头脑，一定要转变为他的意志的动机，才能使他行动起来。"也就是说，作为个人，他的行为都要通过他的观念而行动，这就决定了观念对人的行为的支配作用。因此，转移农民是否已经具备现代化的市民意识，不仅关系着他们顺利融入城市社会，投入当代城镇化建设的历史洪流之中，而且是促进地区经济持续、快速和健康发展，顺利实现城镇化和现代化的必由之路，是社会稳定和地区长治久安的重要保证。

新型城镇化进程中的转移人口离开赖以生存的土地进入城市从事非农业生产，要积极改变自己的就业方式，在工作中不断接受各种现代生活和工作新观念的熏陶；面对城市社会的各种竞争压力，要抛弃传统的、保守封闭的、安土重迁的小农思想价值观，增强主体意识、独立意识、风险意识、机遇意识和竞争意识，并且逐渐形成开放、竞争、合作、共享的心态。要培育商品意识，形成优胜劣汰、适者生存的价值观念。要在新的岗位上，在企业的严格训练中，培养和增强其时间观念、工作理念、组织意识和消费意识。要在工作与生活中开阔眼界，看问题、思考问题及处理问题要更加全面和理性化，在思想价值观念上逐步向城市市民转变。

要适应社会发展进步的要求，提升法律意识，构建新型社会关系。要增强与法制社会相融合，提升法律意识、契约意识和维权意识，积极寻求征地补偿、劳动就业、社会保险、生活居住、子女教育等诸多方面的合法权益保障。要逐步淡化以"血缘"、"地缘"为基础的具有浓厚小农色彩的社会关系，培育基于职业利益、行业利益，体现现代性契约精神、代表现代市场经济价值观的新型社会关系。

新型城镇化进程中有能力有条件的转移人口要增强创业意识。21世纪是市场经济高度发达的创新创业世纪，要摒弃知足常乐、求稳忌变、满足现状、甘于平庸、不图进取的惰性心理和软弱人格，与时俱进地培养勇于冒险、宽容失败、崇尚探索、乐于接受新事物与新经验、敢为天下先的创业精神。

（六）科学健全的制度和政策体系

新型城镇化进程中人口有序转移的实践效果在根本上取决于相关制度和政策体系的科学性与健全程度。制度是人为设定的约束人们行为的一系列公共规则。城镇化的加速推进，人口加速向城市转移，不仅是经济社会发展或技术变革的结果，更是制度变革和政策创新的结果。

有效的制度安排和政策支撑为人们提供了一套激励和约束机制，影响和制约人口对转移目的地的选择，从而最终决定着新型城镇化的发展绩效。

2012年中央经济工作会议提出2013年经济工作的任务之一是要积极稳妥推进城镇化，着力提高城镇化质量，要把有序推进农业转移人口市民化作为重要任务抓实抓好。其核心是把解决符合条件的农业转移人口逐步在城镇就业和落户作为推进城镇化的重要任务，全方位提高城镇化发展水平。这种政策下的城镇化将成为未来经济增长的新引擎。这种新引擎发挥作用的政策前提是放宽户籍制度的限制，政策关键是建立包含户籍制度在内的系统、多元化的城镇化制度支撑体系。缺乏制度创新和政策激励，城镇化的历史作用将难以凸显，人口有序转移也无从谈起。

推进相关制度的创新，强化相关政策的集成，是目前新型城镇化加速推进和经济发展方式转型的必然要求。虽然这些年包括户籍制度、社会保障制度等在内的与人口转移相关的制度变革取得巨大的进展，但从全局来看，推进的速度、力度、深度和协调度还不尽如人意，许多方面的改革至今仍处于僵滞状态。尤其是由于在既得利益集团的阻挠和干扰下，制度和政策创新缺乏突破力，许多关系富民强省的深层问题没有取得实质性的突破，甚至有的地方出现体制性复归现象。如何创新和完善一个更符合现代市场经济规律要求的、科学健全的人口转移制度和政策体系需要不断探索和创新。

要改革户籍制度，解除户籍制度对农民进入城镇约束和限制，逐步推动公民的自由迁徙。完善农村社会保障制度，扩大城镇社会保障体系覆盖范围，逐步实现全民覆盖。建立城乡统一的就业制度和教育体系，使城乡居民享受同等的就业待遇和教育水平。把股份制引入农村土地制度建设，通过土地承包权入股，把土地的使用权和收益权分离，使土地资源在整体上进行规模利用，再通过向农民配置股权把土地承包权转换为收益权，以价值形态的方式把农民对土地承包权长期确定下来，使土地得以顺利流转，劳动力得以顺利转移。总之，应从户籍制度、就业制度、社会保障制度、教育制度、土地制度等方面入手，顶层设计产业、土地、金融、财政、科技、人才和外贸等经济政策，系统集成人口管理、教育培训、社会保障、扩大就业、收入分配、医疗卫生、精神文明建设等社会政策，逐渐健全城乡一体化的制度体系和政策体系，降低转移人口的发展成本，从而推动城乡人口的自由流动，尤其是促进农村富余劳动力向城镇的转移与居住，最终使城乡居民共享国民经济发展成果，实现共同富裕。

四　中原经济区农村人口转移的模式创新

促进农村人口有序转移是河南省推进新型城镇化的重要内容，也是全面建成小康社会的重要途径。在新型城镇化进程中实现河南省农村人口有序转移，要按照因地制宜、分类指导、有序推进的原则，依照新型城镇化的空间布局，有重点、有节奏、有计划地推进农村人口向大中小城市、小城镇和新型农村社区有序转移，逐步形成生产力空间布局与人口空间布局相适应，新型城镇化战略格局与人口战略布局相协调的发展格局，为全面建成小康社会和实现中原崛起河南振兴战略目标提供重要支撑。

（一）按照中原经济区规划的城镇空间布局科学合理引导人口有序转移

城镇化是农村人口向城镇人口转化的过程。在这一转化过程中，如果盲目、无序地推进人口的转移，既会给城镇带来沉重的负担，也会给转移人口带来巨大的压力，影响着新型城镇化发展的质量和效益。因此，实现农村人口的转移，要按照城镇化空间布局，有节奏、分层次、有序地推进人口的转移，只有这样，才能以最小的转移成本获得最大化的转移效益。为此，在新型城镇化过程中实现河南省人口的有序转移，需要按照《中原经济规划》的城镇空间布局，积极发挥城市群辐射带动作用，有效发挥大中小城市、小城镇和新型农村社区的功能作用，合理引导人口转移和空间布局，促进人口的合理分布和推进新型城镇化进程。

一是推动人口向中原城市群适度集中。中原城市群是河南经济社会相对发达的地区，也是承载人口相对较多的地区。2011 年，中原城市群GDP 占全省的60.0%，常住人口占全省的44.4%，城镇化水平为46.3%。但无论是与国外发达地区城镇密集区相比，还是与长三角、珠三角、山东半岛城市群等国内发达城市群相比，中原城市群还有较大的人口集聚空间和承载能力提升空间。因此，当前，要采取积极的措施，积极推动和合理引导黄淮四市、豫西、豫西南等农村劳动力相对富余地区的人口，向中原城市群地区适度集中和集聚。

二是对郑州市实施条件准入限制政策。郑州市作为河南省省会城市和核心城市，对全省人口的吸纳力和吸引力相对较强，但如果不加限制地迁移流入，势必会为郑州市带来巨大的压力，也会带来一些比较严重的社会矛盾和问题，进一步影响郑州市的发展质量和效益。因此，有必要对郑州市实施相对严格的条件准入限制政策，有条件、分批次地引导人口向郑州有序转移。

三是重要中心城市要不断壮大其城市人口规模。对洛阳、安阳、南阳、商丘等作为中原经济区的重要中心城市来说，尽快做大城市规模、提升整体实力是其今后一个时期的重大历史性任务。因此，对于上述四市而言，要结合城市发展现状和实际，积极实施相对宽松的人口转移政策，着力提升就业吸纳能力和人口承载能力，逐渐壮大人口规模，把洛阳培育成为人口超300万的特大城市，把安阳、南阳、商丘培育成为人口超百万、超200万的特大城市，不断提升对周边地区的辐射带动能力。

四是地区性中心城市要不断提高人口集聚能力。开封、新乡、焦作、平顶山、许昌、漯河、驻马店、信阳、濮阳、周口、鹤壁、三门峡、济源等城市作为中原经济区地区性中心城市，在区域经济发展和人口集聚方面发挥着重要作用。对于这类城市，要实施积极的人口准入和人口转移政策，不断提高综合承载能力和人口吸纳集聚能力，促进人口向其集中集聚。

五是把县城、中心镇等中小城市和小城镇作为人口转移的主要承接地。与大中城市相比，中小城市和小城镇更接近农村，与农村联系更紧密，具有转移风险小、转移成本低等比较优势。因此，河南应把中小城市和小城镇作为农村人口转移的主要承接地，通过积极放宽放开落户条件、强化产业支撑、加强基础设施和公共服务设施建设、完善社会保障体系等多种举措，不断提高中小城市和小城镇承载吸纳能力，实现农村人口的就近转移就业。

六是积极稳妥推进新型农村社区建设。近年来，河南在推进新型城镇化的过程中，创造性地提出了建设新型农村社区的创新举措，并取得了巨大成效，这也是被证明行之有效的实现农村人口就近转移的举措。当前，应继续实施这一战略，因地制宜地探索新型农村社区建设模式，稳步开展试点示范工作，把其作为推进城乡一体化的切入点，作为实现农村人口就地就近转移的着力点，实现农村人口集中居住、集聚发展。

（二）给予具备一定条件的农民工完全的市民化待遇

目前，我国城镇化过程中最大的挑战还是农民工进城问题。虽然中国城镇化率已达到51%，但若以享受城市公共服务的户籍人口计算，仅有36%左右，剩余15%左右的农村进城人口只是在城市里打工，虽被统计为城市人口，但并没有享受到和市民一样的待遇。然而，如果一股脑地全部放开、全部市民化，又会带来一系列的问题。如何更好地解决农民工市民化问题，成为我国推进新型城镇化必须破解的现实难题，这对于河南省来说也是一样。在推进新型城镇化过程中如何把农民工转化为市民，面临着诸如城镇承载力低、就业支撑差、农民工就业能力弱等突出难题。因此，推进河南省农民工市民化，不能一蹴而就，而应按照分类指导、有序推进的原则，采取渐进方式，优先给予具备一定条件的农民工完全的市民化待遇，以降低政府和城市的压力，减小改革阻力。

一是要分类引导平稳有序地推进。河南对于农民工市民化问题，要秉持分类指导、平稳有序的理念，有序推进农民工市民化进程。比如，对于在城市有固定工作、固定住所的农民工优先安排落户，对于举家迁移和稳定就业的农民工优先安排落户，对于就地就近转移、向中小城市和小城镇转移的农民工优先安排落户，等等。因为这些群体具有成为市民的强烈欲望，只要政府在政策力度上有所加大，他们就会平稳地进城落户居住发展，变为真正的城市居民。

二是要给予落户农民工真正的市民化待遇。农民工落户城市转化为市民后，要给予他们真正的市民化待遇，使其在教育、公共卫生、劳动力就业、住房保障、社会保障等方面享受同等待遇，使其尽快融入城市。同时，要对落户后的农民工给予一定的优惠政策，积极支持其就业创业，比如，在管理上，降低他们就业创业的准入门槛，简化审批程序，减免工商登记费和其他行政事业性收费；在财政上，加大对他们创业扶持的投入，建立创业专门扶持基金；在税收上，给予他们创业一定的优惠政策等。

三是要切实保护其在农村的各种权益。尤其是对于农村土地承包权和宅基地使用权，要尽快从法律层面赋予农民更广泛的土地财产权，让农民工在土地承包权或宅基地使用权的保留和舍弃上获得更大的话语权和利益分配权。要积极探索建立合理的征地补偿和利益分享机制，保障进城落户农民工家庭的土地财产收益。要探索建立农民工的土地退出机制，适应农民工进城落户和城镇化发展的需要，充分尊重农民工意愿，既可以将土地承包权或宅基地使用权折价入股、带股进城，也可以保留土地承包权并可依法流转。

（三）有重点地促进农村富余劳动力向中小城市转移

中小城市处于农村之头、城市之尾，在统筹城乡发展中具有承上启下的重要作用，它比大中城市更接近农村，这就使得从农村转移来的人口能够很快地融入其行政组织、经济组织与社会人口组成的关系之内，因而不会像进城农民工因受城市排挤而顾虑重重，所需付出的个人转移成本和心理成本都要低得多。推进河南人口有序转移，要把中小城市作为人口转移的主要承接地，有重点地促进农村富余劳动力向中小城市转移。然而由于既往的政策重大中城市发展而轻中小城市发展，导致河南中小城市的城镇功能不完善、产业支撑能力弱、综合承载能力低，吸纳农村转移人口、拓展就业空间等的能力相对较低，难以有效地发挥集聚承接人口的重要作用。因此，当前促进农村富余劳动力向中小城市转移，当务之急就是要坚持"两条腿"走路，即一方面要着力破解农村人口向中小城市转移的体制机制障碍；另一方面要强化中小城市自身的建设和发展，提升其吸纳农村人口转移的能力。

一是加强制度创新，清除体制机制障碍。体制机制障碍是影响和制约农村人口转移的核心要素。因此，实现河南农村人口向中小城市的转移，首要任务是要打破体制机制障碍，积极鼓励中小城市在土地制度、户籍制度、社会组织制度、社会保障等方面进行制度创新和改革试点，加快落实放宽中小城市、小城镇特别是县城和中心镇落户条件的政策，促进符合条件的农村转移人口在城镇落户，并享有与当地城镇居民一样的教育、医疗、社会保障等城镇公共服务和基本权利。

二是强化产业支撑，提升就业吸纳能力。产业是就业之本，承载之源。没有一定量的产业支撑，很难实现农村富余劳动力向中小城市的有效转移。因此，政府要积极创造条件，努力推动工业下乡，将重大项目和重要产业的产业链从大中城市向中小城市转移，并且通过主导产业的培育来带动相关配套领域、服务业在中小城市和小城镇的发展，并大力发展从事农产品深加工的乡镇企业，创造更多的就业机会。同时，政府要在财政、税收、信贷等方面给予中小城市一定的优惠政策，吸引各类生产要素和市场要素向县镇集中，引导就业主体向中小城市和小城镇转移，实现劳动力就近转移、就近就业。

三是完善城镇功能，提升城镇人口承载能力。城镇功能不完善是河南中小城市发展的典型特征，也是制约农村人口向中小城市转移的关键要素。为此，要加大政策和资金支持力度，着力实施中小城市城镇功能提升计划，全面加强中小城市道路交通、通信网络、给排水、电力设施等基础设施建设，着力推进教育、医疗卫生、文化等公共服务设施建设，不断提升中小城市的人口承载能力，为吸纳农村富余劳动力提供重要支撑。同时，由于中小城市数量众多，而政府财力有限，单靠政府自身力量很难完成城镇功能提升计划。因此，对于一些经营性基础设施建设项目，要本着"谁投资、谁管理、谁受益"的原则，把基础设施建设引向市场，鼓励企业和个人投资，形成政府、企业和个人多元化投资机制。

（四）依托产业集聚区和商务中心区鼓励农村居民就近就地非农化就业

产业是城镇化发展的基础和前提，也是劳动力就业的渠道和载体。城镇的发展离不开产业的发展，产业发展的滞后带来的直接后果是就业机会的缺失，没有产业就无法提供更多的劳动就业机会，难以吸引农村剩余劳动力向城市转移。因此，在城镇化过程中产业聚集是人口聚集的前提。一方面，产业集聚可以有效地推动城市基础设施建设，提高城镇的就业机会；另一方面，产业集聚所带来的巨大外部性经济利益，使得信息交换便利、技术扩散迅速，可以更多地以近域推进的方式加快城镇的发育和城镇化的进程。实现河南农村富余劳动力的转移，要依托产业集聚区、商务中心区等的规划建设，加快推进产业的发展和集聚，不断提升产业承载就业的能力，促进劳动力就业和农村居民就近就地非农化就业。

一是加快推进产业集聚区建设。产业集聚区是产业发展的主载体、承接产业转移的主平台，也是农民转移就业的主渠道。因此，推进河南农村人口的有序转移，要积极发挥全省180个省级产业集聚区重要作用，着力推进产业集聚区发展，积极承接产业转移；着力强化产业支撑，促进农村富余劳动力进入产业集聚区工作就业。尤其是对于处于传统农区的产业集聚区，要强化政策引领和规划引导，积极引导其承接和发展食品、纺织、服装、轻工、电子、医药、机械、装备制造等劳动密集型产业，为农村居民的就近转移就业提供支撑。同时，要积极开辟专门的创业孵化园区，将进入产业集聚区转移人口纳入创业就业政策扶持范围，在税费减免、金融信贷、创业服务等方面予以支持。要积极规划和建设一批特色乡镇工业园和工业小区，推进乡镇企业向园区集中、集聚，促进农村人口就近转移和就近就业。

二是积极推进商务中心区和特色商业区（下称"两区"）规划建设。规划建设"两区"是河南加快推进服务业发展、促进产业结构优化升级的重大举措。"两区"是以服务业集中集聚发展为主题，具有较强的就业吸纳能力，是劳动力就业主要承载主体。当前，河南需要加快推进"两区"的规划建设。对于已完成发展规划编制的"两区"，应当加快编制控制性详细规划，加快推进规划的落实和项目的建设；对于尚未和正在编制发展规划的"两区"，应当合理选择主导产业，不要贪大求洋、不切实际，尽快完成发展规划的编制和报批工作。

三是加强进区就业农民的就业培训。能否真正进入产业集聚区和商务中心区就近就业，很大程度上取决于农民的就业技能和就业能力。因此，有必要对进入产业集聚区、商务中心区和特色商业区就业的转移农民进行技能培训，不断提高其就业能力。要依托"阳光工程"、"雨露计划"、"农村劳动力技能就业计划"，强化制度建设，创新培训机制，积极围绕产业集聚区的产业发展、市场需要，有针对性地加强转移农民的就业技能培训，不断提升其转移就业能力和就业技能。要加强公共就业服务体系建设，完善就业服务信息中心和平台，提升综合服务能力，让广大农村富余劳动力在家门口就能找到理想的工作。

（五）积极实施迁户并村加快农村人口向新型农村社区集中集聚

河南农村人口众多，需要转移的农村富余劳动力数量巨大，如果把这些富余劳动力全部转移到城镇，必将会给城镇带来巨大的压力和负担，因此，加快推进河南新型城镇化进程，促进农村富余劳动力有序转移，一方面要积极推动农村人口向城镇转移；而另一方面，也是最重要的方面，就是实施农村人口的就地城镇化，即通过实施迁户并村、加快新型农村社区建设，实现农村人口的集中居住和就地转移。

一是继续稳妥地推进新型农村社区建设。新型农村社区建设是河南推进新型城镇化的创新之举，也是实现农村人口有序转移、优化人口空间布局的重大举措。经过几年的实践探索，河南新型农村社区建设取得了显著成效，也受到农民的积极响应。当前，河南应在前期取得显著成果的基础上，继续按照"分类指导、群众自愿、民生为本、量力而行、尽力而为"的原则，着力实施迁村并点工作，稳妥推进新型农村社区建设，逐步实现全省农村人口的集中居住和合理布局。

二是要切实保护转移农民的合法权益。在新型农村社区建设、土地流转等过程中，要切实维护农民的合法权益，有效维护农民的根本利益。新型农村社区能不能建、何时建、怎么建、在哪里建，必须充分尊重群众意愿，保障农民的知情权、决策权、参与权、监督权，切实把好事办好。加快推进农村集体土地所有权、集体建设用地使用权、宅基地使用权确权登记发证工作，保护居民的农村集体财产分红收益、土地流转以及集体土地转让收益，使农民成为最大的受益者。

三是围绕新型农村社区建设推进产业发展。新型农村社区建设要实现农民就地就近城镇化，关键在于能否就地就近有效就业，让群众有事做、有钱挣、能致富。推进新型农村社区建设，实现农民就地就近就业，要发展集约农业、生态农业、设施农业和高效农业，积极推进农业产业化经营，拓展农业的就业空间；要因地制宜地规划建设农民产业园，积极发展农产品加工等劳动密集型产业，积极促进农民就业；要积极发展观光、品尝、体验、休闲、度假、养生、教育等多种形式的休闲农业与乡村旅游业，引导农民投资发展餐饮业、运输业、家庭服务业等服务业，培育新的业态和经济增长点，拓展农村富余劳动力的就业空间。

五 推进中原经济区农村人口转移模式创新的政策建议

推进河南省农村人口有序转移，应当以区域人口承载功能为前提形成有序转移导向，以住房、教育和社会保障为着力点给予农民工完全的市民化待遇，以打造"两区"为平台全面提高城镇吸纳转移人口的能力，以新型农村社区为基点促进农村居民就地城镇化，以城乡一体化为目标推进城乡公共服务均等化，以推行居住证制度为突破口全面推进体制机制创新，通过一系列相互配合的政策措施，全面加快河南省新型城镇化进程。

(一) 以区域人口承载功能为前提形成有序转移人口导向

不同区域的资源环境条件不同，集聚经济的能力不同，承载人口的能力也不尽相同。加快新型城镇化进程，推进人口有序转移，必须遵循这一方针，按照主体功能区划要求，在全省范围内整合空间资源，协调各类用地，保持适度的生活、生产与生态空间比例，因地制宜地划分和形成功能定位明确的主体功能区，把优化开发、重点开发区域作为人口未来重点转入区域，鼓励有稳定就业和住所的外来人口安家落户；把限制开发和禁止开发区域作为人口转出区域，引导人口逐步有序向外转移，缓解人与自然的紧张关系。依据这一原则，制定以市场化为基础、行政管理为辅的一系列差异化的农村人口转移引导政策。

一是土地政策。在保证基本农田不减少的前提下适当扩大未来人口重点转入区域的建设用地供给，通过价格杠杆调节加大其土地开发强度，着力提高土地利用效率，以扩充其承载人口的空间容量；对限制开发区域和禁止开发区域则实行严格的土地用途管制，严禁生态用地改变用途。

二是产业政策。引导未来人口重点转入区域提升产业结构层次，加强产业配套能力建设，充分发挥其人口集聚的优势积极发展劳动密集型产业和中小企业、民营企业，加强金融服务和财税扶持。主要是加大对符合国家产业和环保政策、能够大量吸纳就业的科技、服务和加工业等实体经济的支持力度，引导和帮助小型微型企业稳健经营、增强营利能力和发展后劲，以增强区域吸纳就业的能力。对于限制开发区域则仅鼓励其发展特色产业，严格控制不符合主体功能定位的产业扩张。

三是投资政策。在公共服务均等化这一基本原则的前提下，对于未来人口重点转入区域，如中小城镇、人口集中居住的新型农村社区，应当增加交通、通信、基础教育、医疗卫生、文化等方面基础设施财政投入，并制定优惠政策吸纳社会资金参与，从而改善和提高这类区域的生产生活条件。而对于人口的转出区域，如人口发展限制区，则应加大在人口素质提升方面的财政投入，以增强劳动力人口城镇化、工业化转移的能力。

四是绩效和政绩考核政策。对优化开发区域和重点开发区域，要强化经济结构、质量效益、工业化和城镇化水平优先的绩效，突出承接产业和人口转移方面的考核。对限制开发区域，要突出生态环境保护的评价，弱化经济增长、工业化和城镇化水平的评价。对禁止开发区域，则主要评价生态环境、自然和文化保护。

（二）以住房、教育、社会保障为着力点给予农民工完全的市民化待遇

农民工进入城市从事第二、第三产业，在就业上实现了农业向非农产业的转换，却不能享受城镇居民的社会福利，因而很难成为真正意义上的城镇居民。长此以往，城镇化进程得不到实质推进，还会衍生出诸多社会问题。因此，必须给予农民工市民化待遇。就当前来看，最紧迫的是要首先解决好农民工在城市的住房、教育、医疗和社会保障等方面的问题，以保障进城务工的农民能够在城市定居，并实现举家随迁。

一是住房。需要逐步打破户籍限制的障碍，将包括"非城市户口"在内的更多的中低收入家庭纳入"城市住房保障体系"的保障范围，降低廉租住房和公共租赁住房的申请条件，同等对待本地居民和外来务工人员。特别是对于外来务工人员相对更为集中的产业集聚区，其规划建设一定要统筹考虑保障性住房的建设问题。在住房政策上应逐步放开，允许工作了一定年限的农民工享有公积金购房政策，按照当地市民待遇租住或购买各类住房。而在保障住房的供给问题上，需要政府提供财政支持，并在土地、税收等方面制定优惠政策让利于民，以吸引社会资金参与。

二是教育。关键是要保障农民工随迁子女的义务教育。要创新随迁儿童义务教育的财政保障机制，随父母进入城市的农民工子女，其义务教育经费的投入责任主体应为中央与流入地各级政府，政府间经费分担采取按职责、分项目的方式。在财政补助方式上，经费补助对象为随迁儿童，财政部门应依据流动学生数量，按教育支出项目，通过银行账户把相应的补助拨付到公办学校或民办学校（包含打工子弟学校）。

三是社会保障。首先是就业保障。就业保障是对农民工最直接最有效的保障，要保障农民工依法享有各项劳动权益，确保农民工工资及时发放与合理增长；大力培训农民工特别是新生代农民工，提高其技能水平，培

养其适应经济发展方式转变要求的劳动能力，从而保障其就业权益。其次是医疗保险，针对农民工的特点，以及他们生活和工作在城镇，客观上已成为城镇居民的事实，以大病统筹为主的城镇居民基本医疗保险更适合他们。农民工参加所在城镇的居民基本医疗保险后，可以不受工作单位限制同城内自由流动，可以大大提高农民工参保的积极性。而且城镇居民基本医疗保险可以有效覆盖举家迁往城镇的农民工的未成年子女和父母，解除农民工的后顾之忧。作为为城市发展做出重要贡献的一个群体，政府有责任保护其各项权益，将其纳入当地医疗保障规划，列入地方财政预算。再次，兼顾农民工工资收入偏低的实际情况，实行低标准进入、渐进式过渡，调动用人单位和农民工参加养老保险的积极性。根据农民工就业具有流动性大的特点，政府应为农民工异地转移接续创造条件，尽快建立农民工养老保险省内转移体系。目前在新农保的优惠政策鼓励下，不少农民工放弃城保转回农保，这样容易带来"逆城镇化"潮。所以应当考虑放宽政策，鼓励农民工纳入城市社会保障，从城市社会保险方面推动农民工市民化。

（三）以打造"两区"为平台全面提高城镇吸纳转移人口的能力

产业集聚区和商务中心区建设的最初目的是促进工业集聚发展和服务业集聚发展。但在发展产业的同时，也要注重产业规划与城市规划、产业选择与城市功能定位、产业集聚与人口集聚、产业功能与社会功能的结合，大力完善区域的生活配套设施，加速产城融合发展，充分利用这些平台全面提高城镇吸纳转移人口的能力。

为此，一是要通过与省级土地利用总体规划、城乡规划等各项规划的协调衔接，对接城市空间布局、用地安排，合理分配城市空间资源，有效组织城市功能分工，突出城市与产业融合发展的导向。二是要为企业发展创造良好的环境，积极提升行政效能，优化职能配置，减少审批环节，创造快捷、高效的政务环境，并通过政府力量促进中介机构的发展，建立可靠、高效、权威的综合性服务体系。三是集聚资金，用好省市对每个产业集聚区和商务中心区的补助资金，逐步建立以政府资金或资源为引导，企业投入为主体，金融贷款为支撑，外资与民间资本并重的开放式、多元化投入机制和融资体系，做好"两区"产业发展和城区建设的资金保障。四是坚持集约集聚发展，根据实际经济发展水平，适当提高产业集聚区和商务中心区的投资强度、建筑容积率和投入产出率等方面的标准，加快多层标准厂房建设，鼓励企业利用存量建设用地加层扩建提高容积率，引导和控制对土地的集约节约利用，为吸纳转移人口提供更大的承载空间。五是大力完善服务配套，积极建设为区内各类企业及居民服务的配套设施，包括交通、学校、医院、城市监管系统、休闲场所等在内的公共设施，还要支持购物中心、生活市场、便利超市、餐厅等各类商业服务网点的发展，布局建设多功能复合型社区，以增加就业，并为生产生活提供良好的环境，聚集人气，为区内就业人员在区内安居提供便利条件。

（四）以新型农村社区为基点促进农村居民就地城镇化

新型农村社区是在农村区域按照城乡规划进行建设的、居住方式与产业发展相协调、具备完善基础设施和社会化公共服务设施的现代化居民聚居点。把新型农村社区纳入新型城镇化体系，能够更有效率地把城镇的基础设施和公共服务延伸到农村中去，促进农村居民就地城镇化，与农民工市民化一起共同推进河南省新型城镇化进程。

要发挥好新型农村社区的战略基点作用，必须坚持从实际出发，科学统筹，根据各社区的不同情况分类实施，真正把新型农村社区建成造福农民群众、惠及千家万户的民心工程。

一是严格保护农民利益。新型农村社区建设应以农民不失去土地为基本出发点，以维护农民拥有的土地权益为核心，通过政策法规等形式确保农民的土地权益不受侵害。发挥农民主体作用，尊重农民意愿，社区从规划编制、项目安排、资金使用到组织实施，都要让群众充分参与，保障农民的知情权、决策权、参与权、管理权和监督权。

二是坚持政策先行。制定包括财政、信贷、土地、户籍、产权以及规费减免等在内的配套政策，调动广大群众的积极性，推动农民居住由分散向集中转变、村庄向社区转变，促进人口向新型农村社区集中、生产向集聚区集中、耕地向规模经营集中。尤其是针对新型农村社区建设中政府财力有限，农村居民收入水平不高的现状，应积极探索市场化运作途径来破解资金难题。通过综合运用土地整理、贷款贴息、以奖代补等优惠政策，引导各类有实力的企业和社会资本积极参与新型农村社区建设，减轻政府压力、农民负担，形成多元化投入格局。

三是重视规划引导。充分考虑原有村庄布局、产业基础、生态环境、交通条件、文化传承和耕地保护，尊重农民的生活习惯、生产方式和民俗传统，以优化人口和产业分布为目标，积极推进村庄整合，高标准、高起点编制新型农村社区建设规划。同时，考虑到各地农村发展的差异性和不平衡性，新型农村社区建设必须因地制宜，量力而行，分类分步推进。

四是强化产业支撑。积极发挥新型农村社区吸纳农村劳动力就地就业的功能，基于不同发展条件、不同资源禀赋，充分发挥市场资源配置的决定作用，发挥比较优势，宜农则农、宜商则商、宜旅游则旅游，发展具有地域特色的产业。同时坚持集约发展、集中发展、规模发展、特色发展的原则，主要工业项目就近向产业集聚区及工业园区集中。

五是注重集约节约，统筹安排建设用地。充分利用城乡建设用地增减挂钩政策，将拟整理复垦为耕地的建设用地和新型农村社区建设用地，纳入年度增减挂钩实施计划，允许先占后补，严格占补平衡，确保耕地面积不减少、质量不降低、结构和布局更加合理。对于村庄拆迁后复垦的耕地，要依靠农业科技对土壤进行改良，有效提高土壤肥力，并交由农业合作社或种粮大户集中经营，探索股份制的经营模式。旧村复垦节余的建设用地一部分优先安排新型农村社区基础设施、公益事业和产业发展用地，因地制宜地发展公共服务和支撑产业。

六是提高公共服务水平。以城市标准建立健全新型农村社区医疗、养老、失业、低保、住房等保障体系，完善养老、医疗等社会保险转移衔接办法，实现社区居民养老和医疗保险的顺畅转移和有效接续。加强社区综合服务中心建设，实行社区保安、民政事务、社会保障、计划生育、物业管理等公共事务集中受理、一站式服务，着力提高社区公共服务水平。

（五）以城乡一体化为目标推进城乡公共服务均等化

作为中国公民，农村人口和城市人口一样拥有享受政府提供公共服务的权利。推进城镇化进程，引导农村人口有序转移，目的是通过人口集聚提升经济社会发展效率，这一效率也包括政府为公民提供公共服务的效率。但是，人口的过度集聚也会导致效率的下降，产生一系列问题，比如"城市病"。所以，也必须防止人口盲目涌向大城市，而应引导农村人口向大中小城市、小城镇、新型农村社区的多元化转移。要实现这一目标，极为重要的一个环节就是要以城乡一体化为目标推进城乡公共服务的均等化，在保证所有公民同等享有基本权益的基础上，以市场机制（就业机会与生活成本等）引导人口转移，这样才能兼顾效率与公平。推进城乡公共服务的均等化，需要通过在以下方面加强政策支持力度。

一是完善社会保障和社会救助体系。继续扩大社会保险覆盖面，实现城乡居民社会养老保险制度全覆盖。逐步提高城镇职工、城镇居民基本医疗保险和新型农村合作医疗保障水平。健全失业、工伤、生育保险制度，提高社会保障统筹层次最终实现社会保险城乡之间无障碍转移。

二是完善公共教育服务体系。加大教育投入力度，保证财政性教育经费的增长幅度明显高于财政经常性收入的增长幅度。把财政教育投入的增量重点用于缩小地区之间、城乡之间的公共教育投入差异，加强对贫困县乡的农村幼儿园、中小学义务教育投入，特别要结合新型农村社区建设同步配套公共教育资源，保障农村儿童受教育权。支持依据城镇规划布局调整幼儿园、中小学建设，产业集聚区和商务中心区等城市新区开发、老城区改造或城市零星开发要按标准和规范配套新建或改建、扩建幼儿园和中小学校，并与居民区同步规划、建设及交付使用，确保新增居民和进城农民工子女能够方便入托入园以及接受免费九年义务教育。

三是完善公共卫生和基本医疗服务体系。首先是坚持医疗卫生事业的政府主导和公益性质。财政对医疗卫生的投入应旨在尽快缩小城乡公共卫生和基本医疗服务的差距，保证城乡居民基本公共卫生服务享有的公平性。其次是科学布局城乡卫生机构，优化配置城乡卫生资源，大力发展基层公立医疗卫生机构，当前应致力于社区医疗卫生（包括新型农村社区和城市社区）和农村医疗卫生。最后是将医疗卫生服务项目按照从基本到特需的等级进行划分。越是基本的项目如计划免疫等，其管理级次应越高，可由中央或省级财政承担。越是特需的项目其管理级次应越低，可考虑由县或区财政承担，由此保障贫困地区公共卫生和基本医疗经费来源。

四是完善公共文化服务体系。优化公共文化服务设施布局，完善街道、社区文化活动场所，依托新型农村社区建设加强当下乡村社区所缺乏的各类文化娱乐公共设施建设。

（六）以推行居住证制度为突破口全面推进体制机制创新

二元户籍制度和由户籍制度所衍生的二元就业制度、教育制度、社会福利保障制度以及土地制度等是阻碍农村人口有序转移的主要障碍。破解这一难题，可以以推行居住证制度为突破口，搞好综合协同改革，全面推进体制机制创新，通过熨平差别社会保障和差别公共资源享用制度，减少城市对农村人口进入的各种限制，消除农村人口对土地的依赖，实现城乡一体化下的人口自由流动。

一是推行居住证制度，实行以合法固定住所为主要条件的迁移政策。为实现逐步过渡，可考虑文化程度、就业和居住年限等条件，设定的迁移条件逐步放宽，以至于迁移自由。同时根据实际条件逐步将流动人口就业、技能培训、子女就学、社会保障等功能纳入其中，最终消除城乡居民所享受权益的差别。国家层面将在适当时候出台法规，全面实行居住证制度，并更多地着眼于为流动人口服务，而不是管理。河南省应为此做好先期准备工作。

二是推进城乡统筹的财政体制改革。关键是要使城乡公共服务和公共资源的差距逐步缩小。依托居住证制度，做好统计和预测工作，让城市地区履行对转移至城镇的这部分农村人口的公共服务义务，减少农村地区公共服务人口负担。城市政府由此所支付的成本应由省级财政和中央财政通过转移支付等方式加以支持。借助新型农村社区建设的契机，加大转移支付力度，弥补长期以来农村地区基础设施、教育、卫生等基本公共资源的缺失，将农村基本公共服务的提供主体逐步调整到区市两级政府，以保障贫困县乡的经费来源。

三是完善农村土地制度改革。在农民工向市民转化、土地保障转化为社会保障的过程中，土地制度的安排不仅在于赋予其产权属性，而且更应使其合理流转。在明确农民的土地承包权和宅基地使用权是物权的基础上，对在城镇稳定就业和落户的农民工，应允许其出售土地的长期承包权和房产。此外，应当进一步完善土地使用权的流转制度，建立土地流转机制，允许农户根据实际情况在规定的期限内将土地承包经营权依法转包、出租、互换、转让或以其他方式流转，促进规模经营；任何组织和个人不得强迫或阻碍农民进行土地流转，不得侵占农民土地流转的收益。

四是加快农民工市民化过程中劳动就业、社会保障、公共住房和教育等制度改革。在劳动就业方面，逐步建立城乡一体化的劳动力市场，通过立法保障农民工与城市产业工人享有平等权益。政府应当改革税收政策向企业特别是向中小企业让利，使企业有增长职工工资的利润空间，然后通过制定最低工资标准和工资集体协商制度，消除就业歧视，实现同工同酬同保障，逐步提高农民工收入。在社会保障制度方面，根据农民工市民化需要的轻重缓急，优先解决农民工的工伤保险、大病医疗保险，然后建立适合农民工特点的过渡性养老保险、失业保险、生育保险，最后建立失业救济等社会福利。在农民工子女义务教育方面，流入地政府应将农民工子女教育纳入教育发展规划和教育经费预算。在住房制度方面，加大财政投入支持廉租房和公租房建设，制定优惠政策吸引社会资金参与，在产业集聚区和商务中心区等各类新建城区，允许用工单位建设一定数量的公寓供务工人员租住，政府对出租房屋的单位给予税费减免。

第九章
创新城乡统筹发展模式

改革开放 30 多年来,我国的城乡关系发生了重大变化。当前,我国总体上已进入"以工哺农、以城带乡"的城乡关系发展新阶段,进入加快改造传统农业、走中国特色农业现代化道路的关键时期,进入着力破除城乡二元结构、形成城乡经济社会发展一体化新格局的重要时期。作为传统的农业大区和人口大区,中原经济区城乡一体化进程缓慢,还存在着城乡二元结构突出、城镇化滞后于工业化、农业现代化的发展不适应工业化的发展、城乡差距不断扩大等一系列问题。中原经济区亟须创新城乡统筹发展模式,从着力推进生产要素一体化、城乡产业一体化、城乡市场一体化、公共资源配置一体化等方面出发,推进新型城镇化科学发展。

一 新中国成立以来河南省城乡关系的历史演变

新中国成立以来,与中国城乡关系的历史演变一样,河南城乡关系也经历了曲折发展的过程。改革开放前,在传统计划经济体制下,城乡之间要素不能自由流动,城乡居民权利和发展机会不平等,城乡关系严重扭曲。改革开放以来,随着市场经济体制改革的推进,河南省的城乡联系显著增强,但是和全国一样,城乡分割的二元结构体制尚未根本改变,城乡关系发展面临新矛盾、新问题。2004 年以来中国城乡关系发生了历史性的转折,进入了以工补农、以城带乡的新阶段。

（一）新中国成立初期（1949~1952年），社会主义新型城乡关系确立阶段

新中国成立后，党和政府为了尽快恢复国民经济的发展采取了迅速有效的措施，为新型城乡关系的确立奠定了坚实的基础。一方面，在城市，没收官僚资本，使国有经济掌握了国家经济的命脉；统一金融和货币发行，严厉打击金融投机活动，加强对私营金融机构的管理，掌握经济发展的主动权；建立国营商业和供销合作社，它们成为城乡物资交流的主要渠道，稳定了市场、控制了物价。另一方面，在农村，首先进行了土地改革，使农民有了从事农业生产的基础；其次重新发展了城乡的物资交流，国营商业和供销合作社经营方式灵活，迅速成为农副产品流通的主渠道，从经济上加强了城乡间的联系；最后农村合作社得到发展，这在一定程度上扰乱了农村经济和农业生产的正常发展，但为农业社会主义改造奠定了基础。

1949年新中国成立之初，河南处于封闭的农业社会状态，工业企业基本是手工作坊和工场，只有零散的几家近代工商企业分布在少数几座城市中，技术水平很低，工业在国民经济中只是处于从属地位。在河南的广大地区，交通闭塞、邮电通信设施落后，全省的国民经济整体上处于十分落后的状态。在1949~1952年的三年国民经济恢复时期，河南全面恢复发展了国民经济，尤其是重点推进了重要基础产业的恢复和发展。全省的经济运行状况在较短的时间内实现了根本好转。同时，国民经济恢复时期，也成为新中国成立后河南城镇化发展最快的时期之一，农村人口大量地迁入城镇。从1949年到1952年，城镇人口由265万人增至342万人，城镇化率也由6.4%上升到7.8%。

（二）计划经济时期（1953~1978年），"重城抑乡"阶段

1953~1957年确立重工业优先发展战略，城镇化再次快速发展，同时重城抑乡的二元结构关系初步形成。"一五"时期，河南省以大规模工业建设为重点，集中力量进行了2099个项目的建设，以建立河南社会主义工业化的初步基础。由于开始大规模经济建设，从农村招收了大批职工，城镇人口大量增加，不仅粮食供销形势极为严峻，也给城镇建设和重

工业发展带来了极大的压力。1957年，河南城镇人口达到449万人，城镇化水平达到9.3%。

1958～1965年城乡大融合到城乡再隔离，城镇化发展出现反复。1956年生产资料私有制转变为公有制，计划经济体制基本形成。从1958年到1965年的"二五"计划和三年调整时期，经历了"大跃进"与国民经济第一次全面调整。与全国一样，河南省以发展钢铁工业为重点，推动重工业发展，在带动全省经济发展的同时，也推进了城镇化发展。"大跃进"期间，在大炼钢铁迅速膨胀发展的带动下，城乡之间出现了空前的融合，城镇化发展迅速。1962年河南省城镇人口达到518万人，城镇化水平达到10.5%。但是，"大跃进"也导致了人口激增，而这一时期也是我国的经济困难时期，片面地追求钢铁工业发展也增加了我国的经济困难程度，国家不得不对城乡关系进行了调整，主要是减少城镇人口和职工人数，恢复农业生产和农村的农副产品生产。经过1963～1965年对"大跃进"失误的调整，城乡关系再次进入各自发展、区域隔离的状态。

1966～1978年城乡关系被扭曲，城镇化再次出现反复。从1966年爆发"文化大革命"开始，到1978年召开党的十一届三中全会，河南省的国民经济发展也经历了"十年动乱"和结束动乱后的徘徊。这一时期，全省的国民经济有所增长，发展速度较快，但是经济效益不高。此外，"三线建设"① 和"大办五小"②，使得乡镇企业在计划经济的夹缝中艰难诞生，地方工业有了较快的发展。但"左"的路线没有得到根本纠正，国民经济虽然经历几次有限的调整，统得过死的经济体制总体上却未有根本性的变化，河南经济再度出现徘徊局面。其间，全省城乡关系也出现扭曲，城镇化发展缓慢。到1978年，河南省城镇人口达到963万人，城镇化水平达到13.6%。

（三）改革开放初期（1978～1984年），城乡关系调整阶段

1978～1984年的改革开放初期，我国的计划经济体制开始逐步松动，

---

① "三线建设"，1964年起，我国在中西部地区进行的以战备为指导思想的大规模国防、科技、工业和交通基本设施建设。
② "大办五小"，小煤矿、小钢铁厂、小化肥厂、小水泥厂和小机械厂。

相应地，传统的户籍管理制度、统购统销制度、人民公社制度也开始发生变化，从而也导致我国的城乡关系进入调整阶段。这一时期，河南省的国民经济发展也发生了诸多重要变化，主要表现在以下几方面：第一，对"重工业优先发展"过于注重积累的路线进行了纠正，进行积累与消费区域协调。第二，新一轮国民经济长期发展规划将"翻两番"作为基本目标，并把人民生活改善纳入经济发展的重要目标。第三，对诸如能源、交通、通信等国民经济发展的基础性产业给予政策倾斜。第四，正式实施了改革开放的发展战略，河南经济发展也由封闭逐步走向了开放。第五，在农村实施了"家庭联产承包责任制"，调动了农民的生产积极性，促进了农业的发展。第六，市场经济规律开始在国民经济发展中发挥作用。总体来说，在 1978～1984 年这一时期，河南省工业和农业之间以及轻工业和重工业之间的关系逐步趋于协调，农村经济也得到恢复性发展，国民经济也逐步进入良性发展轨道。随着经济步入良性发展轨道，河南省城乡矛盾也得到缓和，城镇化水平由 1978 年的 13.6% 提高到了 1984 年的 14.8%，城乡关系发展进入了一个新的起点。

（四）改革深化阶段（1985～2001 年），城乡关系发展面临新矛盾

1985～1992 年是工业和城市改革时期，这一时期河南城乡矛盾逐步加深。"七五"计划时期，随着经济体制改革的速度加快，河南省的国民经济在波折中快速发展，全省生产总值年均增速达到 7.5%，财政收入年均增速达到 11.3%。这一时期，河南以工业带动的国民经济虽然有很大的发展，但城乡关系却因农村经济滞后而矛盾逐渐深化。

1993～2001 年确立社会主义市场经济体制，城乡矛盾显著化。这一时期，河南省依托资源、区位交通优势，以及较好的工业基础，将总量平衡、优化结构、发展农业和加强基础设施建设等作为全省的战略重点，相继实施了"一高一低"、"可持续发展"、"科教兴豫"、"开放带动"等战略措施，独具河南特色的经济发展战略和指导方针已趋于成熟。这一时期，全省农村富余劳动力开始大规模向非农产业转移，推进了城镇化进程。2001 年，河南省城镇人口达到 2334 万人，城镇化水平由 1993 年的

16.5%提高到24.4%。但作为我国传统的农业大省和第一人口大省，这一时期，河南省城乡矛盾也不断加深，城乡差距进一步扩大，"三农"问题尤为突出。

（五）2002年以来城乡关系的历史性转折

2002年党的十六大以来，河南省八次党代会提出加快从经济大省向经济强省跨越，加快从文化资源大省向文化强省跨越，努力推进和谐中原建设，全面推进党的建设新的伟大工程，全面实施中原崛起战略。河南积极推动以乡镇机构、义务教育、县乡财政管理体制等为主要内容的农村综合改革，农业税、特产税、牧业税适时取消。以国有大中型企业公司制改革、上市公司股权分置改革、省属企业产权结构多元化改革等为突破口，积极推进国有经济布局和国有企业战略性重组。以文化强省为目标，全面推进文化体制改革。以强化公共服务职能为重点，不断推进行政管理体制改革。以建立落实科学发展观的体制机制为重点，全面推进矿产资源整合，在全国率先启动了煤炭、铝土矿资源整合，着力推动资源向骨干企业配置。此外，价格管理体制改革力度不断加大，投资管理体制改革积极推进，财税管理体制改革不断深化，金融体制加快创新，社会主义市场经济体制得到进一步完善。大力实施中心城市带动战略，着力加快中原城市群和县域经济发展，努力形成城乡经济社会发展一体化新格局。建设中原经济区、加快中原崛起和河南振兴总体战略开始进入实施阶段。这一时期，河南保持经济社会又好又快发展的态势，成为新中国成立以来河南经济增长快、运行质量高、稳定性和协调性明显增强的时期，是城镇化加速发展的时期，也是城乡居民更多地分享经济发展成果的重要阶段。2010年，河南省城镇化水平达到39.5%。

二　中原经济区城乡一体化进程评价及存在的主要问题

近年来，中原经济区的核心省份河南省的经济社会快速发展，为推进城乡一体化奠定了良好的基础。同时，河南省通过开展城乡一体化试点对推进城乡一体化进行了深入探索，但与发达省份及全国相比，河南省城乡一体化进程缓慢，还存在着城乡二元结构突出、城镇化滞后于工业化、农业现代化的发展不适应工业化的发展、城乡差距扩大等一系列问题。

（一）河南省经济社会发展状况

近年来，河南省深入贯彻落实科学发展观，不断加快"一个载体、三个体系"建设，着力加快经济结构调整、发展方式转变，在我国经济步入新常态的宏观环境下，河南省经济社会发展仍然取得了良好成效。

表 9-1　2010~2013 年河南省主要经济指标

类　别	2010 年	2011 年	2012 年	2013 年	河南省年均增速（%）	全国年均增速（%）
生产总值（亿元）	23092.36	26931.03	29599.31	32155.86	10.4	10.0
第一产业（亿元）	3258.09	3512.24	3769.54	4058.98	4.1	4.2
第二产业（亿元）	13226.38	15427.08	16672.20	17806.39	11.5	10.8
第三产业（亿元）	6607.89	7991.72	9157.57	10290.49	10.8	10.6
人均生产总值（元）	24446	28661	31499	34174	10.5	9.3
社会固定资产总投资（亿元）	16585.85	17770.51	21449.99	26087.45	23.2	22.5
社会消费品零售总额（亿元）	8004.15	9453.65	10915.62	12426.61	15.9	14.9
公共财政预算收入（亿元）	1381.32	1721.76	2040.33	2415.45	20.5	19.0
城镇居民人均可支配收入（元）	15930.26	18194.80	20442.62	22398.03	8.2	9.4
农民人均纯收入（元）	5523.73	6604.03	7524.94	8475.34	11.2	7.8

1. 综合经济实力显著增强，为城乡一体化发展奠定了物质基础

河南省的经济发展连续多年保持较高的增长速度和增长质量，地区生产总值多年来一直居全国第 5 位。2013 年，河南省生产总值达到 32155.86 亿元，"十二五"以来年均增速达到 10.4%，高于全国平均增速 0.4 个百分点；人均生产总值达到 34174 元，"十二五"以来年均增速达到 10.5%，高于全国平均增速 1.2 个百分点；公共财政预算收入达到 2415.45 亿元，"十二五"以来年均增速达到 20.5%，高于全国平均增速 1.5 个百分点；社会固定资产投资达到 26087.45 亿元，"十二五"时期年均增速达到 23.2%，高于全国平均增速 0.7 个百分点；社会消费品零售总额达到 12426.61 亿元，"十二五"以来年均增速达到 15.9%，高于全国平均增速 1 个百分点。从三次产业结构来看，河南第一、第二、第三产业的比例调整为 12.6:55.4:32.0，与 2010 年的 14.1:57.3:28.6 相比，产业结构明显优化。综合经济实力的显著增强，为河南省城乡一体化发展奠定了雄厚的物质基础。

2. 城乡居民生活水平不断提高，为促进城乡一体化迈出了坚实的一步

从居民收入增长情况来看，进入"十二五"以来，河南省城乡居民收入稳步提高。2013 年，河南省城镇居民人均可支配收入达到 22398.03 元，"十二五"以来年均增速达到 8.2%，低于全国平均增速 1.2 个百分点；而农民人均纯收入达到 8475.34 元，"十二五"以来年均增速达到 11.2%，高于全国平均增速 3.4 个百分点，可见居民收入得到较快增长，尤其是农民收入快速增长，城乡居民收入差距进一步缩小。从城乡居民的消费能力来看，进入"十二五"以来，河南省城乡居民的消费能力不断增强。2013 年，河南省城镇居民人均消费性支出达到 14821.98 元，"十二五"以来年均增速达到 11.02%；农民人均生活消费支出达到 5627.73 元，"十二五"以来年均增速达到 15.2%。城乡居民生活水平不断提高，为促进城乡一体化迈出了坚实的一步。

3. 城镇化进程不断加快，为城乡一体化奠定了基础

近年来，河南省相继出台了《中共河南省委关于科学推进新型城镇化的指导意见》《河南省科学推进新型城镇化三年行动计划》《河南省新型城镇化规划（2014~2020）》等科学推进新型城镇化的指导性文件，推动了城镇化发展由片面地追求速度转向速度与质量并重，使得城镇化进程不断加快，城镇化水平不断提高。2013 年，河南省常住人口城镇化率达到了 43.8%，与 2000 年相比，年均提高 1.58 个百分点。同时，河南省城镇化率与全国的差距也逐步缩小，由 2000 年的 13.02 个百分点缩小到 2003 年的 9.93 个百分点。城镇的基础设施和公共服务设施不断完善，城镇综合承载能力显著提高。此外，河南省还坚持"一基本两牵动"（产业为基、就业为本，住房和学校牵动），大力推进农业转移人口市民化，教育、医疗、社会保障等公共服务事业快速发展，覆盖范围不断扩大，已基本解决农民工随迁子女在城市接受义务教育的问题。新农村建设也扎实推进，为全省城乡一体化发展奠定了坚实的基础。

4. 城乡社会事业加快发展，为城乡一体化提供了和谐保障

近年来，河南省的社会事业也不断加快发展。首先，社会保障体系日趋健全。城镇基本养老、基本医疗、失业、工伤、生育等保险覆盖面不断扩大。各类参保人员养老保险关系在地区之间、制度之间能够实现顺畅衔接。社会救助制度全面建立。其次，教育事业发展取得明显成效，各类教育规模不断扩大。实施了学前教育三年行动计划，学前三年毛入园率达到78.6%。优化配置城乡教育资源，农民工随迁子女入学率达到99.48%。实施了普通高中改造和多样化发展试点，以及职教攻坚工程。实施了高校综合实力提升工程，促进本科高校转型发展，高等教育毛入学率达到34%。再次，积极发展卫生事业。在全国率先实行新农合和城镇居民大病保险省级统筹、即时结报，年度最高支付限额达到30万元，有效缓解了群众因病致贫问题。城乡社会事业加快发展，为城乡一体化提供了和谐保障。

（二）河南省各地推进城乡一体化的实践与探索

1. 济源市推进城乡一体化示范区建设的主要做法

城乡一体化示范区建设，是当前济源市推进城乡发展一体化的战略重点，也是河南省统筹城乡发展的重大战略部署。近年来，济源市着力推进城乡一体化示范区建设，城乡一体化发展取得了积极显著的成效。

一是按照"全域济源"理念，实现规划布局一体化。按照"市域一体、城乡一体、产城一体、三规合一""全域规划、一体发展"的指导思想，以全域城市的理念规划城市发展，坚持以城乡一体化为统揽，积极构筑"1334"的城镇空间格局，即提升中心城区，建设玉川循环经济功能区、三湖新区、小浪底北岸新区3个复合型组团，打造梨林、邵原、王屋－下冶3个重点镇，建设41个新型农村社区，构建中心城区、复合组团、小城镇、新型农村社区四级新型城镇空间体系。打破行政区划界限，突出功能定位，强化产业支撑，规划建设虎岭转型发展功能区、玉川循环经济功能区、小浪底北岸生态经济功能区、王屋山生态旅游功能区、东部特色高效农业功能区，与中心城区核心功能区形成分工合作、产业链接、向心发展的"1+5"产业功能分区格局。编制完成了《济源市城乡总体规划》（2012～2030），基本形成以"中心城区－复合型组团－小城镇－新型农村社区"为主格局，布局优化、衔接紧密、功能完善、统筹发展的现代城镇体系。

二是加快完善城乡基础设施，实现城乡服务功能一体化。近年来，济源大力推进中心城区建设，目前建成区面积近40平方千米，构建了以中心城区为核心、辐射全市、联通外界的30分钟交通圈，燃气、自来水覆盖率达到100%，医疗废弃物、垃圾无害化处理率达到100%，城市集中供热面积达到310万平方米，城镇化率达到53%，初步形成大气、秀气、灵气的城市特色。同时全面加强村镇水、电、路等基础设施建设，率先在全省实现了"镇镇通"高速公路，"组组通"硬化路；实现了农村饮水安全和"村村通"自来水；实现了农村用电、广播通信、有线电视、宽带"户户通"，城乡居民生活条件得到大幅提升。

三是加快产业融合发展步伐，实现产业发展一体化。着力把产业发展与中心城区建设、城市功能完善、新型农村社区建设、农民转移就业等工作有机结合，统筹产业融合发展。统筹工业经济发展，大力实施"工业强市"战略，规划建设了玉川、虎岭、高新技术3个省级产业集聚区，引导城市规划区内的产业向产业集聚区集聚，同时积极发展以装备制造业为重点的高成长产业，积极培育信息技术、生物、新能源、新能源汽车、新材料、节能环保等战略性新兴产业和高新技术产业。统筹农业产业发展布局，加大结构调整力度。重点围绕蔬菜、烟叶、薄皮核桃、冬凌草、畜牧养殖等支柱产业，大力推进"两园四区四基地"建设，打造产业核心区、生态集聚区、农业高效园区，促进了农业生产的集约化、规模化、标准化，成为国家首批现代农业示范区，实现了农业和农村经济的快速发展，实现了农民收入的快速增长。统筹城乡服务业发展，大力繁荣服务业。编制了《济源市服务业发展三年行动计划》，推动服务业提速发展。旅游业加快发展态势明显，交通物流、金融保险、文化娱乐、社区服务等产业加快发展。

四是完善公共服务体系，基本实现城乡公共服务均等化。近年来，济源加快构建城乡一体、全面覆盖、标准领先的基本公共服务供给体系，强力推进教育、全民健康、文体普及、社会保障等基本公共服务均等化。均衡城乡教育事业发展。优化学校布局，推动高中和职业教育向市区集中，初中向小城镇集中，小学和幼儿园向镇区和新型农村社区集中，推动了城乡优质教育资源全民共享。均衡城乡社会保障。率先在全省打破城乡居民身份限制，实现了医保、养老保障全覆盖。低保标准提高，做到了应保尽保。均衡城乡基本医疗服务。建立市级医院与镇卫生院、社区卫生服务中心紧密联系的医疗体系，实施全民健康档案工程，推进城市医疗卫生资源向基层延伸。加大健康城乡项目建设力度，加快医疗中心、康复中心、残疾人服务中心、健身养生中心建设进度，着力提供集医疗、保健、养老为一体的新型医疗服务。

五是统筹城乡环境建设，实现生态环境一体化。围绕打造精品宜居城市的目标，按照"显山、露水、见林"的生态建设理念，持续开展植树造林、村容村貌综合整治、十大重点区域综合整治、环境综合治理等，同时沿山、沿水、沿路建设生态廊道，使城乡生态环境得到了明显的改善和提升，先后荣获国家卫生城市、国家园林城市、中国优秀旅游城市、全国节水型社会建设示范市、国家水土保持生态文明市等荣誉称号。济源是中部地区唯一受邀出席联合国气候大会的城市，被列为第二批国家低碳试点城市。

六是深化改革创新，推进要素保障一体化。加快土地流转步伐。市财政每年列支 2000 余万元专项资金，用于土地流转奖励，全面推动土地流转，一方面促使农业向集约化、标准化发展，培育了一大批农业合作经济组织和职业农民，另一方面极大地解放了农村劳动力，使越来越多的农民走进工厂、走进城市。建立城乡居民就业服务体系，促进人力资源的合理流动。把公共就业服务平台延伸到社区，构建市、镇（街道）、社区三级公共就业服务体系。率先在全省出台城乡居民就业服务均等化政策，实施无差别的城乡就业创业服务，建立全省最高标准就业补贴，全面提高居民就业创业能力。积极开展居民产权确权登记工作。开展农村集体土地确权登记试点，实施了农村集体土地所有权、集体建设土地使用权、宅基地使用权、土地承包经营权的确权和小农水工程所有权的确权登记，发放

《土地使用权证》和《房屋产权证》，启动村级集体资产股份改革试点和小型农田水利工程管理体制改革，推动城乡要素资本加快流动。

2. 新乡统筹城乡试验区建设的主要做法

新乡市在被确立为河南省统筹城乡发展试验区、全国农村改革试验区以后，在户籍制度改革、集体土地流转、产权制度改革等十几个重点领域不断探索创新，目前已基本实现城乡发展规划、户籍、行政便民服务、公交、劳动就业、路网等一体化。

政府高度重视，提供了有力的政策支持和规划引导。新乡市制定了《推进全国农村改革试验区工作的 13 个实施细则》，共出台 8 个方面 49 项城乡一体化政策。新乡市在编制城乡发展规划时，将推进土地利用规划、城乡发展规划、产业集聚区规划和新型农村社区规划"四规合一"，使人口、产业和结构的优化结合起来，为城乡一体、产城融合提供了框架和路线图。

采取城镇化和新农村建设双轮驱动的战略推进城乡一体化。在城镇化方面，以构筑以城带乡、产业转移的发展载体为核心，在全市规划建设了 28 个产业集聚区，承接城市生产要素向农村流动，引导周边农民就近转移就业。到目前为止，这些产业集聚区辐射了新乡市半数以上的乡镇、1/3 的行政村和 100 多万农村人口。新乡市通过以路网为核心的基础设施建设，提高中心城市的辐射带动能力。通过发展县域经济，推进公共服务向农村拓展。

在新型农村社区建设方面，围绕土地——这个争议最多，也最能牵动农民的心的问题，探索创新土地流转使用机制。新乡市成立了土地整治中心和土地矿业权交易中心，在全省首家开展了耕地占补平衡拍卖活动，目前已两次拍卖土地指标 3500 亩、收益 1.5 亿元。累计实现土地流转 80.3 万亩，已投资 10 亿元完成 81.6 万亩土地整治项目。围绕基层民主和公共管理，探索新型农村社区管理的体制机制，下沉政府社会管理和便民服务职能，构建社区党总支委员会、社区服务管理委员会、社区居民代表委员会、社区居民事务监督委员会"四位一体"的农村社区组织机构。

3. 信阳农村改革发展综合试验区的实践探索

成立土地银行。信阳是一个劳务输出大市，外出的农民要么土地在家里闲置，要么赶在农忙时节帮家里收割与种植庄稼，有时候来回的路费加上误工几天的工资早已超过卖粮食的钱，但又舍不得丢掉耕地。于是，"土地银行"应运而生。截至目前，信阳市已创办"土地银行"240家，带动流转耕地402万亩，占全市耕地总面积的46%，催生了一大批规模经营大户，土地银行不仅存、租土地，而且对存进来的土地进行整治和强化基础设施配套。

发展农民专业合作社。针对农业生产机械化水平低，同时各种大型农用机械价格高昂的现状，信阳市着力发展农民专业合作社。目前，信阳已发展农民专业合作组织4211家，辐射带动农户69万户。这些合作社将技术和机械提供给农户，提供社会化服务，提高了土地效益和农业现代化水平。

针对农村资金短缺问题，信阳市制定了《农村物权确认和抵（质）押担保暂行办法》。该《暂行办法》首先对农村土地承包经营权、集体林地承包经营权、水域滩涂养殖权、集体建设用地使用权和房屋所有权等权利进行确认。然后，组建信用担保中心和物权交易中心，允许以经过土地流转集中经营规模在50亩以上的土地承包经营权、以土地承包经营权入股组建的土地专业合作社所形成的股权和兼有经营性质的农村房屋用在抵押上。这一做法既不会导致农民失去生活的基本保障，又能增加农民融资渠道，符合农村经济发展的实际需要。

服务+引导的政府角色。信阳市认为在农村改革发展试验区建设的问题上，关键在于实践和探索，在此过程中，政府的角色是引导而非领导，是服务而非推动，是支持而非要求。这样一来，各地就会根据自己的具体实际，尊重农民的意愿，因地制宜地创造性地走出一条自己的路子。

4. 周口土地流转的主要模式

周口市是一个典型的农业大市，截至2011年底，其农村常住人口数在省辖市中排名第二，其城镇化率一直在省辖市中倒数第一。如何实现推进周口的城乡一体化，不仅是周口的突出任务，而且是关系全省大局的重要环节。

截至目前，全市流转土地总面积152万亩，比上年增加46.1万亩，占全市耕地总面积的14%。周口针对耕地面积大，地势平坦的具体实际，努力探索土地流转的模式，具体为以下几种模式。

种植大户承包型。种植大户通过租赁、互换、转包等形式承接农户土地，进行规模种植。其中，不仅种植粮食作物，而且大面积种植经济作物和园艺作物。种植大户承包不仅带动了土地规模化经营，而且促进了特色农产品的发展。

农民专业合作社带动型。农民专业合作社通过多种形式的合作服务，在保持家庭经营的基础上，实现统一品种、统一防治、统一施肥、统一管理。这一类型既不改变农民的土地承包关系和家庭经营格局，又能进行农业区域化布局、标准化生产、社会化服务，实现农业适度规模经营。

龙头企业租用型。周口市根据本市农业人口众多，难以实现大规模转移的特点，努力在本地培育和发展农业产业化龙头企业集群，通过建立特色农产品基地，农业龙头企业通过与农户签订单、协议等形式，兼并土地，引领农户进行有方向性的流转。

（三）河南城乡一体化进程与全国的比较

1. 城乡一体化的内涵

城乡一体化是指由于城乡之间生产要素的自由流动，以及城市对乡村的辐射带动作用，城乡之间的经济社会发展差距逐步缩小，并最终使城市和乡村成为一个整体的系统。城乡一体化是区域经济发展的内在规律和必然要求，表现在城乡经济活动的各个方面，主要包括城乡资源配置、三大产业的关系等。首先，在城乡资源配置上，城市的资金、技术、信息、管理等先进的生产要素向农村流动，为农村经济社会发展提供强大的动力，推进农村经济社会快速发展。同时，随着农村劳动生产率的提高，农村大量的剩余劳动力向城市流动，为城市发展提供丰富的劳动力资源。因而，通过各类生产要素在城乡之间的自由流动和优化组合，各类生产要素的利用效率提高了。其次，在三次产业发展上，城市先进的生产要素流向农村，推动了农业科技进步与创新，加快了现代农业发展，为工业化和城镇化发展提供了支撑。在现代农业发展的基础上，发展农业产业化经营、培育农业服务业，实现农村三大产业的融合。同时，城市把劳动密集型产业、农产品加工等涉农产业逐步转向县城和小城镇，加强农业与城市工业的融合与关联。从而形成三次产业有机联系的整体，既错位又互补，融为一体的新格局又促进城乡经济活动有序发展。

2. 城乡一体化评价的指标体系

城乡一体化涵盖城乡产业发展、基础设施、公共服务设施、资源配置、居民生活等关系经济社会发展的各个方面，城乡一体化问题也是一个异常复杂的问题。因此，我们在构建城乡一体化评价体系的时候，很难建立一个非常全面涵盖各个方面的指标体系。但对其中的几个主要方面进行深入研究探讨，并提出相应的指标体系，进行量化研究不仅是可行的而且是完全可能的。根据区域性、可比性和科学性的原则，本文从城乡经济融合度、城乡人口融合度、城乡社会发展融合度和城乡生活融合度等几个方面选取指标，作为城乡一体化的评价指标。

（1）城乡经济融合度。城乡经济融合度主要由以下四个指标组成：城乡人均国内生产总值比、城乡居民人均可支配收入比、三次产业结构比及农业增加值比重和农村非农产业占农村社会总产值比、工业化率。

城乡人均国内生产总值比。人均国内生产总值是反映一个国家或地区经济发展水平的主要指标，在城乡一体化整个体系中是一个根本性、标志性、综合性的指标。因为一个地区以人均国民生产总值为代表的经济发展水平与城镇化发展水平之间存在客观相关性。

城乡居民人均可支配收入比。此指标反映城乡居民之间的收入水平的协调性，收入差距是造成城乡居民生活差距的最主要、最直接的原因，城乡之间存在一定的收入差距。

三次产业结构比及农业增加值比重和农村非农产业占农村社会总产值比。城乡产业融合是城乡一体化的重要任务，要从根本上改变乡村长期单纯搞农业、城市单纯搞工商业的局面，必然要求在省域范围内将城市工商业和乡村农业合理布局，加速发展乡村工商业和其他非农产业。另外，农业增加值在国民生产总值中所占比重是反映国民经济结构的重要指标，在加强农业基础地位的同时，持续降低农业增加值在国民生产总值中所占的比重不仅是经济结构优化调整的重要体现，也是进行经济结构战略性调整的客观要求，而且是城乡一体化的内在要求。

工业化率。工业化率是指工业增加值占全部生产总值的比重，是衡量工业化程度的主要指标，工业化率达到 20% ~ 40%，为工业化初期，40% ~ 60% 为半工业化国家，60% 以上为工业化国家。

（2）城乡人口融合度。城乡人口融合度包括人口城镇化率和就业结构两个指标。

人口城镇化率。人口城镇化率是衡量一个国家或地区经济发展的重要标志，是反映一个国家或地区社会结构变化的最重要指标，也是衡量一个国家或地区城乡一体化程度的重要指标。河南省的城镇化水平长期滞后于工业化，人口城镇化率这一指标对于衡量河南省的城乡一体化水平具有更为强烈的现实意义。

就业结构。就业结构包括非农就业比重和三次产业就业比重。非农产业就业比重即非农业就业人口占就业总人口的比重，三次产业就业比重即就业人员在三次产业之间的比例关系，这两个指标均是反映国民经济结构的重要指标。就业结构与产业结构是否对称，也是衡量经济结构是否合理、城乡发展是否协调的重要指标。

（3）城乡社会发展融合度。城乡居民收入基尼系数。城乡居民收入基尼系数是测定居民内部收入分配差异状况的一个重要分析指标，根据国际惯例，基尼系数取值的一般判断标准为：0.2 以下高度平均，0.2 ~ 0.3 为相对平均，0.3 ~ 0.4 表示相对合理，0.4 作为收入分配贫富差距的警戒线，0.4 ~ 0.5 表示收入差距较大，0.6 以上为收入悬殊。

（4）城乡生活融合度。城乡居民恩格尔系数。恩格尔系数是食品支出总额占个人消费支出总额的比重，即一个家庭收入越少，家庭收入中用来购买食物的支出所占的比例就越大，随着家庭收入的增加，家庭收入中用来购买食物的支出比例则会下降。该指标反映城乡居民的生活水平。根据国际经验，恩格尔系数 0.6 以上为贫困，0.5 ~ 0.6 为温饱，0.4 ~ 0.5 为小康，0.3 以下为最富裕。

3. 河南城乡一体化进程与全国的比较

根据上述城乡一体化评价指标体系，对河南省城乡一体化进程与全国进行比较。考虑到数据的可获取性，我们在此采用 2013 年的数据进行比较。

（1）城乡经济融合度比较。

①城乡人均国内生产总值比。

城乡人均国内生产总值比 = 城市人均国内生产总值/农村人均国内生产总值

在此，考虑到数据的可获得性，把全国的城市范围界定为地级及以上城市，河南省为17个省辖市。城市人均国内生产总值 = 地级及以上城市市区生产总值/地级及以上城市期末总人口；农村人均国内生产总值 =（全国国民生产总值－地级及以上城市市区生产总值）／（全国期末总人口－地级及以上城市期末总人口）。

根据以上计算公式和划定的城市范围，2013 年，河南省城乡人均国内生产总值比 = 45614 元/26315 元 = 1.73；全国城乡人均国内生产总值比 = 92687 元/30003 元 = 3.09。

由此可见，河南省城市人均国内生产总值远低于全国平均水平，而农村人均国内生产总值略低于全国平均水平，河南城乡人均国内生产总值比低于全国平均水平，表明河南城乡经济发展差距小于全国平均水平。

②城乡居民人均可支配收入比。

城乡居民人均可支配收入比 = 城镇居民人均可支配收入/农村居民人均纯收入

根据此公式，2013 年，河南省城乡居民人均可支配收入比 = 22398.03 元/8475.34 元 = 2.64；全国城乡居民人均可支配收入比 = 26955.1 元/8895.9 元 = 3.03。

由此可见，尽管河南城镇居民人均可支配收入和农村居民人均纯收入均低于全国平均水平，但城乡居民人均可支配收入比也低于全国平均水平，表明河南城乡居民收入差距略小于全国平均水平。

③三次产业结构。

就第一、第二、第三产业比例关系来说，2013 年，河南省三次产业比例为：12.6∶55.4∶32.0，而全国三次产业比例为：10.0∶43.9∶46.1，表明河南省第一产业比重过高、第三产业比重偏低，经济发展还比较过分地依赖农业，经济增长主要靠第二产业带动，第三产业发展较为滞后。

④工业化率。

工业化率 = （工业增加值/国内生产总值）×100%

根据此公式，2013 年，河南省工业化率 = （15960.6 亿元/32155.86 亿元）×100% = 49.6%；全国工业化率 = （210689.4 亿元/568845.2 亿元）×100% = 37.0%。

由此可见，河南省的工业化程度高于全国平均水平。

（2）城乡人口融合度。

①人口城镇化率。

人口城镇化率 = （城镇常住人口/总人口）×100%

2013 年底，河南省城镇化率达到 43.8%，全国城镇化率达到 53.7%，可见河南省的城镇化水平低于全国平均水平，与全国平均水平还有较大差距。

②就业结构。

按三次产业就业人员分，2013 年，河南省第一产业就业人员共有 2563 万人，占全部就业人员的比重为 40.1%，而全国这一比重为 31.4%。按城乡就业人员分，2013 年，河南省乡村就业人员共有 4851 万人，占全部就业人员的比重为 76.0%，而全国这一比重为 50.3%。

由此可见，河南省城镇化率低于全国平均水平，但第一产业就业人口和乡村就业人口占全国就业人口的比重均远高于全国平均水平，表明全省城乡人口融合度低于全国。

（3）城乡社会发展融合度。

考虑到基尼系数计算公式的不统一性和复杂性，以及数据的可获取性，在此运用城乡居民高收入户与低收入户平均每人可支配收入比来测算。

2013 年，河南省城镇居民高收入户与低收入户平均每人可支配收入比 = 55412 元/8430 元 = 6.57，农村居民高收入户与低收入户平均每人纯收入比 = 21166 元/3949 元 = 5.36；全国城镇居民高收入户与低收入户平均每人可支配收入比 = 56389.5 元/11433.7 元 = 4.93，农村居民高收入户与低收入户平均每人纯收入比 = 21272.7 元/2583.2 元 = 8.24。

由此可见，河南省城镇居民人均可支配收入比高于全国平均水平，而农村居民人均纯收入比低于全国平均水平。除农村居民低收入户平均每人纯收入高于全国平均水平外，农村居民高收入户平均每人纯收入却低于全国平均水平，河南省城镇居民高收入户与低收入户平均每人可支配收入也均低于全国平均水平，表明河南省城乡居民收入水平普遍低于全国平均水平。

（4）城乡生活融合度。

恩格尔系数＝食品支出总额/个人消费支出总额

2013 年，河南省城镇居民家庭人均恩格尔系数 = 4913.87 元/14821.98 元 = 0.332，农村居民家庭人均恩格尔系数 = 1938.47 元/5627.73 元 = 0.344；全国城镇居民家庭人均恩格尔系数 = 6311.9 元/18022.6 元 = 0.35，农村居民家庭人均恩格尔系数 = 2054.5 元/6112.9 元 = 0.377。

由此可见，河南省城乡居民家庭人均恩格尔系数均低于全国平均水平，表明河南省城乡生活融合度略高于全国。但是，河南省城乡居民食品支出总额和个人消费支出总额均低于全国平均水平，表明河南省城乡消费水平普遍低于全国平均水平。

（四）存在的主要问题和制约因素

通过上述比较分析可知，从总体上看，河南省城乡经济融合度、城乡社会发展融合度和城乡生活融合度略高于全国平均水平，是在经济总体发展水平、城乡居民收入水平、产业结构、就业结构、城镇化率、消费支出等都远低于全国平均水平的情况下实现的，是低水平的。河南省城乡统筹发展还存在以下一些问题和制约因素。

1. 思想认识不足，城乡一体化推进缓慢

城乡一体化的基本方向是城市拉动农村，工业反哺农业。在此过程中，需要对基础设施、公共服务、社会保障等许多方面加大财政投入力度。这不仅会触动一些既得利益者的利益，而且在短时期内很难看到实际成效。于是，一些地方的决策者和组织者就采取"不推不动"的做法。

在财政支出项目中，一般公共服务、社会保障和就业、城乡社区事务与农林水事务的绝对值在增加，但相对值却在下降。在进城务工的农村居

民的问题上，他们为城市的发展，为 GDP 的提升做出了很大的贡献，但城市的社会保障就是不能覆盖他们，"农民工"的帽子就是摘不掉。在土地财政问题上，还存在着政府与民争利的问题。农民转移就业在河南已经呼吁很多年，农民外出务工收入在农民人均纯收入中占 20% 以上，但政府对农民外出就业的重视程度并未能落实到实际行动中，对农民工的组织和培训等方面仍存在很大缺口。

2. 城乡二元结构的存在，严重影响了城乡统筹发展

城乡脱节的二元经济结构是河南省乃至全国"三农"问题的症结所在，这也严重制约了城乡一体化进程。一是通过户籍管理制度分为农业户和非农业户，人为贬低了农业户的地位，使农民成为"二等公民"，加剧了轻农现象；二是就业、教育、养老、医疗、基础建设、住房等社会保障体制分为城市和农村来区别对待，分别采取不同的投资策略和政策支持。国家的资金投入长期重城市轻农村，从而最终导致农业、农村工业及农村科教文卫事业长期落后，农民素质普遍低下。这就形成了特有的城乡分割和城乡壁垒，许多行之有效的政策在乡村中无法正常开展，这也形成了促进城乡统筹发展不可回避而且难以逾越的障碍。

3. 综合经济实力不强，支撑城乡统筹发展的经济能力较弱

近年来，河南省经济快速发展，也已跨入新兴工业大省的行列，地区生产总值和工业生产总值多年居全国第五位。然而，河南省作为传统的农业大省和人口大省，城镇化、工业化水平较低，与东部发达地区相比，河南省整体经济实力仍然较为薄弱。2013 年，河南省人均 GDP 仅为 34174元，居全国第 22 位；地方公共财政收入仅有 2415.45 亿元，居全国第 9位。统筹城乡发展需要充足的资金支持，但是与东部发达省份相比，河南省总体经济发展水平还比较落后，地方财力不足，统筹城乡发展面临着较大制约。

城乡收入消费差距较大，整体收入消费水平低。城乡一体化的目的就是使城市和农村这两个主体之间实现互动、协调、融合。然而，如果城市与农村的居民收入悬殊，两个主体根本无法在消费习惯、生活水平、生存条件等方面进行接轨，那么它们之间的互动、协调与优势互补都是空谈。当前，尽管河南省城乡收入消费差距均小于全国平均水平，但与国际平均水平相比，河南省城乡收入消费差距总体上来说还是偏大。2013 年，河南省城镇居民人均可支配收入是农民纯收入的 2.64 倍，可见差距较大。此外，无论是城镇居民人均可支配收入，还是农民纯收入，以及城乡居民人均消费支出，河南省均低于全国平均水平。这表明河南省整体收入消费水平都偏低，制约了城乡消费市场的扩大。

4. 城镇化滞后于工业化，制约二者互动协调发展

城镇一方面能承接中心城市辐射，另一方面能带动农村发展，是城乡一体化的纽带和重要节点。城镇化不仅可以激活农村市场，为农民提供更多的就业岗位，促进剩余农村劳动力就近转移，而且能够消化城市过剩产能，是农村发展的核心和归宿，是城乡一体化建设的主要动力。城镇化与工业化协调发展也是新时期加速推进城镇化和加快完成工业化任务的客观需要。

目前河南省城镇化滞后于工业化，制约二者互动协调发展，主要表现为：一是城镇化水平不高。2013 年底，河南省城镇化率为 43.8%，低于全国平均水平 9.9 个百分点，在中部地区排倒数第一位，仅略高于贵州、云南、西藏和甘肃。二是工业化水平较低。工业化是经济增长的主导力量，是加快城镇化的前提。目前河南工业化仍处于"弱质"状态：行业结构不合理，低水平的加工工业增长快，高加工度的产业发展不足；产业集中度过低，企业组织规模小而散，规模效益难以达到；产品结构不合理，多数行业的低水平生产能力过剩，落后的传统产品多，高新技术产品少；工业装备水平整体偏低，生产技术相对落后；科技进步相对缓慢，技术开发投入不足，创新能力不强。三是城镇化率与工业化率之比较低。2010 年，河南省城镇化率与工业化率之比为 0.75，而全国这一指标为 1.25，表明河南城镇化严重滞后。四是就业结构与产业结构不匹配。2013 年，河南省三次产业比例关系为 12.6∶55.4∶32.0，而三次产业从业人员比例关系为 40.1∶31.9∶28.0。这表明河南省就业结构转换滞后，还有过多的人口被束缚在土地上从事农业生产，必然制约农村劳动力有序流动。

5. 农业产业化滞后，农业现代化的发展不适应工业化的发展

从工、农业两大部门发展关系分析，工业偏斜运行，工业和农业的劳动生产率差距扩大。2013 年，第一产业全员劳动生产率为 11898 元/

（人·年），第二产业全员劳动生产率为 77173 元/（人·年），其中，规模以上工业企业全员劳动生产率达到 206596 元/（人·年），可见工农业劳动生产率差距巨大。此外，农村基础设施建设滞后也制约着城乡统筹发展的步伐。虽然近年来河南省农村基础设施有了较大的改观，但与一、二线城市相比，依然很薄弱。一是交通、通信、水电等基础设施简陋。二是农田水利基础设施发展滞后，制约农业产业化发展。三是环境卫生差，没有建立长效的排污处理机制。农村基础设施不完善，影响了城市向农村拓展以及资金向农村转移的力度。

6. 农民市民化道路不畅，进程缓慢

农民市民化是农民转变了就业方式和居住环境，在城市里扎根落户，并享有城市市民的各项权利和待遇的过程。它既不是要农民到城市里继续以"农民工"身份生活，也不是以城市贫民的方式生存，他们不仅应该有稳定的工资收入和居所，而且应该享有与城市居民同样的政治权利、同样的社会保障。城乡一体化的实质是通过破除城乡二元结构，解决农民长期处于"二等公民"地位的问题，实现城乡居民权利的一体化。

在河南这个传统的农业大省、人口大省，人多地少，实现城乡一体化必须有大量的农民脱离农村、脱离农业，转化为市民。中德两国合作在山东农村进行的"巴伐利亚实验"也进一步证实，在中国，人均占有土地量很少，并且在只拥有土地的使用权的情况下，只有靠大量农民向非农转移，使人均拥有的土地量增大，才能真正实现农村和城市的"不同但等值"的理想和愿望。

一些在城市务工的农村户口人员由于是城市的常住人口，被当作城镇居民统计，然而，他们却被排斥在城镇社会保障之外。而与此同时，他们的户口和耕地又在农村老家，在农村依然能够享受国家的支农补贴等政策。即使政府愿意将这些人的户口转为城镇户口，但除了在子女上学的问题上有用之外，他们依然不能享有与城市居民同等的待遇。这就使一些农民不愿意脱离自己的农业户口，进而阻碍了农民市民化的进程。

三　河南省城乡一体化的最新趋势

党的十六大以来，中国确立了统筹城乡发展的方略和工业反哺农业、城市支持农村的政策。在这一政策取向下，河南省城乡一体化将随着经济的发展和改革的深化而逐步推进，并将呈现出以下发展趋势。

（一）工业化将继续推进，农业比重的下降仍有空间

根据国内外有关经济理论和历史经验，结合我国工业化进程的特殊性，以及河南经济和社会发展的实际，从人均地区生产总值、产业结构、就业结构、工业化程度系数、工业内部结构，以及城乡结构——城镇化水平等方面综合分析判断河南省的工业化发展阶段。

1. 从人均地区生产总值来判断——河南处于工业化的中期阶段

著名经济学家 H. 钱纳里等人建立的工业化标准模型将经济发展从不发达阶段到成熟阶段的全过程划分为以下三个阶段六个时期。第一阶段是农业经济阶段（或称初级产品生产阶段）；第二阶段是工业化阶段，并把这一阶段分为工业化阶段的初期、中期和后期；第三阶段为发达经济阶段。其中第六个时期为后工业社会。

表 9 - 2　H. 钱纳里的工业化发展阶段

时　期	人均国内生产总值变动范围（美元）				发展阶段
	1964 年	1970 年	1982 年	1996 年	
1	100～200	140～280	364～728	620～1240	初级产品生产阶段
2	200～400	280～560	728～1456	1240～2480	工业化阶段
3	400～800	560～1120	1456～2912	2480～4960	
4	800～1500	1120～2100	2912～5460	4960～9300	
5	1500～2400	2100～3360	5460～8736	9300～14880	发达经济阶段
6	2400～3600	3360～5040	8736～13104	14880～22320	

据河南省统计局统计，2009 年河南省人均地区生产总值达到 2998 美元。对照工业化标准模式，按 1996 年美元计算，河南处在工业化阶段的第 2 个时期，也即从人均地区生产总值这个角度来分析，河南工业化处于工业化中期阶段。

2. 从产业结构来判断——河南处于工业化的中期阶段

根据美国经济学家西蒙·库兹涅茨等人的研究成果，工业化往往是产业结构变动最迅速的时期，其演进阶段也是通过产业结构的变动过程表现

出来。在工业化初期和中期阶段，产业结构变化的核心是农业和工业之间"二元结构"的转化。当第一产业比重降低到20%以下时，第二产业比重上升到高于第三产业，这时候工业化进入了中期阶段。当第一产业比重再降低到10%左右时，第二产业比重上升到最高水平，工业化进入后期阶段。此后第二产业的比重转为相对稳定或有所下降，工业在国民经济中的比重将经历一个由上升到下降的"∩"形（钟形）变化。

2009年，河南省第一、第二、第三产业占GDP的比重分别为14.2%、56.5%和29.3%。从第一、第二产业的比重看，河南省的工业化已进入中期阶段，但从第三产业的比重看，却低于一般模式工业化初期阶段的水平，这集中反映了中国工业化进程的特殊性，即经济发展的市场化程度低，突出表现为第三产业发展水平过低。

3. 从就业结构来判断——河南基本上进入工业化的中期阶段

就业结构的变化与产业结构变化趋势一致，反映工业化进程中劳动力由生产率低的农业部门向生产率高的工业部门不断转移，显示经济增长方式的转变过程。因此农业劳动力占全社会劳动力的比重，在工业化的三个阶段以及后工业化阶段都是减少的，但递减速度有很大区别。在工业化初期、后期阶段以及后工业化阶段，农业劳动力占全社会劳动力比重递减速度较慢，工业化中期阶段递减速度最快。在工业化初期、中期、后期阶段以及后工业化阶段该指标的标志性数值大体为：80%、50%、20%和10%。2005年，河南省第一、第二、第三产业的就业人员分别为：2764.86万人、1674.72万人和1509.20万人，占总从业人员的比重分别为：46.5%、28.2%和25.4%。表明河南正从工业化的初期阶段向中期阶段迈进，基本上进入工业化的中期阶段。

4. 从工业内部结构来判断——河南处于工业化中期向后期过渡阶段

在工业化的进程中，工业内部结构变动一般要经历轻工业化、重工业化和高加工度化、工业信息化等几个阶段。其中重工业化阶段又分为以原材料工业为重心和以加工装配工业为重心两个时期，后一个时期同时又是高加工度化阶段；高加工度化阶段也分为以一般（或资源密集型）加工工业为重心和以技术密集型加工工业为重心两个时期，后一个时期同时也是技术集约化阶段。从新兴工业化国家的经验看，这三个阶段既存在着演进的先后顺序，又往往受到国家工业发展战略的影响而交错在一起。

　　一般来讲，在以轻工业为重心向以原材料工业为重心发展的时期，即第一次重化工业时期，工业化仍处于初期阶段；当工业结构向以加工装配工业为重心，即高加工度化阶段推进时，工业化进入中期阶段；而当高加工度化向技术集约化阶段转变时，工业化则到了后期阶段。

　　工业内部结构一般用霍夫曼比例表示。霍夫曼比例是指消费资料工业净产值与资本资料工业的净产值之比。霍夫曼通过对当时近二十个国家的时间比例数据的统计分析，提出著名的"霍夫曼定理"：随着一国工业化的进展，霍夫曼比例是不断下降的。霍夫曼把这一下降过程分为 4 个阶段（见表 9 - 3）。

表 9 - 3　霍夫曼工业化阶段指标

阶　　段	霍夫曼比例
第一阶段	5（±1）
第二阶段	2.5（±1）
第三阶段	1（±0.5）
第四阶段	1 以下

　　霍夫曼认为，在工业化的第一阶段，消费资料工业的生产在制造业中占统治地位，资本资料工业的生产是不发达的；在第二阶段，与消费资料工业相比，资本资料工业获得了较快的发展，但消费资料工业的规模，显然比资本资料工业的规模还大得多；在第三阶段，消费资料工业和资本资料工业的规模达到大致相当的状况；在第四阶段，资本资料工业的规模大于消费资料工业的规模。

　　霍夫曼比例中关于消费资料工业和生产资料工业的划分近似于我国轻重工业的划分。由于缺乏完全符合公式要求的统计数据，本文采用轻重工业增加值之比来计算霍夫曼比例。2009 年，河南省规模以上轻、重工业增加值分别为 2463.9 亿元和 5300.56 亿元，据此计算的制造业的霍夫曼比例约为 0.46，工业增加值占 GDP 的比重为 50.8%，表明河南省工业化处于霍夫曼划分的第三个阶段，并呈现向第四阶段快速演进之势。

5. 从城乡结构来判断——河南的工业化刚从初期阶段迈进中期阶段

　　以工业化为特征的城镇化水平的提高，是社会经济发展的客观规律。

H. 钱纳里等经济学家在研究各国经济结构转变的趋势时，曾概括了工业化发展阶段与城镇化水平之间的数量对比关系，即城镇化与工业化是相伴而生、共同发展的，工业化必然带来城镇化，而城镇化所提供的集聚效应又反过来推进工业化进程。一般认为，在工业化的初期阶段，城镇化率介于 10% ~ 30%；在工业化的中期阶段，城镇化率在 30% ~ 70%；在工业化的后期阶段，城镇化率一般在 70% ~ 80%；后工业社会时期，城镇化率在 80% 以上。所谓城镇化率，是指一个国家或地区的市、镇全部常住人口占该国家或地区总人口的比重。

近年来，河南省城镇化水平有了较大幅度的提高，2009 年的城镇化率为 37.7%，表明河南的工业化刚刚从初期阶段迈进中期阶段。

6. 工业化将继续推进，工业比重的提高和农业比重的下降仍有空间

根据河南省 2009 年经济社会发展情况及相关指标体系，笔者对河南的工业化进程做出处于工业化中级阶段的初期水平的基本判断。这是因为工业化发展阶段不仅反映了经济量的增长，更体现了第一、第二、第三产业结构度的提高和城市与乡村、经济与社会的相互协调发展，是质与量的统一。从人均 GDP 和城乡结构来看，河南都处于由工业化初期向中期过渡的阶段。从工业内部结构来看，霍夫曼比例小于 1，大大高于一般模式中工业化结束阶段的水平，处于工业化中期向后期迈进的阶段。从产业结构和就业结构来看，都处于工业化的中期阶段，综合上述分析，对河南工业化进程的总体评价是河南正处于工业化中级阶段的初期水平。

也就是说，河南省的工业化进程将进一步加快，工业比重仍有继续提高的空间，产业结构转变所带来的经济增长潜力较大，工业比重的提高和农业比重的下降仍有较大空间。

（二）工业反哺能力增强，将有利于农业现代化的发展

未来一定时期，我国综合国力、国际竞争力和抗风险能力逐步提升，经济社会呈现又好又快的发展态势，产业转型升级加快推进，区域竞相发展，资源环境瓶颈制约更趋强化。从河南省看，工业化、城镇化进程加速推进，产业结构和消费结构加快升级，市场经济体制不断完善，中原经济区建设全面展开，河南在全国发展大局中的定位更加明晰。实现转型发展

是河南省适应国际、国内宏观环境变化的必然要求，是贯彻落实科学发展观的内在要求，是建设中原经济区、加快中原崛起和实施河南振兴总体战略的根本途径。

近年来，河南省经济保持了持续、高速的增长。2001～2009年，河南省地区生产总值年均增长12.1%，高于全国10.5%的平均水平。究其原因，其快速增长主要是依靠以政府为主导的投资的快速增长拉动，而支撑经济增长的内生动力不强，具体表现在消费需求不足、民间投资增长缓慢、科技创新能力不强、高素质人才匮乏等方面。在后危机时代，促进河南经济可持续发展，必须改变传统的经济增长依赖路径，启动民间投资，刺激居民最终消费，加大自主创新力度，培育并构建拉动经济持续增长的内生机制，推动经济发展向"内需驱动、消费支撑、均衡发展、创新驱动"的模式转变。

因此，在科学发展观指导下，河南经济结构的调整、经济发展方式的转变、节约型社会的建立，将减少消耗、污染和浪费，获得更好的产出效益，这些将为未来经济的发展打下良好的基础；构建和谐社会和建立社会主义新农村，都将增强内需动力，成为经济增长的新契机；促进中部崛起，加大解决"三农"问题的力度，这些都是河南经济增长的重要因素。简言之，河南经济发展在未来仍将保持强劲的动力和巨大的潜力，地方财政收入也将继续保持较大增长幅度，这将为落实工业反哺农业、城市支持农村方针，不断加大国家财政对"三农"的投入力度，推进城乡统筹发展奠定坚实的基础。

（三）已进入城镇化加快发展时期，城镇化进程将进一步加快

城镇化是工业化的必然结果，也是实现现代化的重要标志。1975年美国地理学家诺瑟姆通过对多个国家城市人口比重变化的研究，发现城镇化进程具有明显的阶段性规律，即所有发达国家的城镇化大体上经历了类似正弦波线上升阶段的过程。此过程包括三个时期，即初期的准备阶段平缓，中期的高速阶段陡升，后期的成熟阶段再次平缓（见图9-1）。城镇化水平30%以下代表发展势头较为平缓的准备阶段；30%～65%（或

70%）之间代表发展势头极为迅猛的高速阶段；超过70%代表发展势头
再次进入平缓的成熟阶段。从图9-1可以看出，该曲线有两个临界点：
30%和65%（或70%）。在30%以前，这个国家的工业化进程开始启动，
而30%~65%（或70%）的高速发展阶段正是这个国家的工业化和现代
化进程阶段；当该国城镇化水平达到65%（或70%）以上，这个国家就
基本上实现了现代化社会。

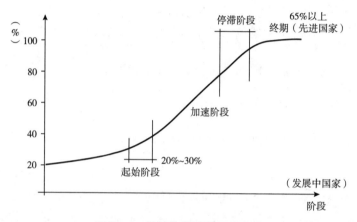

图9-1 城镇化发展的 S 形曲线

这个规律基本上是发达国家城镇化进程的共同规律，同时也适用于中
国的现实。根据国际经验判断，河南省已经进入城镇化加速发展的时期。
20世纪80年代中期以来，随着工业化进程的加快，河南省城镇化已呈加
快的趋势，与改革开放初期相比，河南省的城镇化水平由1978年的
13.6%上升到2012年的42.4%，经历了城镇化稳步发展期（1978~1991
年）、城镇化加速发展期（1992~2002年）、城镇化快速推进期（2003年
至今）三个时期（见图9-2）。

未来一个时期，河南省城镇化发展的空间大、速度快、后劲足，这符
合城镇化发展的客观规律，符合我国城镇化加速发展的历史潮流。需要进
一步调整城乡关系，加快城镇化步伐，实行有利于扩大就业的政策，促进
农村劳动力向非农产业的转移和农村人口的城镇化。加快推进城镇化，要
在着重发展小城镇的同时，积极发展中小城市，完善区域性中心城市功
能，发挥大城市的辐射带动作用，提高各类城市的规划、建设和综合管理

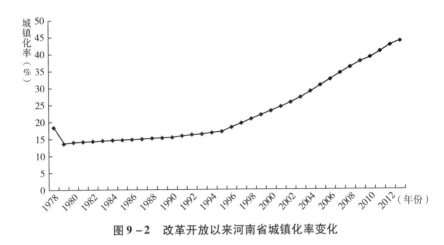

图 9 - 2　改革开放以来河南省城镇化率变化

水平，走出一条符合国情、大中小城市和小城镇协调发展的城镇化道路。

（四）城乡居民收入差距还将在很长一个时期存在

从国际经验看，城乡居民收入差距较大，即使是经济发达国家也如此。20 世纪 60 年代几个发达国家城乡居民收入情况是：以工业就业者收入为 100，农业就业者收入法国为 36，西德为 44，美国为 56，差距都很明显，而这些国家当时已经是现代化国家。美国发展农业有着得天独厚的资源禀赋和生产条件，20 世纪 20 年代农民收入为非农人口的 40%，50 年代为 50%，80 年代为 80%，靠大量优惠条件和补贴二者收入现在才基本持平。

美国著名经济学家、1971 年诺贝尔经济学奖得主西蒙·库兹涅茨经过对 18 个国家经济增长与收入差距实证资料的分析，得出了收入分配的长期变动轨迹是"先恶化，后改进"，或用他自己的话说是"收入分配不平等的长期趋势可以假设为：在前工业文明向工业文明过渡的经济增长早期阶段迅速扩大，而后是短暂的稳定，然后在增长的后期阶段逐渐缩小"。并且他通过比较一些国家的横截面资料，得出的结论是处于发展早期阶段的发展中国家比处于发展后期阶段的发达国家有更严重的收入不平等。表现在图形上是一条先向上弯曲后向下弯曲的曲线，形似颠倒过来的 U 形，故人们将其称为"倒 U 形曲线"（见图 9 - 3）。

从 20 世纪 80 年代开始，河南省进入国民经济持续增长的阶段，与此

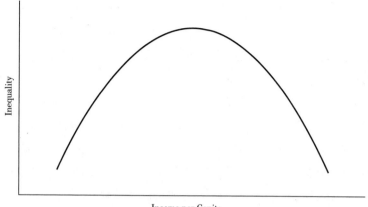

图9－3　库兹涅茨曲线

同时，居民的收入差距也进入了一个持续地扩大时期，而且有进一步扩大的趋势。根据国际经验和河南农业生产条件总体不好，非农业人口占少数、经济效益又差、还不能用很大力量反哺农业的省情判断，河南省城乡居民收入差距扩大的趋势可能还要持续一段时间，城乡差距还会在较长的时期内存在。因此，强调调整城乡关系，促进城乡协调发展，主要是努力抑制城乡差距扩大的趋势，减弱城乡差距扩大的强度，积极为逐步缩小城乡差距创造条件。从差距扩大到开始缩小的"拐点"何时到来，现在还很难做出具体的判断。换言之，调整城乡关系，统筹城乡经济发展，既是一个紧迫的重大课题，又是一个长期的复杂的过程。

四　推进河南省城乡一体化进程的主要任务

河南省着力破除城乡二元结构、促进城乡统筹发展，从生产要素一体化、城乡产业一体化、城乡市场一体化、公共资源配置一体化等方面入手，找准城乡统筹发展的着力点，加快形成城乡经济社会发展一体化新格局。

（一）加快促进生产要素一体化

促进生产要素在城乡之间的自由流动是统筹城乡发展的前提条件之一，因此，在土地、资金、劳动力等生产要素的配置上，要逐步消除阻碍生产要素自由流动的城乡二元体制。一是在土地资源的配置上，实施资源赋权，防止土地的过度非农化，保障农民的土地权益。为此，要统筹土地利用规划、城乡建设规划和产业集聚区规划；强化农民的土地承包经营权，促进土地流转，逐步建立城乡统一的建设用地市场；健全农村土地管理制度。二是在劳动力资源配置上，加快农村富余劳动力的转移；促使农民就地城镇化、真正实现市民化。为此，要统筹城乡劳动就业和社会保障制度，建设城乡统一的劳动力市场，保护农民工合法权益，引导农民有序外出就业；统筹城乡社会管理，推进户籍制度改革，放宽中小城市落户条件，促使在城镇稳定就业的农民工真正转化为城镇居民。三是在资金配置上，要加快组建中原发展银行，支持有条件的本地银行加快上市步伐和跨省设立分支机构，加快农村信用社改制为农村商业银行，支持省农信联社改制为省级银行，鼓励金融机构发起设立村镇银行，创新金融产品和服务，为广大农村地区客户提供方便、快捷的服务。

(二) 加快促进城乡产业一体化

产业是国民经济的组成结构，各产业的均衡发展取决于产业的配置比重。统筹城乡产业发展，促进城乡产业一体化，是统筹城乡发展的前提和重要内容，是改变城乡二元经济结构的突破口，是优化产业结构的重要途径。为此，要通过统筹城乡产业的发展，引导城市资金、技术、人才、管理等生产要素向农村流动，带动农村工业化，实现工农互动、城乡互动，最终实现城乡统筹发展。一是推进城乡产业融合。加快转变农业发展方式，推进农业科技进步和创新，加强农业物质技术装备，健全农业产业体系，加快建设现代农业，为工业化和城镇化提供支撑，作为产业发展的重要环节。二是推进产城融合。以建设产业集聚区为载体，坚持工业化与城镇化相结合，构建产业发展的大平台。紧紧围绕产业集聚区、专业园区、重点项目建设，促进产业集聚，巩固发展产业支撑，壮大城镇经济基础。三是推进城乡产业协调发展。大力发展农产品加工业，加强农业与城市工业的融合度与关联度，推进农村工业化。

(三) 加快促进城乡市场一体化

所谓城乡市场一体化，就是要消除城乡市场分割的局面，让城乡市场紧密相连，融为一体，确保各种商品和服务、资源可以在城乡间得到顺畅流动，满足城乡居民生产和生活的需要。在市场经济条件下，城乡一体化的实质是城乡市场一体化。市场一体化作为一个过程，既是某一地域内城乡诸要素日益优化组合的过程，也是城乡发展协调度和融合度日益提高的过程。市场是连接城乡关系的重要纽带，市场一体化是促进城乡关系高度融合的关键环节，建设城乡之间开通融合、同步发展、协调统一、规范有序的市场体系，对于实现城乡统筹发展具有特别重要的意义。为此，必须积极整合市场资源，合理布局，形成城乡之间统一的产品市场、生产资料市场、技术市场、劳动力市场和资金市场，确保加快城乡市场一体化的步伐。一是深化各项产权制度等改革，积极培育各类商品市场尤其是生产要素市场。二是进一步理顺管理体制，加强政府的宏观调控职能。综合考虑城乡经济社会条件，确定总体布局，统一制定城乡市场建设的总体规划。三是大力培育信息、咨询和中介组织，给予平等竞争、竞相发展的机会和条件。四是把城乡统一的市场体系建设与现代城镇体系建设结合起来，优化市场的空间载体。

（四）加快促进公共资源配置一体化

实现城乡统筹发展，必须使公共资源在城乡之间实现均衡配置。目前，无论是基础设施还是公共服务，河南省城乡都存在着较大差距。因此，要调整公共资源在城乡之间的分配关系，扩大公共财政覆盖农村的范围，大力发展农村公共事业，加快促进公共资源配置一体化。一是进一步健全农村义务教育经费保障机制，建立城市教育资源为农村服务的长效机制，促进城乡义务教育均衡发展。二是调整医疗卫生资源配置结构，改善农村卫生机构服务条件，提高农村医疗卫生服务水平，进一步完善农村新型合作医疗制度，提高保障水平。三是强化农村公益性文化服务基础设施建设，扶持农村业余文化队伍，鼓励农民兴办文化产业，丰富农民的精神文化生活，提高农村精神文明水平。四是加快健全农村社会保障体系，不断缩小城乡社会保障水平差距。

（五）推进河南省城乡一体化的关键

综上所述，推进河南省城乡一体化的主要任务是生产要素一体化、城乡产业一体化、城乡市场一体化、公共资源配置一体化，而要实现这四个一体化的关键在于找准新型工业化、新型城镇化和农业现代化的对接点，推进工农、产城和城乡的良性互动。

1. 以农产品和劳动力资源为纽带，推进工农互动

充分发挥传统农区农产品资源和劳动力资源丰富的优势，以着力建设专业化、规模化原材料基地和劳动力资源培训为纽带，加强工农互动，实现工业与农业的相互依存和相互支撑。首先，大力培育农业产业化龙头企业和农民专业合作组织，推进农业生产向基地化、规模化、集约化发展。其次，围绕农产品产业化链条的前展和后延，大力开展招商引资活动，积极引进工业企业发挥其资金、经营等优势，采取租赁、承包、控股等形式，建立规模化、集约化的原料基地，前展产业链条；引导农业集约化种植基地延伸产业链，到产业集聚区、产业园区等兴办、联办农产品加工企业，提升农业附加值。再次，引导工业企业与规模化养殖基地、农民专业合作社之间签订长期、稳定的供销合同，实现农产品产销订单化、契约化。最后，大力开展农村人力资源开发，完善人力资源的培养、利用和激励机制。建立有利于种田能手、养殖能手、机耕能手等技术农民向农业产业工人过渡的人才流动机制，提升农业劳动者的科技水平；积极引导农民大力开展务工、物流、技术、信息等服务，加快农村服务业发展；通过工业化和城镇化的加速发展，吸纳大批农村富余劳动力向产业集聚区、中心城区和城镇集聚，为工业化、城镇化提供永续的人力资源支撑。

2. 以集聚发展为载体，推进产城融合

坚持"产城并举"的发展观，依托中心城区、县城和产业集聚区，着力推进中心城区、县城及其支撑产业的协调、融合发展。首先，城镇化建设要着力做大做强中心城区，做精做美县域城市，做实做特中心城镇，做亮做优农村社区，进一步完善城镇体系结构，提升城镇区域内涵。其次，紧紧围绕产业集聚区、专业园区、重点项目建设，促进产业集聚，巩固发展产业支撑，壮大城镇经济基础，进一步强化基础设施建设，加快发展第三产业，提高城镇服务职能。因此，依托产业集聚区、产业园区等延伸农产品加工链条，优化产业结构，不断壮大产业规模；依托产业发展带动农村富余人口向工业、城镇集聚，加快推进工业化；依托加快人口、资源集聚和工业化进程，为城镇化提供资金和人力资源支持，不断提升城镇化水平，走出一条工农互动、产城融合的协调发展道路。

3. 以体制机制创新为动力，推进城乡一体化发展

统筹谋划工业与农业、城镇与乡村、城镇居民与农村居民协调发展，通过体制创新和政策调整，推进城乡人口、技术、资本、资源等要素相互融合、互为支撑、协调发展，逐步实现城乡在政策上平等、产业发展上互补、国民待遇上一致。首先，健全"三农"投入稳定增长机制，逐步提高财政"三农"支出占财政总支出的比重。通过财政贴息或利用信用担保的杠杆作用，引导更多信贷资金和社会资金投向农业农村。其次，以城乡基本公共服务均等化为导向，不断优化财政支出结构，强化农村基础设施和文化、医疗、教育等公共服务设施建设，扩大农村社会保障覆盖面。再次，逐步建立城乡统一的公共服务制度，统筹城乡劳动就业，加快建立城乡统一的人力资源市场，从体制上解决城乡居民机会不均等和劳动力市场的地区分割问题。最后，以新型农村社区建设为契机，强力推进农村社区基础设施建设，加快农村社区公共服务设施建设，不断改善和优化农村居民生活居住条件，让农村居民享受到与城镇居民基本均等的文明和实惠，逐步形成城乡协调融合、相互促进的发展格局。

五 推进河南省城乡一体化的政策建议

推进城乡一体化是一项艰巨、长期、系统的工程。当前和今后的一段时期，河南省必须要紧紧抓住国务院加快建设中原经济区带来的政策机遇，进一步提高思想认识，着力推进农村人口向城镇集中，着力推进产业集聚发展和结构升级，着力提升基础设施和基本公共服务均等化水平，着力推进改革创新和扩大开放，着力推进生态环境保护和资源节约集约利用，进一步推进城乡一体化发展。

(一) 进一步统一思想，提高认识

目前，在城乡一体化建设的进程中，一些地方的决策者和组织者思想观念还比较滞后，对城乡一体化的必要性和重要性认识不足，直接影响着建设的实效。因此，我们要以统一思想为先导，进一步转变观念，提高认

识。城乡一体化建设不是一件普通的任务，而是事关经济全局、社会发展和人的尊严的大事。

城乡一体化是经济发展的必然趋势。在河南这个农业大省，农业主要分布在农村，以一家一户的方式进行耕作，对自然条件的依赖非常强。农业无论是在生产效率、规模报酬递增幅度，还是在资源配置效率上，都不及工业。如果完全按照市场规律来发展经济，势必造成城乡发展的不均衡，使经济结构失调。不仅全面建设小康社会的目标任务无法完成，而且会陷入经济停滞、社会动荡、有增长无发展的"现代化陷阱"。正是在这个意义上，城乡一体化才被称为"生产力再一次大解放"。

城乡一体化是社会发展和人的发展的必然要求。如果城市和农村的收入和生活水平差距太大，农村居民无法享受现代文明成果，就会影响社会稳定，不利于和谐社会的构建。马克思主义理论认为，经济和社会的发展最终是为了一切人的全面发展。城市和农村只是在生活生产方式方面存在一定的区别，但是在权利上是平等的，在价值上是等值的。这是人的尊严所在，是宪法赋予每个公民的合法权益。城乡一体化就是要弥补城乡之间的巨大缝隙，将属于农民的还给农民。

（二）充分发挥新型城镇化的引领作用

近年来，河南省从本省实际出发，探索走出了一条不以牺牲粮食和农业为代价的新型城镇化的道路，这是被实践证明正确的道路。如今，随着新型城镇化建设理论与实践的不断探索，全省上下关于推进新型城镇化建设的思路逐步明确，以新型城镇化引领"三化"协调发展已形成共识。在统筹城乡发展中，河南省要立足省情，充分发挥新型城镇化的引领作用。一是进一步提升郑州作为核心城市的地位和作用；二是加强城镇基础设施建设，完善城镇功能，增强城镇综合承载能力；三是以产业集聚区为载体，加快产业向城镇集聚、人口向城镇转移，大力推进产城融合；四是充分发挥新型农村社区在新型城镇化中的作用。要积极稳妥地推进农村社区建设，通过整合村庄、土地、人口、产业等区域空间资源要素，实现土地集约利用、产业集聚发展、人口集中居住、功能集合构建，增强新型农村社区综合服务功能。

大力提升城镇综合承载能力。提升城镇综合承载能力既是提高城镇化水平的必然要求和重要举措，又是城乡一体化建设的驱动力和切入点。引导乡镇企业向小城镇聚集。城乡一体化既强调城市对农村的辐射带动作用，由城市拉动农村的资源和劳动力向城市聚集，另外又要发展农村的乡镇企业，并以乡镇企业为中心逐渐地扩大建成城市，增强农村的内生动力、主动吸引力，而城镇正是这两者的结合点。我们要将乡镇工业的规划布局主要内容纳入当地经济社会发展规划、城镇建设总体规划和土地利用总体规划，依托城镇开办企业小区、工业园区等各种形式，引导乡镇企业向城市和园区集聚，进一步提高城镇产业集聚度，增强块状经济特色。这样不仅能够促进乡镇企业的发展壮大，加速提升城镇化水平，而且有利于解决环境污染难治理和生产力与人口分散布局等"农村病"问题。通过产业集聚农村人口，带动农村发展，促进城乡人口结构和社会阶层结构的优化。

（三）强化城乡基础设施和公共服务设施建设

统筹城乡基础设施建设，是实现统筹城乡协调发展的基础和必然要求。要遵循城镇化发展规律，完善城市功能，加快城市基础设施建设，扎实推进新农村建设，加强农村基础设施建设，逐步形成基础设施完善、服务功能齐全、发展协调有序的现代城乡基础设施建设体系。一是加大交通、能源、通信、能源供应、供排水等城市基础设施的建设力度，完善城市功能，增强城市的凝聚力和吸引力，提升城市综合承载能力，促进城市可持续发展；二是突出加强农村基础设施和公共服务设施建设，抓好村庄布局及环境卫生综合整治，优化农村人居环境，改变农村整体面貌；三是强化城市与农村设施连接。切实把城市与农村作为一个有机整体，着眼强化城市与农村设施连接，加大农村基础设施投入力度，特别要增加对农村饮水、电力、道路、通信、垃圾处理设施等方面的建设投入，实现城乡共建、城乡联网、城乡共用。

强化政府在基本公共服务供给上的主体和主导作用，鼓励社会力量积极参与，加强基本公共服务设施和能力建设，建立覆盖城乡、功能完善、可持续的基本公共服务体系。完善城乡社会保障体系。积极推进城乡社会保障政策制度衔接，逐步实现接续顺畅和统一管理。健全城乡基本公共教育服务体系。推进义务教育均衡发展，实施学前教育普及工程，加快职业教育发展，积极吸引国内外知名高等学校和科研院所在河南设立合作办学机构。完善城乡公共卫生和基本医疗服务体系。提高人均公共卫生经费标准，免费提供国家基本和重大公众卫生服务项目，提高医疗设施服务水平，鼓励和引导社会资本举办各类医疗机构。健全公共文化服务体系。实施基础文化设施全域覆盖工程，使城乡居民就近参加文体活动。稳步推进文化市场开放，吸引社会力量积极参与公益性文化建设，向社会免费开放博物馆、图书馆、文化馆、科技馆，建设传媒中心、博物馆、美术馆。

（四）加快完善城乡一体化体制机制

目前，体制机制改革的进度滞后于城乡一体化的建设进程，以至于制约了建设的积极性和主动性。推进城乡统筹发展，要加大制度改革的步伐，着力打破城乡二元结构体制，建立城乡统一的制度体系，构建起城乡统筹发展的制度体系。

积极破除城乡二元体制机制障碍，引导农村人口向城镇和新农村社区集中集聚，农村劳动力向第二、第三产业转移，促进农村居民生产生活方式实现根本性转变。一是加快人口向中心城区和城镇集中。通过教育和产业吸纳外来人员在河南就学、就业，着力消除城乡、行业、身份、性别等一切影响平等就业的制度障碍和就业歧视，加快外来人员和本地农业转移人口市民化，积极推进人口有序向城镇转移。二是构建城乡一体户籍管理制度。积极消除附着在城乡户口上的政策差异，逐步实现城乡居民权益同等，促进城乡居民双向自由流动。三是推进农村产权制度改革。深化农村产业制度改革，积极推进农村集体土地所有权、土地承包经营权、农村宅基地使用权、房屋所有权等农村产权的确权登记颁证工作，加快推进农村集体经济股份制改造，建立健全农村产权交易市场，着力完善农村土地承包经营权流转服务平台，推动土地承包经营权规范有序流动。四是创新就业服务机制。实施无差别的城乡就业创业服务，全面提高居民就业创业能力，促进人口向城镇转移。

建立健全土地集约节约利用机制。以加快土地节约集约利用为核心，深化用地制度改革，创新土地开发机制，建设城乡统一的建设用地市场，破解土地瓶颈。一是创新农村集体建设用地流转机制。搭建城乡建设用地交易平台，将集体建设用地使用权纳入平台交易，实现土地要素市场化。允许城镇建设用地范围以外依法取得的集体建设用地使用权通过转让、出租、入股、联营、抵押等形式进行流转，对被征地集体经济组织和农民给予及时足额合理补偿。建立农村宅基地退出补偿机制，推进迁村腾地、人口集聚。二是提高土地节约集约利用水平。坚持"工业出城、项目上山"和畜牧业"退川进岭上山"，鼓励企业利用低丘缓坡、劣质耕地、废弃地和未利用地进行建设。加大低效闲置土地清理处置和"城中村"改造力度，推进紧凑型城市建设。三是破解城乡一体化发展用地矛盾。严格保护耕地制度，建立耕地保护补偿激励机制。大力实施农村土地综合整治，积极开展城乡用地增减挂钩。发挥土地利用总体规划的管控作用，统筹安排农田保护、城镇建设、产业集聚、生态涵养等空间布局，河南省应在土地利用年度计划指标上给予适当倾斜。

深化金融体制改革，引导民间金融健康发展。坚持政府主导、市场运作、社会参与，深化财政体制改革，创新金融产品供给，不断拓展资金筹措渠道，形成多元化投资新格局。一是创新财政投入机制。促进财政投入稳定增长，扩大公共财政覆盖范围，加大财政转移支付力度，支持农业功能区、生态功能区建设，实现均衡发展。整合使用各类政策性资金资源，加大扶持力度，集中用于新型农村社区、城乡基础设施和公共服务设施建设。二是创新城乡金融服务。探索推进以民间资本为主体的社区银行、农村资金互助社等试点工作。设立农村产权抵押担保公司和担保基金，探索开展涉农承包权、经营权、林权抵押贷款及担保创新。加大上市公司培育力度，积极发展债券市场，支持符合条件的企业发行企业债券、公司债券、中期票据、短期融资券、中小企业集合票据等，拓宽融资渠道。支持发展面向小微企业和"三农"的融资租赁业务，建立小微企业融资综合服务中心。积极引进省内外金融机构设立分支机构。三是建立多元投入机制。采用财政贴息、担保贷款、抵押租赁、以奖代补、民办公助、收益分配以及 PPP、BT、BOT、TOT 等办法，引导不同经济成分和各类投资主体参与城乡一体化建设。

积极创新城乡社会管理体制。强化政府社会管理和公共服务职能，建立与城镇体系和城乡一体化发展相适应的行政管理体制。一是推进行政管理体制改革。顺应城乡一体化发展的趋势，探索城乡统一、管理高效的行政管理模式。优化行政管理体系，创新功能区管理体制，探索功能区与现有镇、新型农村社区在经济发展、社会管理等方面的关系，建立与一体化发展相适应的政府组织架构。二是提高行政效能。深化行政审批制度改革，进一步清理规范行政审批、行政许可、行政收费等事项，推进行政审批与技术评审相分离。在功能区、产业集聚区设立综合行政服务大厅，实行集中审批、一站式服务。完善政府绩效评价考核体系，对政府工作绩效和行政成本明确标准、全程控制、科学考核，建设服务政府、效能政府。三是创新社会管理机制。按照"城乡管理社区化、公共服务均等化、治安管理数字化、协调组织专业化"的要求，把社会管理职能下沉到社区，建立社区综合服务中心，构建以社区为基础的城乡基层社会管理和公共服务平台。推进治安管控数字化，形成视频监控网、街面防控网、社区防控网、单位内部防控网的立体防控格局。推进调解组织专业化，进一步完善利益协调、诉求表达、矛盾调处、权益保障等体制机制。

第十章

创新城镇化生态建设模式

党的十八大提出要大力推进生态文明建设，把生态文明建设放在突出地位，融入经济建设、政治建设、文化建设、社会建设各方面和全过程，"五位一体"地建设中国特色社会主义。加强生态建设是科学推进新型城镇化的重要内容，关系亿万中原人民的福祉，关乎河南未来长远发展大计，具有重要的战略意义。近年来，河南在调整经济结构、降低能耗、生态示范创建等方面采用了一系列措施，取得了一定的成效。但是，在经济社会继续保持高速发展的大背景下，河南生态建设和环境保护形势依然十分严峻。必须要加快城镇化生态建设模式创新，牢固树立生态文明理念，全面推进中原经济区生态文明建设。

一 创新城镇化生态建设模式的战略意义

改革开放以后，尤其是近年来，河南经济社会快速发展。但是，随着工业化、城镇化的快速推进，资源约束趋紧，环境污染严重，发展与资源和环境之间的矛盾日益突出，传统粗放型发展方式难以为继，必须创新城镇化生态建设模式，加大生态文明建设力度，加快建设美丽河南的步伐。这不仅是河南贯彻落实十八大精神的具体行动，也是河南结合省情和所处经济社会发展阶段做出的重大决策部署，凸显党和政府的执政理念，即更加尊重自然、人民的感受和人与自然、人与社会、人与人自身的和谐发展。当前，河南省正处于实施促进中部地区崛起战略、大力推进中原经济区建设、加快中原崛起和河南振兴的关键时期。创新城镇化生态建设模式，是全面建成小康社会的重要内容，是加快经济发展方式转变的重要途径，是解决资源环境瓶颈制约的必然选择，是改善人居环境、提升生活质量的重要保障，关系亿万中原人民的福祉，关乎河南未来长远发展大计，具有重要的战略意义。

（一）全面建成小康社会的重要内容

党的十八大报告提出，到 2020 年，我国将全面建成小康社会。这是一个全面发展的目标，不仅要解决温饱问题，而且要从政治、经济、文化等各方面满足城乡发展需要。表明未来中国不仅注重经济增长目标，还要实现其他方面协调发展、科学发展，更加重视经济发展的质量，更加注重百姓生活的改善。近年来，河南经济社会发展取得巨大成就，全省经济总量连续多年居全国第五位。但是，人口多、底子薄、基础弱、发展不平衡的基本省情没有变，人均发展水平和人均公共服务水平低的状况没有变，河南很多经济社会指标还是低于全国平均水平。2020 年河南要全面建成小康社会，任务还很艰巨，必须要求贯彻落实科学发展观，坚持走"三化协调"、"四化同步"之路，保持全省经济、社会、自然生态全面协调可持续发展。创新生态建设模式，将生态文明理念融入经济社会发展全过程，共建自然、人与社会和谐相处的美好家园，与全面建成小康社会的目标和要求完全契合，是河南全面建成小康社会的重要内容。

（二）加快经济发展方式转变的重要途径

当前，河南经济结构不合理、资源约束增强、环境压力加大等矛盾仍然突出，传统的粗放型经济发展方式难以为继，迫切需要加快经济发展方式转变。尤其是，河南在现代化建设进程中，能源、水资源和环境容量是影响长期持续发展的最为突出的三大制约因素。要保持今后 20 年的平稳较快发展，按目前的能源消费弹性系数，即使考虑节能减排因素，到 2030 年也需要 5 亿吨以上的标准煤支撑，这对能源保障提出重大挑战。同时，在今后较长时期内，可利用的水、土地等资源总量和环境容量约束不可能有明显缓解，资源和环境对经济发展的硬约束问题将愈加突出。创新生态建设模式，将从长远、全局、战略上破解三大瓶颈制约，有利于从根本上转变经济发展方式。一是有利于促进资源、能源高效开发和节约利用，大幅度提高资源、能源利用效率；二是有利于倡导环境友好行为，发展循环经济和清洁生产，改善经济结构；三是有利于减少污染物排放，提高环境承载能力，有效缓解经济发展与资源环境之间的矛盾，实现经济社会可持续发展。

（三）改善人居环境、提升生活质量的重要保障

改善人居环境是提升人民生活质量的重要方面，是推进新型城镇化的必然要求，是社会经济实现可持续发展的重要保证。人居环境问题正日益受到世界上多国政府和人民的重视。我国政府也高度重视人居环境改善工作尤其是农村人居环境改善工作，国务院办公厅在 2014 年 5 月印发了《关于改善农村人居环境的指导意见》，提出到 2020 年，全国农村居民住房、饮水和出行等基本条件明显改善，人居环境基本实现干净、整洁、便捷，建成一批各具特色的美丽宜居村庄。创新生态建设模式，有利于使人与自然的关系更加和谐，建设经济繁荣、环境友好、社会和谐、人民富裕的美好家园，让城乡人民群众喝上干净水，呼吸到清洁空气，吃上放心食品，在良好的环境中生产生活。同时，加强生态建设可以为子孙后代留下良好的生存和发展空间，保证一代接一代永续发展，实现代际公平，是造福当代、惠及子孙的宏伟事业。

（四）实现中原崛起河南振兴富民强省战略目标的内在要求

随着经济国际化的发展，生态环境质量日益成为影响区域竞争力的重要因素。河南提出的中原崛起河南振兴富民强省是提升河南区域竞争力的重要体现。创新生态建设模式，通过大力推进绿色发展、循环发展、低碳发展，持续探索"三化协调"、"四化同步"的科学发展路子，加快建设资源节约型、环境友好型社会，努力建设经济结构优化、资源高效利用、生态环境良好、城乡和谐宜居的美丽河南，将有利于河南增强发展后劲，提升综合实力，为加快实现中原崛起、河南振兴富民强省提供有力支撑。

二 中原经济区生态建设和环境保护的历史考察和现状分析

近年来，河南省在生态建设和环境保护方面进行了多方面的努力和尝

试，取得了一定的成效，但问题依然突出，生态文明建设仍然任重而道远。

（一）河南生态建设和环境保护的主要做法

1. 大力推进产业结构转型升级

近年来，河南充分利用金融危机与节能减排形成的"倒逼"机制，牢固树立生态文明的发展理念，坚持绿色发展、低碳发展、循环发展，不断加快产业结构转型升级步伐。把大力发展高成长性产业作为推动经济增长的主要动力，深入挖掘比较优势，大力发展汽车、电子信息、装备制造、食品、轻工、建材等高成长性产业；立足现有产业基础，运用高新技术、先进适用和信息化技术改造提升纺织、化工、有色、钢铁等传统优势产业；以航空港经济综合实验区为载体，内引外联，重点发展航空、物流、新能源汽车、生物医药、新能源、新材料等先导产业。通过产业结构转型升级，河南既夯实了长远发展的经济基础，又为可持续发展提供了宝贵的环境容量。

2. 加快能源资源节约利用

近年来，河南全面推进国民经济各领域、生产生活各环节的能源资源节约利用和节能减排工作。重点通过电力、钢铁、有色金属等行业高能耗设备的淘汰和改造，加强工业余热利用，着力提高能源利用效率；加大开发碳捕获和碳固化技术，促进单位生产总值二氧化碳排放强度不断下降，促进单位生产总值能耗进一步下降；将能源生产和消费结构的调整作为节能方向，合理开发利用水电，大力发展生物质能、风能、太阳能、地热等可再生能源，全面推广应用清洁煤发电技术，继续推进甲醇汽油试点推广工作，全面加强智能电网建设。全面推进土地节约利用，重点加强城镇建设用地和工业用地的节约集约利用。着力加强水资源保护与开发，倡导全社会节约用水，实行最严格的水资源管理制度，加快雨水集蓄、工业废水回收再利用、区域性中水回用等项目建设。

3. 持续加大林业生态建设投入

近年来，河南高度重视林业建设，通过林业生态省建设提升工程以及一系列强林、惠林政策，尤其是在财政部门的大力支持下，不断加大对林业生态建设的投入，促进林业生态发展。建立和完善多元投融资体制，发挥市场配置资源的基础性作用，采取政府引导、社会投入、市场运作的方式，拓宽林业建设融资渠道，积极引导社会资金和力量投入为河南林业生态建设服务。积极引导林业资源的科学开发、合理利用，依托优势林业资源基础，以林业产业化龙头企业为支撑，以相关服务机构为辅助，以加工集聚地为核心，大力推动林业产业化集群发展，"以林养林"工作成效显著。

4. 大力推动生态示范创建活动

自 2000 年中央号召开展生态示范创建活动以来，河南各地热烈响应、积极参与、精心组织，全省生态示范创建活动呈现蓬勃发展的态势。全省积极参与全国生态示范县创建活动，栾川成为河南首个国家级生态文明示范县，洛阳白河镇，焦作西虢镇、岸上乡等 12 个乡镇被评为国家级生态文明乡镇；省级生态示范创建活动全面展开，孟津、桐柏、长垣和新县被评为省级生态文明示范县；深入开展省级生态文明乡镇、生态村创建活动，截至目前，已经先后命名八批生态文明乡镇和七批生态文明村，推动了全省生态文明建设的深入实施，普及了生态文明知识和理念，提高了全省人民生态保护意识和参与建设的积极性。

5. 全面启动生态省建设

2013 年《河南生态省建设规划纲要》正式出台，标志着河南生态省建设全面启动。河南生态省建设紧紧围绕绿色高效的生态经济体系、可持续利用的资源支撑体系、全防全治的环境安全体系、山川秀美的自然生态体系、环境友好的生态人居体系、健康文明的生态文化体系等六大体系全面展开。全省林业生态示范创建活动稳步推进，《河南省林业推进生态文明建设示范县考核办法》提出，到 2017 年末全省创建 20 个林业生态文明示范县。尤其是省委省政府提出"美丽河南"建设以来，全省领导干部和广大群众在中央"让中原更出彩"历史使命的感召下，正确认识自身需要承担的双重历史责任，极大地推动了全省生态建设的顺利实施。

（二）近年来河南生态建设和环境保护取得的主要成效

1. 生态建设成效初显

经过全省人民的共同努力，生态建设成效初显，主要表现在以下几个方面：第一，林业生态建设取得巨大成绩，从 2007 年到 2012 年五年间完成造林任务 2546.6 万亩，新增森林面积 906.8 万亩，2012 年全省森林面积达到 5756.5 万亩、森林蓄积量达到 14227 万立方米，森林覆盖率达到 22.98%。第二，生态示范创建成果突出，共创建国家森林城市 5 个、全国绿化模范城市 4 个、国家级绿化模范县 19 个，建成林业生态县 134 个，目前仍有 40 多个县（市、区）正在开展生态县（市）建设，其中 11 个县（市、区）的规划已经编制完成待论证。第三，自然保护区建设硕果累累，全省建立不同级别、不同类型的自然保护区 33 处，总面积 759134 公顷，占全省面积的 4.5%，其中国家级自然保护区 11 处、省级自然保护区 20 处；建立湿地类型自然保护区 17 处，总面积 26.81 万公顷，其中国家级自然保护区 3 处；建立国家级湿地公园 10 个，面积 27507.25 公顷。

2. 污染减排成效显著

通过大力发展循环经济，全面推广低碳技术，加快淘汰落后产能等措施，节能减排成效突出，全省污染物排放量逐年降低。2012 年，全省化学需氧量、氨氮、二氧化硫、氮氧化物排放量分别比上年下降 3.00%、2.61%、6.90% 和 2.37%。全省水体环境有了明显改善，2012 年全省地表水环境质量断面化学需氧量、氨氮平均浓度同比分别下降 12.3% 和 23.0%；城市集中式饮用水源地取水水质累计达标率保持在 100%；全省地下水和水库水质总体状况不断改善。全省大气质量触底回升，省辖市、省直管县（市）环境空气质量优良天数累计百分比有所回升。

3. 环境综合整治成效明显

每年选定若干重点目标，先后对南水北调中线工程水源地、全省主要饮用水源地和贾鲁河、卫河、惠济河等流域，小水泥、小造纸、小耐火材料等比较集中的区域，以及化工（化肥）、医药、电力等高排放行业实施综合整治。通过淘汰落后生产能力和对企业进行深度治理，局部地区的污染物排放总量得到大幅削减，环境质量明显好转。全省各地积极实施了城镇集中污水处理设施升级改造，酒精、化肥、造纸和化工等涉水重点工业行业的污染防治，规模化畜禽养殖场和养殖小区的污染治理，以及机动车环保标志管理制度和建设完善垃圾填埋场渗滤液处理设施等项目，水污染减排工作成果显著。全省城乡生态环境质量都有了明显改善和提升。

4. 生态建设和环境保护制度不断完善

在管理体制和机制上，河南成立了由分管副省长牵头、政府多部门组成的河南省环境保护委员会，建立了政府环保目标责任制、领导干部考核责任制，实行环境保护问责制和"一票否决"制，推行了水污染生态补偿制度和排污权交易试点等环境经济政策。在全国率先实施了主要污染物排放总量预算管理制度，有效地控制污染物排放总量，以资源环境约束推动地区经济转型发展。河南先后出台了《河南省生态公益林管理办法》《河南省建设项目环境保护条例》《河南省水污染防治条例》《河南省固体废弃物污染环境防治条例》《河南省减少污染物排放条例》等环保法规。2014年出台的《美丽河南建设的意见》明确提出要将生态保护成绩纳入政府绩效考核，标志着地方政府绩效考核向生态文明做出了重大调整和取得重大进步。

（三）河南生态建设和环境保护存在的主要问题

1. 经济社会和城镇化快速发展加大生态保护压力

虽然国内外经济环境低迷，全国经济发展进入新常态，但河南在三大国家战略平台的引领下，经济发展继续保持着快速增长的态势。经济社会的快速发展造成资源和生态环境的压力进一步增大，生态环境安全的形势愈发严峻。此外，产业结构总体低端化，能源利用效率较低，结构性污染问题依然存在，这些都对河南生态环境保护工作形成了严峻挑战。尤其是河南省城镇化进入快速发展阶段，城镇人口和经济规模快速膨胀，带来城镇大量生产生活垃圾、污水和废弃物排放，对生态环境形成了巨大压力。另外，农村和农业也成为新的环境污染来源，在农村地区，农村居民生活现代化程度不断提高，生活废水和固体废弃物增长迅速；在农业生产过程中，化肥、农药和薄膜的推广使用日益成为保障粮食稳定增产的主要方式，养殖业规模化和集约化程度不断提高，农业生产方式的改变造成农业面源污染和规模养殖污染形势更加严峻。

2. 生态建设和环境保护形势仍然十分严峻

目前，河南生态环境日渐趋紧的形势仍未有根本改变，主要表现在资源环境容量严重不足。全省人均森林面积仅为全国平均水平的1/5，湿地面积仅占国土面积的6.6%，森林和湿地生态系统整体功能脆弱，抵御灾害的能力不足，难以满足新型工业化、城镇化和农业现代化对生态环境治理不断提升的要求。目前，河南整体上水环境已无容量，大气尚存在部分容量，并且环境容量还存在着较大的区域差异。河南省北部和西部，以及郑州部分地区环境容量已经严重超载，亟待通过加强环境保护和节能减排来减轻经济社会发展对敏感区域和全省生态环境保护的不利影响。环境容量紧张对河南经济持续发展的制约作用日益凸显，生态环境保护已经远不能满足人民群众日益提高的环境质量要求。

3. 环境污染治理难度不断加大

造成环境污染的介质愈加多样和复杂，已从以大气和水为主逐渐向大气、水和土壤三种介质共存转变；污染物来源从以工业和生活污染为主向工业、生活和农村、农业面源污染并存转变；污染特征从单一型、点源污染向复合型、区域污染转变；臭氧、细颗粒物、持久性有机物、放射性污染和危险废物、废旧电子电器、污水处理厂污泥等固体废物污染问题日益突出，环境污染治理难度进一步加大。人民群众关注的环境热点、难点、焦点问题难以在短时间内得到全面解决，部分地区因环境问题引发激化社会矛盾的潜在风险不断加大。

4. 生态环保制度问题依然突出

河南生态环境保护制度仍不健全，主要存在以下一些亟须解决的突出问题。首先，相关规章制度还不完善，特别是在大气污染防治、水土污染防治、环境应急管理和生态环境自动监控等重点领域，国家已有的相关政策法规和标准与地方工作的实际要求存在一定差距，缺乏一系列符合自身实际需要的地方性法规和规章来为这些领域的环保工作开展提供法律支撑。其次，体制机制还未完全理顺，在生态环境保护目标考核和责任追究、生态环境保护决策、生态环境创建激励机制、环境治理和生态修复，以及生态环境监管等方面的工作机制还不够健全，需要进一步完善相关机制以加强和规范地方之间和部门之间的协作，确保生态环境各领域、各环节的各项任务切实有效地推进。最后，缺乏有效的多元参与机制和民主监督机制。目前，有效的环境社会监督和参与机制还没有建立起来，特别是一些地方对生态环境保护中公众参与的重要性认识不足，甚至错误地将一些群众表达环境利益诉求的正常现象视作不和谐的社会因素等，这种错误认识在一定程度上影响社会公众参与生态环境保护的健康发展。

三　国内外生态建设和环境保护的经验借鉴和教训启示

西方发达国家工业革命起步较早，市场经济比较发达，环境污染问题爆发较早，也积累了生态建设和环境保护丰富的经验和理论，对国内外生态建设和环境保护典型案例的分析，可以为中原经济区创新城镇化生态建设模式提供借鉴。

（一）国外生态建设和环境保护的典型案例

1. 鲁尔经济区转型

鲁尔经济区是德国一个以采煤工业起家的老矿区，从 19 世纪中叶开始的 100 多年里，鲁尔区的煤炭产量占全国煤炭总产量的比重始终在 80% 以上，钢铁产量占全国钢铁总产量的比重在 70% 以上。鲁尔区在发展初期，由于缺乏对土地利用、城镇布局、环境保护等方面的规划和保护，开发方式比较粗放，从而造成了煤矸石堆积成山，污水遍地，塌陷坑随处可见，铁路线也杂乱无章，居民点布局混乱。尤其是随着煤炭和钢铁等重工业的发展，地区环境质量不断恶化，区域形象受到严重损害。如何协调鲁尔区的经济发展和生态环境保护成为全德国关注的焦点。德国于 1925 年成立了鲁尔煤炭区开发协会作为鲁尔区最高规划机构，综合协调整个鲁尔区的开发和规划工作。1966 年，该协会编制了鲁尔区发展总体规划，这是德国区域规划史上第一个地区性总体规划。该规划对整个鲁尔区进行重新规划，一方面加快煤炭和钢铁资源的整合和升级；另一方面制定多元化产业政策，扶持轻工业、商业的发展。经过一系列规划和改造，鲁尔区从过去过度依赖重工业到注重发展轻工业和新兴产业，成功实现了产业结构多元化转型。此外，鲁尔区的顺利转型与"埃姆瑟公园"成功规划密不可分，埃姆瑟公园原是废旧的工业区，进行工业遗产景观改造以后该工业区重新焕发活力，新型产业发展迅速，带动了整个鲁尔区的转型发展。

2. 匹兹堡烟雾治理

匹兹堡是美国历史上著名的钢铁之都，同时也是令人无奈的"烟雾之都"。由于地理上靠近产煤区和便利的水上交通运输，匹兹堡拥有发展钢铁工业的先天优势。1875 年卡内基在匹兹堡创立埃德加汤姆森钢铁厂，开启了匹兹堡的钢铁时代，钢铁工业在 19 世纪成为匹兹堡的支柱产业。烟雾笼罩是匹兹堡迅速发展钢铁工业的产物。为了控制烟雾，匹兹堡做了很多努力和尝试，在 1868 年出台法令禁止货车在城区内使用烟煤；1869年开始禁止建造蜂窝式焦炭炉；1911 年，当地政府创立了烟雾管理局，随后出台了一系列控制烟雾的法令，但由于政策和执行上的宽松和摇摆，这些措施并没有取得明显的效果。20 世纪 30 年代的大萧条给匹兹堡的钢铁行业带来了沉重打击，对于当时的匹兹堡来说，干净的天空、新鲜的空气意味着关闭的工厂和失业的工人，这一时期的烟雾治理工作陷入停顿，烟雾管理局也一度被撤销。1936 年，在美国联邦工程局的资助下，有关部门针对烟雾给当地居民生活带来的影响做了一次深入调查，重新激起了人们对烟雾控制的兴趣。1941 年市长消除烟雾委员会成立，委员会经过深入的调查和研究之后得出在匹兹堡控制烟雾是可行的，不但可以改善居住环境，缓解人口流失，而且可以吸引轻工业，创造新的工业和就业机会，最终会带来"一个增长、繁荣富裕的新时代"。1942 年，该委员会推动了烟雾控制法令的正式出台。匹兹堡控制烟雾法令是当时美国各地最严厉和强有力的控烟法令，同时当地钢铁行业的衰落，导致了匹兹堡不得不通过治理烟雾来美化环境实现产业转型升级，匹兹堡的控烟运动最终取得了良好的效果。多方力量的合作是匹兹堡控烟成功的关键所在，控烟运动当中，曾经作为反对者的矿业主和钢铁工人由于也能获得利益而采取了合作的态度，并且参与和推动了法令的制定。匹兹堡的烟雾治理是当代工业城市治理的经典之作。

3. 莱茵河生态修复

莱茵河是西欧第一大河，河流全长 1300 多千米，流经瑞士、奥地利、法国、德国等 9 个国家，流域面积超过 22 万平方千米。莱茵河承担着供应流域内 200 多万人的饮水的任务。20 世纪后半期，随着欧洲经济的快速发展和沿岸人口的快速膨胀，莱茵河污染严重，一度被称为"欧洲的下水道"。为了治理莱茵河的污染问题，恢复莱茵河生态系统，莱茵河流域的几个国家一起成立了保护莱茵河国际委员会。在保护莱茵河国际委员会的倡议下，沿河各国修建了污水处理厂、水质监测站等大量的工程设施。大规模污水处理厂的投入使用使可降解物质的排放量大大降低，并且使莱茵河水的溶解氧浓度得到了一定程度的降低，大大改善了河流水质。为了加强对水质的监测，莱茵河及其支流上设置了大量监测站，对河流的化学残留物以及生物指数进行持续监测。在流域各国的协同努力下，莱茵河又恢复了往日的碧波荡漾，重新成为全欧洲人引以为傲的母亲河。随着莱茵河水质的恢复，两岸的生态环境也逐步好转，莱茵河两岸的城市也重新焕发了生机和活力。莱茵河的治理和生态修复是国际河流治理的典范。

4. 新加坡"花园城市"建设

受中华传统天人合一观念的影响，新加坡人认识到人类社会的繁荣发展应同自然界物种的繁衍进化协调进行，最终创造一个人与自然相和谐的城市。快速膨胀的城市留给自然的空间越来越少，因此新加坡人特别珍视自然，注重人与自然和谐相处。新加坡城市规划特别重视"绿色和蓝色规划"，注重公园和开放空间的建设，并且将各主要公园用绿色廊道相连；规划还充分利用海岸线并使岛内的水系适合休闲的需求。该规划确保了在新加坡城镇化进程快速发展的同时，人们仍拥有绿色和清洁的环境。在这个花园城市中，是植物创造了凉爽的环境，弱化了钢筋混凝构架和玻璃幕墙僵硬的线条，增添了城市的色彩，新加坡城市建设的目标就是让人们在走出办公室、家或学校时，感到自己身处一个花园式的城市之中。从新加坡城市建设中，我们认识到"园林城市"和"花园城市"的本质应是"天人合一"，而非人为第一位，无限制地向自然索取。

(二) 国内生态建设和环境保护的经验教训

1. 太湖流域水污染治理

太湖位于长江三角洲下游，横跨浙江、江苏、上海等省市，流域面积达 36000 余平方千米，承载人口 3000 多万，国内生产总值占长三角地区过半，是我国人口最密集、经济最发达地区之一。环太湖流域经济虽然发达，但水资源保护却相对滞后，造成太湖流域水体污染严重，水质连年下降。自 1996 年以来，太湖就被作为国家水污染治理的重点项目，国家及地方先后投入资金上百亿元。制定了《太湖水污染防治规划》，实行流域内污染排放达标制度，关停污染严重企业，实施"引江济太"工程，实施太湖生态修复工程等措施。就目前太湖现状来看，虽然取得了一些治污成果，但是由于污染速度仍然快于治理速度，污染总量控制没有达到预期目标，太湖水质污染没有得到根本性改变。不足之处主要在于：守法成本高，违法成本低；地方利益占主导地位，缺乏流域整体利益的法律保护；执法主体责任落实不明晰，工作机制不协调；缺乏有效的法律监督体制；流域内项目审批不严格等。

2. 河北省调结构治雾霾

自改革开放以来，随着河北省工业的迅速发展，尤其是钢铁、水泥等重工业的快速扩张，大气污染日益严重，空气质量逐渐恶化，河北成为京津冀地区大气污染的主要来源地。为治理史上最严重的雾霾天气，河北省承担起了通过调整经济结构治理雾霾的艰巨任务。河北以习近平总书记"不以 GDP 论英雄"的科学论断为指导，坚定转变发展思想，坚持走"绿色崛起"的道路。河北在污染物浓度达标排放的基础上，严格控制污染物排放总量，全面推进全省污染减排工作。将污染物总量削减指标作为建设项目审批的前置条件，对没有达到指标的建设项目，坚决不予审批；加大污染治理项目建设的监督力度，对不能按期完成治污项目的企业，停止上新项目；对超过总量控制指标的地区，采取"区域限批"措施，暂停审批该区域有新增污染物排放的建设项目；在环保审批过程中实行评先创优一票否决。全省上下转变发展观念，调结构、治污染已成为目前河北全省经济工作的主旋律。河北通过调结构治雾霾已经初见成效，如能长期坚持下去，不仅蓝天白云终将重回人们身边，而且能为河北经济健康持续发展提供环境保障。

3. 美丽广西清洁乡村建设

广西美丽乡村建设启动较早，成果也比较突出。在党的十八大报告第一次提出美丽中国概念半年后，广西就积极响应，在全区开展以"美丽广西、清洁田园"为主要任务的"美丽广西、清洁乡村"活动。为此，广西专门出台了"美丽广西、清洁乡村"活动实施方案，确定了八项主要任务：一是加强农村饮用水源地保护；二是全面清理污染水体；三是加快建设乡村垃圾运收体系；四是科学治理村庄生活污水；五是着力推进畜禽养殖污染防治；六是彻底关闭淘汰农村地区落后企业；七是建立农村环境管理长效机制；八是科学编制规划。通过"美丽广西、清洁乡村"活动，广西乡村面貌有了很大改善，生态环境大为改善。

4. 美丽杭州建设

中央提出"美丽中国"建设目标后，浙江就提出了要建设美丽杭州，将杭州建设成为美丽中国建设先行区。为实现美丽杭州建设目标，杭州市出台了《杭州市生态文明建设规划》以及《"美丽杭州"建设实施纲要（2013～2020年）》两项专门的规划。杭州坚持规划先行，将生态文明理念贯穿到城乡总体规划、分区规划与控制性详规中，提出了产业生态转移、土地生态管理和环境管理模式等现代城市管理思想和理念，并落实到城市空间布局、基础设施、产业发展等各个专项规划中，建立了较为完善的规划体系。在具体实施过程中采用分批推进的做法，通过一批"美丽杭州"建设示范镇以及社区（村）、园区和企事业单位分步实施。在政策机制和保障措施方面，最具改革性的措施是制定了"美丽杭州"建设目标绩效考核办法，实施阶段性目标考核和年度工作考核，并将考核结果纳入领导班子和干部的政绩考核范围；此外，杭州还探索建立"美丽杭州"指标体系和监测办法，在全国率先探索形成美丽城市建设评价地方标准，定期发布"美丽杭州"指数。

（三）国内外生态建设和环境保护实践对中原经济区的启示

1. 加强生态建设和环境保护法制建设

生态文明建设的顺利推进以国家有关环境保护、生态建设方面的法律法规为保障，同时还要加快研究制定和修订完善保护环境、节约能源资源、促进生态经济发展等地方性法规，建立与国家法律法规相衔接的地方环境保护法规体系。要加快制定并实施指标更完善、要求更严格的污染物排放地方标准。加快制定典型污染物排放标准、重点流域水污染物排放标准以及电解铝、化工等行业污染物排放标准。明确环境执法责任和程序，提高执法效率，强化执法监督，做到有法必依、执法必严、违法必究。多方发力，强化生态文明建设的法制保障。

2. 经济建设必须和生态文明建设协调发展

对于河南这样一个人口大省、农业大省和新型工业大省来说，发展是解决所有问题的关键，必须继续保持一定的经济发展速度。从发达国家实践来看，牢固树立并全面践行生态文明的发展理念，经济建设和生态建设完全可以实现互相促进、良性循环发展。要想实现经济建设和生态文明的协调发展，必须全面推进产业结构生态化，大力发展高新技术产业和现代服务业，同时严格限制高能耗、高污染、高排放产业的发展。对于河南曾经的支柱产业之一——电解铝行业，我们必须有壮士断腕的减产能决心和西进淘金的冒险精神，一方面加快技术创新向产业链高端发展，另一方面加快淘汰落后产能推进产业输出。河南决不能走西方"先污染、后治理"的老路，经济建设和生态建设必须两手抓，两手都要硬。必须走有中国特色和河南地方特色的低碳发展、循环发展、绿色发展道路，从而实现经济建设和生态文明建设的协调发展。

3. 完善生态文明建设顶层制度设计

要想实现资源环境的永续利用和经济社会可持续发展，全面实现"四个河南"建设，必须要建立起科学合理的生态文明顶层制度，以实现对生态环境的有效保护。因此，要进一步健全生态环境保护制度，理顺生态环境保护的治理体制，构建能够推动各主体之间良性互动的保护机制，形成促进生态环境保护的政策环境；建立健全党政领导班子和领导干部综合考评机制，落实责任制，突出强调生态建设、改善民生、统筹协调发展；要建立跨行政区域的生态补偿协调机制，建立健全污染跨行政区域治理的利益协调和补偿机制，完善污染跨行政区域治理的结构设计和组织功能，构建政府主导、部门履责、市场协调、社会参与的跨行政区域污染治理新模式。在全面落实污染治理省内各地区合作的同时，积极推进跨省域合作；要健全生态保护财政转移支付制度，并逐步加大力度，提高各地保护生态环境的积极性。

4. 统筹城乡推动全省人民共同参与

对河南这样一个农业大省来说，生态文明建设需要城乡统筹，加强农村环境管理的统筹规划、综合治理，提高农村生态环境保护水平。进一步完善农村环境保护目标责任制，探索将农村环境保护纳入政府目标责任。加强农村环境监测和监察能力建设，提升农村环境监管水平。在全省范围内，尤其是农村地区更要积极开展环境宣传教育活动，广泛宣传环保方针政策、法律法规，普及环境保护知识，增强全社会的环境忧患意识和环境安全意识。落实全民生态文明教育计划，把生态文明教育作为国民素质教育的重要内容，纳入大中小学的课程体系。继续推进绿色学校、绿色社区和环境教育基地等绿色创建活动，引导公众树立善待自然、人与自然和谐相处的环境伦理观，养成崇尚自然、自觉保护环境的行为习惯，形成全社会关心、支持、参与环境保护的良好社会氛围。

四 创新城镇化生态建设模式的对策建议

中原经济区创新城镇化生态建设模式要在城镇化推进过程中，坚持节约资源和保护环境的基本国策，把生态文明建设放在突出地位，坚持节约优先、保护优先、自然恢复为主的方针，着重从优化国土空间开发格局、调整优化产业结构、促进资源节约集约利用、加强生态建设和环境保护、加强生态文明制度建设等关键环节和重点领域实现重点突破，加快建立生态文明制度，大力推进绿色发展、循环发展、低碳发展，为科学推进新型城镇化，加快实现中原崛起、河南振兴、富民强省提供有力支撑。

（一）加快实施主体功能区战略，优化空间发展格局

改革开放以来，河南的国土空间格局发生了深刻变化，有力支撑了经济社会的快速发展，但也出现了耕地减少过多过快、生态系统功能退化、资源开发强度过大、环境问题凸显、空间结构不合理、绿色生态空间减少过多等诸多问题，亟须优化国土空间开发格局。河南省创新城镇化生态建设模式，要加快实施主体功能区战略，控制国土空间开发强度，调整开发结构，推动各个区域按照主体功能定位科学发展，促进生产空间集约高效、生活空间宜居适度、生态空间山清水秀，加快构建高效、协调、可持续的国土空间开发格局，增强环境承载力。

首先，加快实施主体功能区规划。严格按照国家主体功能区划要求，依据环境容量和生态承载力，合理确定重点开发区域、农产品主产区域、重点生态功能区和禁止开发区域的发展方式和发展规模，推动河南有序发展。其次，加强自然生态系统保护。推进建设桐柏大别山地生态区、伏牛山地生态区、太行山地生态区、平原生态涵养区，构建横跨东西的沿黄生

态涵养带、沿淮生态走廊和纵贯南北的南水北调中线生态走廊，形成"四区三带"的区域生态格局。再次，在城镇化推进过程中注重建设生态城市。树立"复合生态"的理念（自然生态、社会生态、经济生态综合协调发展、整体最优），立足资源环境现状，将生态文明理念融入新型城镇化发展全过程，促进生产空间集约高效、生活空间宜居舒适、生态空间山清水秀。同时，要重视美丽乡村建设。在治理农村污染时，要讲究投入和产出。

（二）以科技创新为驱动，加快产业转型升级

近年来河南经济社会发展取得显著成绩，但粗放型的发展方式没有根本扭转，存在科技创新能力弱、高新技术产业规模小、第三产业比重低、现代服务业发展滞后等一些突出问题。河南省创新城镇化生态建设模式，要进一步加快调整产业结构，推动产业发展由要素驱动向创新驱动、由粗放高耗能向集约绿色低碳转变，加快形成有利于生态文明建设的现代产业体系。

首先，加强创新驱动发展。全面实施创新驱动发展战略，依靠科技创新，推进经济结构战略性调整，把推动发展的立足点转到提高质量和效益上来；促进创新驱动发展，大幅提高自主创新能力，提升区域竞争力、抢占发展制高点；以科技创新破解生态文明建设中资源环境的技术瓶颈。以环境容量倒逼发展转型升级，严格落实资源环境总量控制制度，确定全省主要污染物排放总量、水资源开发利用总量、土地开发利用总量控制红线，并将总量控制指标层层分解到各市、县、区，严格落实责任，加强监督考核，倒逼发展方式转变。围绕解决当前节能减排和大气、水、土壤污染等突出环境问题，大力推进相关领域的科技创新。有效实施节能环保重大科技专项，重点突破煤层气抽采及综合利用、可吸入颗粒物（PM10）和细颗粒物（PM2.5）污染防治、垃圾资源化利用等河南省急需的关键技术。建立和完善生态文明建设科技创新成果转化机制，形成一批成果转化平台、中介服务机构，加快先进适用技术的示范和推广，让科技成果惠及民生。坚持以企业为主体，加快创新平台建设，着力推进产学研协同创新，培育壮大一批环保领域科技型企业。

其次，调整产业结构。加快产业结构调整，大力发展先进制造业、高成长性服务业和现代农业。建设先进制造业大省，抢抓产业转移机遇，强化龙头企业带动作用，突出发展市场空间大、增长速度快、转移趋势明显的高成长性制造业；突出重点，突破关键核心技术，着力培育战略性新兴产业；综合运用承接产业转移、延伸链条、技术改造、兼并重组等手段加快传统支柱产业转型升级。积极化解钢铁、水泥、电解铝、平板玻璃等行业的过剩产能，加快淘汰落后产能。严格新建项目能耗、污染排放等标准准入，抑制高耗能、高排放行业过快增长。建设高成长服务业大省。发挥比较优势，顺应服务业转移加快的趋势，不失时机地推动服务业重点行业提速升级，大力发展现代物流、信息服务、金融、旅游、文化等高成长性服务业，加快发展科技、教育、商务、健康、养老及家庭服务等新兴服务业，改造提升商贸等传统支柱服务业，努力提高服务业增加值占比和从业人员占比。建设现代农业大省。推进农业规模化经营，建立粮食稳定增产长效机制，加快实施现代农业产业化集群培育工程，形成一批具有区域优势、高成长性、高附加值的现代农业产业化集群。

再次，处理好传统产业"保"和"调"、帮扶传统产业和支持新兴产业的关系。以生态环境保护为前提，加快产业结构调整，重点发展技术含量高、经济效益好、低耗能、低污染的产业。要处理好两个关系，一是处理好传统产业"保"和"调"的关系，转化经济发展中的"拖累点"。对于电解铝、煤炭、煤化工、钢铁等困难行业和企业，要坚持渡难关和促转型相结合，借势倒逼其调结构。二是处理好帮扶传统产业和支持新兴产业的关系，扩大经济发展中的"增长点"。在政策和资金支持方面，要更加倾向于支持新兴产业。

最后，发展绿色经济。大力培育和发展现代循环农业、生物质产业、节能环保产业、新能源产业、新兴信息产业等绿色新兴战略产业，逐步构建绿色产业体系，为绿色经济发展奠定坚实的基础。加快建立和推广现代生态循环农业模式，推广生态种植、生态养殖技术，大力发展无公害农产品、绿色食品和有机产品。发展现代林业经济，带动山区林农增收致富。加快推动资源利用方式根本转变，加快淘汰高能耗、高排放落后产能，通过提高天然气使用比例、开发利用新能源和可再生能源以及推广环境友好能源等来优化能源消费结构，尽快将能源结构向低碳方向发展。加大绿色技术的推广，开展重点领域节能降耗，积极开发推广高效节能技术设备及产品，有效控制高耗能行业低水平扩张。实施绿色生态产业政策，严格限制乃至禁止能源消耗高、资源浪费大、污染严重产业的发展，取消对资源密集型产品的扶持和保护，鼓励企业开发绿色产品，并将其列入优先发展计划，促进产业生态化，设立绿色生态产业基金，解决中小企业开发绿色市场的资金困难，积极实施绿色采购消费政策。

（三）推进环境综合治理，加强生态保护建设

当前，河南省污染物排放强度总体偏高，全省生态环境问题仍然严重，生态建设和环境保护的任务仍十分繁重。坚持预防为主、综合治理，以群众最关心的突出环境问题为重点，大力实施蓝天工程、碧水工程、城市生态提升工程、乡村清洁工程、重大生态修复工程、环境风险防控工程等"六大工程"，综合防治大气、水、土壤等污染，加强区域生态网络建设，营造生态宜居的人居环境。

以雾霾治理为重点改善大气质量。深入实施《河南省蓝天工程行动计划》，加强以可吸入颗粒物（PM10）和细颗粒物（PM2.5）为重点的大气污染防治，逐渐消除重污染天气，切实改善环境空气质量。深入实施工业企业大气污染综合治理，加大工业烟粉尘、挥发性有机废气治理。实行大气污染物排放量等量或倍量削减，大气环境质量超标城市，对新受理的排放大气污染物的项目，实行倍量削减替代，实现增产减污。深化大气面源污染治理，加强城市烟尘整治，防治施工、拆迁、渣土运输等造成的各类扬尘污染；严格控制农村废气排放，全面禁止农作物秸秆焚烧。加强机动车污染防治，逐步淘汰黄标车，大力推广新能源汽车等清洁交通工具。建立健全重污染天气监测、预警和应急响应体系，建立和完善大气污染区域联防联控机制。

以流域保护为重点改善水环境质量。以重点流域水质全面达标为目标，统筹调水引流、控源截污、生态修复以及小流域综合整治等措施，推进水污染防治，推动全省水环境持续改善。优先保护饮用水水源地水质，划定县城和乡镇集中式饮用水水源地保护区，开展饮用水水源保护区环境

综合整治，依法取缔水源保护区内所有违法建设项目和排污口。推进重点流域水污染防治，加快建立河南省淮河、黄河、海河和长江流域水环境质量控制制度，确定流域水质管理目标，建立全面控源的污染防控体系，加大丹江口库区和南水北调中线工程总干渠沿线以及淮河、海河、黄河、长江等重点流域水污染防治力度，确定重点控制区域，建立区域内控制单元，分类开展重点防治。深化工业污染防治，实施产业集聚区、工业园区污水集中处理工程，加强高耗水行业清洁生产和污染深度治理，全面提升涉水企业的防污治污水平。加大水利基础设施和重大水利工程建设，完善城市、县城排涝管网设施，加强城镇污水处理设施建设，提高城乡污水处理效率，提升污泥无害化处置水平，全面开展农村生活污水处理和卫生设施改造。建设河湖水系联通工程，提高水资源统筹调配能力，改善水生态环境状况。

加强土壤保护。坚持控新治旧，强化土壤环境保护和综合治理。全面开展土壤污染防治行动和土壤修复工程，以重点区域为核心，推进污染产业密集、历史遗留问题突出、风险隐患较大的重金属污染区域综合整治，针对不同土壤污染类型选取有代表性的典型区，以镉、铅、铬、汞、砷等重金属污染场地修复为重点，开展污染场地治理、修复、风险控制试点工作。加强农业面源污染防治，大力推广可降解地膜，开展废旧塑料地膜回收利用；推广测土配方施肥技术、精准施肥技术和有机肥、生物农药、低毒低残留农药、高毒替代农药，推动退化农田改良和修复。积极开展土壤污染防治，建立健全土壤环境监测网，划分土壤环境保护优先区域，严格优先区域内土壤环境管理。开展重点区域土壤污染治理，实施以奖促保政策，优先保护耕地土壤环境质量。

加强重点区域生态保护。构建重要绿色生态屏障，加大对重要生态功能区、生态环境敏感区和脆弱区的保护力度，加快建设桐柏大别山地生态区、伏牛山地生态区、太行山地生态区、平原生态涵养区，沿黄生态涵养带、沿淮生态涵养带和南水北调中线生态保护带，构筑四区三带的区域生态格局。增强陆地生态系统固碳能力和水土涵养功能，推进天然林资源保护、退耕还林、防护林体系建设；加强湖泊和湿地生态保护，遏制面积萎缩、功能退化趋势；控制低丘缓坡开发，遏制水土流失。

加大生态修复力度。加强生态脆弱区的治理与恢复，实施重大生态修复工程。依托山体、河流、干流等生态空间，构建区域生态网络，加大重点区域生态保护与建设力度，生态脆弱区要深入推进沙化土地治理、加大水土流失治理力度、加强矿山生态保护与恢复治理。加强湿地恢复与保护，强化自然保护区、地质公园、森林公园、湿地公园建设和监管，让生态系统休养生息。加大对已遭到破坏生态环境的修复和对生态脆弱地区的投入，逐步恢复生态功能。推进淮河、长江、黄河流域防护林和太行山绿化、平原绿化建设，重点建设水源涵养林、水土保持林、生态能源林，巩固和扩大天然林保护、退耕还林成果，实施林业生态省提升工程。全面加强矿山生态环境整治、复垦的生态修复，严格控制矿山开发对生态环境的破坏。开展生态脆弱区的环境治理，保护省辖淮河、黄河、海河及其主要支流源头区、重点水源涵养区、水土流失严重区、自然保护区、风景名胜区等重点区域的生态环境。深入推进小流域、坡耕地及林地水土流失综合治理。

坚持预防为先，实施环境风险防控工程。加强重大自然灾害防治，构建天地一体生态环境监控体系，对水源涵养、饮用水水源地保护、生物多样性保护、防风固沙、水土流失防治、洪水调蓄等重要地区的地表水和地下水、大气、土壤进行全面监测、预警及防控。

（四）加强资源节约高效利用，促进资源永续利用

河南省人口总量大、人均占有资源少，经济发展与资源环境的矛盾突出。能源矿产等资源开发程度较高，水资源缺乏且年际与地域分布不均，土地资源承载力有限，资源对经济社会发展的约束日益加剧。河南创新城镇化生态建设模式要统筹规划、合理布局，加强对自然资源的合理开发利用和保护，优化资源配置，推进集约节约利用资源，提高资源利用效率和综合利用水平，增强资源对经济社会可持续发展的保障能力。

强化资源节约高效利用。生态建设模式是以资源合理利用、减少废弃物的排放为特征，在物质循环中最大限度地利用资源，是一种非线性的、循环的生产模式。因此，要转变资源利用方式，坚持资源节约高效利用。节约资源是保护生态环境的根本之策。坚持节约优先，要坚持供需双向调

节、差别化管理，提高水、土地和矿产资源的利用效率，以资源总量控制倒逼资源开发利用方式的转变。一是坚持节约集约用地，按照美丽国土的总体目标，实行最严格的耕地保护和节约集约用地制度，探索建立节约集约用地的激励、约束、监督、低效用地退出等机制，严格执行工业用地投资和产出强度标准，全面建立产业园区土地利用绩效评估制度；拓展新的建设用地空间，盘活处置闲置和低效用地，依法清理处置城市闲置建设用地，加强闲置农用地复垦，实施南水北调渠首及沿线、豫东等地土地整治等重大工程。二是合理利用水资源，实行最严格的水资源管理制度，确立水资源开发利用控制红线、用水效率控制红线、水功能区限制纳污红线，实行用水总量控制和定额管理；加大工业节水力度，发展节水农业，开发利用再生水、矿井水、雨洪水、空中雨水等非常规水资源；严格控制入河湖排污总量，加强水功能区监督管理，加大饮用水水源地保护；建设节水型社会。三是强化矿产资源科学综合开发，加强地质勘查、矿产资源开发和利用等关键环节管理，提升矿山开采装备技术水平，实现矿山绿色开采；要充分利用"两种资源，两个市场"，积极参与全球矿产资源配置，拓展境外资源利用空间和能力，同时加强矿产资源储备。

进一步优化能源结构。大力发展非化石能源，优化发展化石能源，构建安全、高效、清洁的现代能源保障体系。加快发展风电，合理开发利用生物质能，稳步发展太阳能发电，积极推进太阳能、地热能开发利用，稳步推进核电项目规划建设，开发利用替代燃料和清洁能源，实施"气化河南"工程。

全面推进节能减排。坚持以强化节能减排约束性指标为导向，实行强度目标和总量目标"双控"责任制，落实工作责任，完善配套措施，确保完成国家下达节能减排目标任务。抓好工业、建筑、交通运输和公共机构等重点领域节能减排，开展千家企业节能低碳行动，推广应用工业节能技术，落实绿色建筑行动实施方案，推进绿色低碳交通运输体系建设。严格节能减排环保准入，完善固定资产投资项目能评和环评审查制度，把二氧化硫、氮氧化物、烟粉尘和挥发性有机物排放总量指标作为环评审批的前置条件。强化污染物排放总量和源头控制，加大结构、工程、管理减排力度，有效削减化学需氧量、二氧化硫、氨氮、氮氧化物、烟尘、挥发性有机物等污染物排放，有效促进环境质量改善。

提高企业排污成本，试点建立排污权有偿使用和交易制度。加快出台新的排污费收费标准，大幅提高排污费标准，使企业为排污造成的环境污染损害承担相应成本，改变排污成本与治污成本长期倒挂的局面。建立奖优罚劣的机制，鼓励企业加大环保投入，实行阶梯化的排污费收费标准，污染物排放浓度越高，缴费越多。与此同时用收缴的高额排污费，建立奖励"资金池"，对主动减排、治污效果好的企业给予补贴。在此基础上，利用财政部将在全国范围内推动建立排污权有偿使用和交易制度的机遇，争取在具备条件的市开展试点，借鉴试点单位的经验，构建适合河南省情的排污权有偿使用和交易政策框架体系。

（五）加强基础设施建设，打造"美丽中原"人居环境

加强城市生态环保设施建设，全面提升城市人居环境质量。加强城市河湖水系保护和管理，加快推进城区河道综合整治，完善城市排水防涝设施，因地制宜建设一批城中湖、滨水公园、调蓄水库等城市水系景观，加大城市新建改造雨水管道力度，增强防洪除涝保障能力。推进郑州、洛阳、许昌开展全国水生态文明城市试点市建设。结合城市新区建设、城乡环境整治、"城中村"改造、弃置地生态修复等，加大公园绿地建设，开展房顶绿化、立体绿化试点，构建立体绿地生态网络。加快城市污水垃圾处理设施扩容和提升改造，积极推进省辖市中水回用和污泥处置设施建设，着力解决处理能力不足、处理标准低、管网不配套、雨污不分流等突出问题。此外，要纠正城市布局的空间失序，改变产业资源和公共服务资源过度地聚集在居住城区的状况，加快资源在整个区域内合理配置；要注重产城互动，融合发展，解决有产无城、空城的问题；要重点发展中小城镇，提高小城镇的综合承载力，解决有城无镇的问题。同时，要把现代城市之美和历史文化之美有机结合，大力弘扬城市精神和人文精神，不断赋予其新的时代发展内涵，打造富有历史文化个性的现代美丽城市。

积极推进美丽乡村建设。推进农村环境综合整治，加强环境基础设施建设，改善农村居住环境，建设美丽乡村，让广大人民群众望得见山，看得见水，记得住乡愁。进一步完善农村基础设施配套，实施农村道路联

网、农民饮水安全、农村电气化等工程，加快建设垃圾处理、污水治理、卫生改厕等环保设施项目，实现道路硬化、路灯亮化、坑塘净化、环境美化。推进农村环境连线成片综合整治，有效控制农业面源污染，建立健全卫生保洁、设施养护等长效管理机制。全面实施农村绿化美化，在村庄周围、道路河岸、房前屋后广植树木，形成绿化格局。创建绿色城镇和生态示范村，保护乡土自然景观和特色文化村落。加强生态文明知识普及教育，引导农民追求科学、健康、文明、低碳的生产生活方式。加强村庄规划和建设，强化农房设计服务，彰显中原农房特色。

开展农村环境连片综合整治，推进乡镇政府所在地、新型农村社区、移民迁安村、重点污染防治区域建制村集中污水处理设施建设，大力推行户分类、村组收集、乡镇转运、县市处理的农村垃圾处理模式。根据环境容量和水污染防控任务，合理布局禽畜水产养殖场点，加大畜禽水产养殖污染监管和治理力度，规模化畜禽养殖企业全部配套建设污染治理设施，实现生态循环利用。

推动城镇化绿色发展。将生态文明理念融入新型城镇化发展全过程，强化资源节约、环境保护和生态建设，促进城镇集约、智能、绿色、低碳发展。优化城市功能布局结构，推进老城区、老工业区绿色生态改造，推动中心城区工业企业向外搬迁，引导城市功能区多样化布局，减少出行成本和碳排放。推广绿色建筑，加快既有建筑节能改造，推进可再生能源规模化应用，新建住宅普遍推广使用节能、节水新技术、新工艺、新型墙体建材和环保装修材料，建设一批低碳园区、低碳社区和低碳小城镇，大力实施农村建筑节能推进工程，推进农村太阳能供电、供热设施进村入户。发展绿色建材，大力推广使用节能、节地、环保、利废的新型墙体材料。发展绿色交通，推进以公共交通为主导的低碳综合交通网络建设，有效削减道路交通的能源消耗和温室气体排放，实施"公交优先"发展战略，不断加大公共交通投入，加快建设城市轨道交通，完善智能交通服务体系。统筹城镇供排水、供热、供气、电力、通信等地下管网建设，鼓励在城乡一体化示范区起步区按照综合管廊模式开发建设。

（六）树立生态文明理念，积极培育生态文化

加强宣传教育。加强生态文明教育，把生态文明教育作为素质教育的

重要内容，纳入国民教育体系、中小学教育课程体系和干部教育培训，提高公众节约资源和生态环保意识。创建一批生态文化教育基地，建设一批生态文化基础设施，创作一批生态文化作品，满足社会对生态文化的需求。充分发挥新闻媒体作用，广泛宣传生态文明主流价值观，强化资源环境省情宣传，推广先进典型经验，曝光反面事例，营造良好的社会舆论氛围。充分利用各种传媒手段开展持久的生态文明宣传推广活动。结合世界环境日、世界水日以及节能宣传月、低碳日、节能减排全民行动、中原环保世纪行等活动，开展形式多样的主题宣传活动。通过典型示范、专题活动、展览展示、合理化建议等多种形式，广泛引导和动员全民参与生态文明建设。多渠道开展宣传，形成提倡节约和保护环境的价值取向，在全社会树立环境生态意识。

倡导绿色消费。大力弘扬生态文明理念，广泛开展绿色新生活行动，培育绿色低碳消费方式和生活习惯，反对各种形式的奢侈浪费行为，在全民推行简约适度、绿色环保、文明健康的生活方式，形成符合生态文明要求的社会新风尚。倡导城乡居民勤俭节约，广泛使用清洁能源和节能环保设备。倡导绿色低碳出行，推广城市自行车租赁业务，鼓励市民更多选择非机动车和公共交通出行。积极引导绿色消费，推行以政府为主体的绿色采购制度。积极推动消费方式变革，减少使用一次性用品，限制过度包装，提倡健康节约的饮食文化，反对食品浪费，形成符合生态文明要求的社会新风尚。

鼓励引导公众参与。规范和完善公众参与制度，畅通参与渠道，充分发挥公众参与生态文明建设的主动性和积极性。推动企业及时准确披露环境等社会责任信息，强化公众生态环境知情权，保护公众的环境权益。在建设项目立项、实施、后评价等环节，增强公众的参与程度。采取政府购买服务等多种措施，鼓励非政府组织和公民积极参与生态文明建设和社会公益活动。充分发挥人大代表、政协委员、社会公众和新闻媒体的监督作用，营造全社会关心、支持、参与生态建设的良好氛围。开展生态文明先行示范区，生态市、县、乡镇、村，环境保护模范城市，"绿色学校"、"绿色社区"、"绿色机关"、"绿色医院"、"绿色饭店"、"绿色企业"等创建活动，夯实生态文明建设基础。

（七）加快生态文明制度建设，为创新城镇化生态建设模式提供制度保障

制度安排对生态文明建设具有重要的引导作用，生态文明制度建设，是生态文明建设的可靠保障。河南创新城镇化生态建设模式要充分发挥制度安排对生态文明建设的引导作用，综合运用行政、法律、经济和宣传教育等手段，建立权责明确、管理规范的生态文明建设管理机制，通过制度规范人的各种可能影响环境的行为，强化生态环境教育制度，落实生态环境保护法治，建立生态经济激励制度，从而保护生态环境，促进城镇化生态建设模式创新。

健全各项法规标准和管理制度。建立和完善具有中原特色的生态文明建设地方法规和标准体系，把生态文明建设纳入法制化轨道。制定修订节约能源、发展循环经济、促进清洁生产、大气污染防治、饮用水水源保护等地方性法规，以及南水北调中线工程水源地水污染防治、环境监控管理等地方性法规和规章。严格实施国家和行业标准，制定修订高耗能产品能耗限额、建筑节能、交通运输节能等地方标准，研究制定贾鲁河、惠济河、卫河等重点流域及重点行业污染物排放地方标准。实行最严格的资源开发节约利用和生态环境保护制度，设定并严守生态红线、资源底线、排放上限，加强源头管控、过程监管和绩效考核，形成生态文明建设硬约束的制度环境。强化土地利用总体规划和年度计划管控，加强土地用途转用许可管理，守住耕地红线。实施水资源开发利用控制、用水效率控制、水功能区限制纳污三条红线管理。实行能源消费总量及预算控制制度，有效降低二氧化碳排放。

完善环境保护经济政策。建立资源有偿使用制度和生态补偿制度，加快自然资源及其产品价格改革。深化资源性产品价格形成机制改革，完善新能源和可再生能源电价定价机制。按照污染治理实际成本，逐步提高排污费征收标准，制定高污染行业超标准排污加价收费管理办法。加大对生态文明建设的财政资金投入，统筹现有专项资金，提高资金使用效率，继续对重点工程、能力建设、先进适用技术推广给予支持。积极争取国家支持，加大对丹江口库区及南水北调中线工程干渠沿线、淮河源头等重要生

态功能区财力补偿和污染防治资金支持力度。落实国家鼓励绿色产业发展、合同能源管理、资源综合利用等税收优惠政策。积极推进绿色采购，落实节能和环境标志产品强制采购和优先采购制度。发展环保市场，积极引入社会资本，探索推行环境污染第三方治理，加快节能减排、循环经济、环境保护、生态修复与保护重点工程建设。鼓励采取特许经营、公私合作、政府购买服务等多种形式，吸引社会资金参与投资、建设和运营城镇排水和污水垃圾处理、工业园区污染物处理设施，推动城镇污水、垃圾处理和脱硫、脱硝处理设施专业化、市场化运营。

建立健全对生态文明建设的考核评价体系和制度。加快建立市县差异化分类考核评价体系。按照《河南省主体功能区划》和各地经济发展水平，将全省县（市、区）分为工业城市区、综合发展区、农业主产区、重点生态区四类，各类县（市、区）分别单独计分，加大生态建设和环境保护类指标的权重。对工业城市区和综合发展区，加大环境综合整治指标的权重，将污染物排放、空气质量、节能减排等纳入评价范畴，引导其绿色发展、低碳发展。对农业主产区和重点生态区，取消对其工业增加值的考核，农业主产区考核更加注重农民增收、农业增产、美丽乡村建设等方面；重点生态区更加注重水源水质、生态旅游等方面的考核，引导其发展生态经济。加强生态文明建设的考核奖惩力度。建立领导干部任期生态文明建设责任制、问责制和终身追究制，对任期内涉及生态文明建设的各项决策、重点任务、措施贯彻情况开展跟踪问效和评价考核，考核结果作为领导班子和领导干部综合考评的重要内容，对考核不合格、未能按时完成生态文明建设目标任务的地方政府和领导干部，严格实行问责制，情节严重的，要追究相关人员责任。

第十一章
创新城镇化制度模式

制度创新（Institutional Innovation）是指在人们现有的生产和生活环境条件下，通过创设新的、更能有效激励人们行为的制度、规范体系来实现社会的持续发展和变革的创新。制度创新是推进中原经济区新型城镇化的突破口。近年来，中原经济区大力推进城镇化制度创新，取得了较为明显的成效，但也存在着诸多问题。在新的历史时期，中原经济区创新城镇化模式，亟须建立符合现代市场经济和社会发展要求、适应新型城镇化的制度体系，尤其要探索和创新土地、户籍、投融资、公共服务等体制机制。

一 中原经济区城镇化制度创新的历程

改革开放以来，随着河南城镇化的推进，河南城镇化体制机制创新大致经历了以下四个时期。

（一）城镇化起步时期的制度创新（1978~1991 年）

1978 年 3 月，党的十一届三中全会做出了把党和国家工作重心转移到经济建设上来、实行改革开放的重大历史性决策，河南的城镇化开始步入起步发展阶段，而起步首先在体制上创新。1980 年，河南确定了优先发展小城镇的改革政策，并于 1983 年以后积极实行地市合并或撤地建市，实行市带县的新体制，实现了城镇体制创新，一些经济发达的县陆续升格为县级市。全省城镇数量由 1978 年的 14 个增加到 1991 年的 27 个，城镇人口由 963 万人增加到 1389 万人，城镇化率由 13.6% 上升到 15.9%，比 1978 年提高了 2.3 个百分点。进入 20 世纪 80 年代中期以后，河南积极探索能够促进生产力发展的管理体制、经营方式和管理方法，开始推进县级机构、国有企业、城镇经济体制、科技体制等领域的改革和创新探索。

（二）城镇化加快发展阶段的制度创新（1992~1999 年）

1992 年邓小平南方谈话，掀起思想解放的新高潮，河南改革开放进入一个新的推进期，改革开放朝着建立社会主义市场经济体制的目标不断深化、全面展开。特别是 1992 年党的十四大以后，我国进入了建立社会主义市场经济体制的新时期，城镇改革进入主战场，财税、金融、外贸、投资等体制都相继进行了改革，逐步构建了社会主义市场经济体制的基本框架。这一期间，河南城镇化制度创新的重点放在加快国有企业和城镇集体企业改革上，全省各地以"三个有利于"为标准，以产权制度改革为突破口，采取股份合作制等多种形式，大胆创新。其间，河南省确定郑州、漯河、商丘、焦作、洛阳 5 市为综合配套改革试点城市，初步实现了由计划经济体制向社会主义市场经济体制的转变，体制创新取得实质性进展。全省 18 个综合改革试点县（市）和 7 个综合改革试点县（市）后备队，利用河南省委、省政府给予的试点政策，开拓进取，大胆实践和创新，经济持续、快速、健康地发展，同时，市带县体制也逐步完善，综合实力进一步增强，城镇化步入了加快发展期。到 1996 年，河南城镇数量由 1991 年的 27 个增加到 38 个，短短 5 年时间就新增了 11 个城镇。

（三）城镇化迅速推进阶段的制度创新（2000~2010 年）

进入 21 世纪，河南的城镇化制度创新进一步深化。2000 年河南在城镇化建设过程中实施了重点镇建设工程，确定了 117 个重点镇，经过几年的发展重点镇的经济、社会等各项发展指标均高于一般乡镇，成为全省小城镇建设的"龙头"，带动了河南小城镇的健康发展。党的十六大提出全面建设小康社会的奋斗目标后，河南省委、省政府全面贯彻落实科学发展观，提出了到 2020 年全面建设小康社会、实现中原崛起的宏伟目标，确定了加快工业化、城镇化，推进农业现代化的"三化"道路；2004年5月，河南省人民政府下发了《关于扩大部分县（市）管理权限的意见》，将本属于地级市的部分经济管理权和社会管理权下放给巩义、项城、永城、伊川、博爱、西平等30个经济基础好、发展潜力大、特色优势明显的县（市），从而在全国率先进行"省直管县"的试点改革。这次改革，通过减少管理层级，提高了管理效率；通过减少信息损失，提高了行政效率；既增强了县域经济的财力，又强化了县级经济发展的动力。

2003年以来，河南在提出实现中原崛起的目标后，不断完善城镇化的发展之路。在发展战略上，从"城镇化战略"，到"中心城镇带动战略"；在发展布局上，从提出发展大城镇、中小城镇、小城镇"三头并举"，到培育"中原城镇群经济隆起带"，"形成若干个带动力强的省内区域性中心城镇和新的经济增长极"等，逐渐探索和形成了一条促进中原崛起的城镇化之路。

（四）新型城镇化形成并全面推进阶段的制度创新（2011年至今）

进入21世纪的第二个10年，延续21世纪第一个10年后期的探索，河南城乡一体化建设不断加强，郑汴新区城乡统筹改革发展试验区建设正式启动，统筹城乡发展步伐加快。鹤壁、济源等7个试点市进一步加大体制创新力度，深入开展专项改革，不断完善政策支撑体系，新乡、信阳等市在土地流转、农村金融、新型农村养老保险等方面积极探索，土地、金融瓶颈开始破解，河南城乡一体化发展新格局初步形成。特别是2011年河南省九次党代会以来，河南在经济体制、行政管理体制、文化体制和社会管理体制等领域的体制创新进一步深化，为建设中原经济区和促进中原崛起提供了强大的驱动力量。在这期间，符合河南省情的、具有河南特点的新型城镇化应运而生。新型城镇化以城乡统筹、城乡一体、产城互动、节约集约、生态宜居、和谐发展等为基本特征，是将大中小市、小城镇、新型农村社区协调同步发展、互促共进的城镇化，是包含了农村城镇化的新型城镇化，在制度创新上迈出了较大的步代。这一阶段，河南城镇化以前所未有的速度向前推进，2013 年全省城镇化率已上升至 43.8%。

二 中原经济区城镇化制度创新存在主要问题

近年来，以河南为核心代表的中原经济区深化户籍制度改革，积极推进农业转移人口市民化；推进土地制度改革，优化配置土地资源；创新投融资体制，破解资金瓶颈；积极推进公共服务均等化，使改革成果惠及全民。可以说，中原经济区在城镇化制度创新方面取得了一定的成效，但也存在着诸多问题。

(一) 城乡二元户籍制度妨碍城乡融合，阻碍了城镇化进程

二元户籍制度在利益分配上向城市倾斜，拥有城镇户口的居民享受国家的各种价格补贴、社会福利、社会保障，而进城打工的农民在劳动力市场上受到不应有的歧视，也不能平等地享受到城镇居民的最低生活保障待遇，形成了事实上的户口等级；城乡二元户籍制度对大中城市户口迁移限制过多，阻碍了农村剩余劳动力的转移，使各种生产要素难以实现优化配置，在一定程度上制约了城镇化的发展。

(二) 农村土地产权主体虚置，土地征收过程中农民利益受损

随着中部地区进入城镇化的快速发展阶段，土地征用速度和规模也急剧上升。2011 年，中部地区城镇建设用地面积 8966.6 平方公里，其中征用土地达 400.8 平方公里，占全国征用土地面积的 21.7%。《土地管理法》规定，"国家为了公共利益的需要，可以依法对土地实行征收或者征用并给予补偿"。然而，公共利益界定模糊，易造成对农村土地的随意侵占和损害；由于我国法律尚未赋予农民控制持有层面的土地产权，农村土地产权主体虚置使得土地控制或利用中的"搭便车"现象滋生，掠夺性经营行为盛行；农地征收利益分配机制存在弊端，农地征用补偿标准过低，农民的利益在支持我国工业化、城镇化发展中被长期漠视和牺牲。

（三）公共服务均等化不到位，农业转移人口难以融入

1. 城乡社会保障差别大

当前我国农村的社会保障体系仅仅包含农会合作医疗、农村社会合作医疗以及农村社会养老保险，而且农民参保比例也很低。据调查资料显示，全国农村居民中仅 12.68% 的人得到某种程度的医疗保障。农村保障能力弱、水平低、类别少，没有形成稳定的长效机制。另外，村卫生室医疗设备简陋，医疗卫生人员技术落后，整体上农村卫生服务基础网络体系还比较薄弱。

2. 城乡义务教育不均衡

农村义务教育经费保障机制改革缓解了农民子女上学难、上学贵的问题。但从整体上来看，城乡义务教育差距还是很大。在配置教育资源时，重城市、轻农村，农村义务教育保障经费明显不足，特别是中小学生人均公用经费仍然过低；教师资源城乡分布不均衡，优质教师资源大部分分布在城市，偏远农村地区教师缺编严重；在教学硬件配置上城乡也有明显的差距，城市学校的教学设备的配置水平高，而农村义务教育生均教学仪器设备值过低。

3. 农民工权益保障不力

当前，城乡基本公共服务的失衡，首先集中体现在农民工群体上，身处"夹心层"导致了他们权益保障的缺失。现实中侵犯农民工权益的事件不断发生，尤其是拖欠农民工工资、歧视进城务工农民、损害农民工正当权益等问题突出。农民工文化程度普遍偏低、法律意识淡薄，与雇主或单位签订劳动合同的仅占 43.8%，从事建筑业的农民工签订劳动合同的比例尤其低，仅占 26.4%。合同签订率低使得他们的合法权益得不到有效保障。另外，农民工子女文化教育方面，当地政府受地方财政和教育资源的限制，主要还是依据户籍配置教育资源，没有将农民工子女的入学列入统一的规划，绝大部分农民工子女只能在流入地的民工子弟简易学校就读。

（四）投融资格局存在风险，财税体制不合理

1. 建设资金需求缺口大

当前，河南省新型城镇化加快推进，对城市基础设施、公用事业和公

共服务设施建设的需求越来越大，这必然意味着城镇化建设亟须投入大量的资金。联合国开发计划署研究认为，发展中国家城市基础设施投资一般占到地区生产总值的3%～5%，如果这个国家处在城镇化快速发展时期，该投资比例应该更高。《河南省国民经济和社会发展第十二个五年规划纲要》提出，"十二五"期间，全省生产总值年均增长9%以上。同时，据《河南省新型城镇化规划（2014—2020年）》，到2020年，常住人口城镇化率达到56%左右，年均增长1.7个百分点。据此进行测算，预计到2015年，河南省城镇化建设资金需求达到1900多亿元，到2020年将达到2900多亿元。由此可见，随着城镇化水平的提高，河南将面临巨大的城镇化建设资金缺口。

2. 融资来源渠道单一

从融资主体来看，由于城镇基础设施和公共服务设施公共产品的属性，人们普遍认为政府应是城镇化建设的投资主体，这也造成了长期以来河南城镇化建设主要依靠财政投入，而社会投资占比较小的局面。从融资方式来看，河南城镇化建设资金还主要是依靠政府搭建各类投融资平台贷款进行融资，BOT、TOT、BT等先进融资方式尚未得到广泛应用，通过政府发行市政债券的融资方式几乎没有。从融资渠道来看，河南省城镇化建设的融资渠道不畅，建设资金筹措难度日益加大。究其原因，一是随着国家对地方融资平台的规范整顿，地方融资平台筹措资金出现困难，通过地方举债进行城镇化建设也受到一定的影响。二是尽管近年来河南省逐渐放宽了民间资本进入城镇后建设市场的准入范围，但是由于土地制度的制约，以及政策棚架等原因，民间社会资本进入城镇化建设领域门槛仍然较高，障碍依然存在。

3. 投融资平台风险日益凸显

近年来，为了解决城镇化建设资金问题，多数市、县都成立了投融资平台，在筹措城镇化建设资金中发挥了重要作用。以周口项城市为例，2005年以来，项城市通过政府融资平台——项城市发展投资有限公司，总计融资8.53亿元，主要用于城市道路建设、棚户区改造、学校、医院、产业集聚区建设等城镇化建设领域，促进了城镇化的快速发展。但是，由于缺乏对投融资平台的监管，实践中投融资平台存在着较大风险。还以项城市为例，截至2014年6月，项城市政府融资平台贷款余额为7.69亿元，未来一段时期面临着较大的还款压力。同时，投融资平台债务具有两个特点：一是债务期限分布不均，债务集中到期，短期还债压力较大。二是资产负债表的期限错配问题明显。一方面，债务多是 3 ~ 5 年的中短期银行信贷；另一方面，其投资项目多是一些中长期的城市基建项目，需要 5 ~ 10 年才能产生现金流和收益。债务期限与项目的现金分布严重不匹配，存在流动性的支付问题。实际上，各地的投融资平台多数是由政府运作，名义上是公司贷款，实质上是政府负债，较高的债务依存度给地方政府增加了不小的债务风险。

4. "土地财政" 不可持续

1994 年我国进行分税制改革，促进了我国财政收入的快速增长，但在实践过程中，也出现了 "财力层层上收，事权层层下放" 的现象，造成了一些基层财政困难的问题。在此背景下，土地出让金收入就成为一些地方的主要财政收入来源，也确实为城镇化建设筹措了一定的资金。然而，这种土地财政是不可持续的，近年来逐渐暴露出诸多弊端。一方面，土地作为一种稀缺资源，依靠土地出让收入来满足城镇化建设资金需求，很显然是不可能长久的；另一方面，土地财政事实上造就了 "征地 – 卖地 – 收税收费 – 抵押 – 再征地" 的滚动模式，在这种模式下，政府、开发商和银行成为最大受益者，在造成违规占地、损害农民利益等一系列问题的同时，也直接推高了城市房价。而过高的房价也提高了城镇化建设的成本，城镇化建设需要投入更多的资金，从而形成了一种恶性循环。

三　中原经济区城镇化户籍制度改革与创新

虽然中原经济区城镇化步伐加快，但是户籍制度改革并没有真正有所突破，现行的城乡二元户籍制度，限制和阻碍了劳动力要素合理流动，成为中原经济区统筹城乡发展的重大障碍，因而推进户籍制度改革成为城镇化发展的关键。

（一）户籍制度改革的基本原则

1. 积极稳妥的原则

户籍制度改革要适应当前中原经济区经济社会发展、城镇化发展的新形势，一切从实际出发，因地制宜、充分考虑地区间发展差异，兼顾政府的承受力和城镇资源承载力，分类、分阶段有序推进。

2. 以人为本的原则

户籍制度改革要按照自愿原则，尊重农村居民的转户意愿，从保护农民根本利益出发，鼓励、引导农村剩余劳动力有序向城镇转移。

3. 统筹兼顾的原则

围绕户籍制度改革有利于、服务于经济社会发展，努力做到户籍制度改革与农村产权制度改革、基础设施建设、教育、就业和社会保障以及各项公益事业发展相互协调，实现城乡经济社会发展一体化。

4. 循序渐进的原则

户籍制度改革是一项十分复杂的工作，牵涉政治、经济、社会等诸多领域，关系重大，不可能一蹴而就。改革必须科学、稳妥、分步骤地进行。每前进一步，都要周密规划，谨慎从事，尽量做到稳步推动户籍改革。

（二）户籍制度改革的目标及要求

在城镇化严重滞后于工业化、户籍制度阻碍城镇化进程和城乡差距进一步扩大的形势下，户籍制度改革的目标必须在充分保障城乡居民平等享受各项基本公共服务和城乡居民自由迁徙的基础上，消除城乡二元体制，最终实现城乡居民户籍一元制。户籍制度改革实施起来要达到以下三个要求。

1. 户籍制度与利益分离

原本户籍的职能只是人口统计和管理，只限于登记个人身份，不能把个人身份固定化。但是，现行的户籍制度还额外承担了身份认同、资源分配等附加功能。政府应对生育、义务教育、最低生活保障、社会保险等与户籍相关的法律法规进行一次全面清理，消除户籍中的各种利益分配不合理制度。剥离户籍制度的福利分配功能，并不是要取消城镇居民的社会福利，而是确保城镇居民的福利不会降低的同时，让进城的农民享受同样的社会福利。

2. 人口流动自由化

国家发改委城市和小城镇改革发展中心主任李铁认为：中国的城镇化应是"人的城镇化"，城镇化实质就是"给予所有进城的农民自由的迁徙权和选择权，这是新型城镇化政策的根本和真正的出发点"。目前进行的户籍制度改革主要是慢慢放宽农民进城的条件，但阻碍农民向城镇迁移流动的各种制度"门槛"依然存在，这不符合社会主义市场经济的内在要求，只有允许人口流动自由化，合理配置人力资源，才能做到人尽其才，从而实现价值最大化，体现社会主义的公平。

3. 实现城乡一体化促进农民工市民化

现行的户籍制度人为地把城乡人口划分为两大类，使两者成为极不平等且相互分隔的两大社会阶层，强化了二元社会结构，形成了不利于农民工市民化的社会环境，成为阻碍农民工市民化进程的制度瓶颈。户籍制度的改革和城镇化的推进就是要取消隐藏于户籍制度背后的权利资源分配体系，让农民和市民享有平等的就业、教育、住房、社会保障及民主政治权利和待遇。

（三）户籍制度改革与创新的内容

1. 剥离户籍附着利益

我国旧的户籍制度长期以来承载了过多的附加利益，主要体现在农村居民在就业、社会保障、教育、医疗等方面与城市居民享受不平等待遇，对于城市居民来说，拥有城市户籍就意味着拥有享受种种福利的特权。进行户籍制度改革必然会涉及利益分配格局的重新调整，因而会受到多种阻挠，改革的难度较大，但户籍制度改革的思路不能变，必须削弱乃至消除户籍制度的附加功能，让依附在户籍上的社会保障、就业、住房、教育等福利制度逐步与户籍制度脱钩。户籍制度改革本身并不复杂，但附加在户籍制度之上的相关制度却是错综复杂的，探究其原因不在户籍制度本身，而在于与之相关的其他制度。因此，改革户籍制度，必须同时配套诸如社会保障制度、教育制度、就业制度、住房制度等多项制度改革，方能剥离附着于户籍制度的社会福利。

2. 实现户籍制度一元化

我国户籍管理实行的是城市户口、农村户口的二元化管理，导致户口迁徙不自由。每年出现的"高考移民"，让众多考生无奈；"同命不同价"的赔偿标准，实质上是公民生命健康权的不平等，这显然有失公正公平。随着城镇化的推进，农村大量剩余劳动力进城务工，但是由于户籍制度的限制，他们只能干城市人不愿干的工作，收入低并且没有诸如城镇居民的医疗、教育、养老等方面的保障，收入差距也与城市居民在不断拉大，影响城乡统筹协调发展。改革分割城乡的二元户籍管理制度，逐步推行一元化户籍管理，实现城乡劳动力要素资源的自由流动，是推进城镇化的基本保证。全国实行统一的户口，消除城乡间的户籍差别，废除二元户籍制度下划分的农业户口与非农业户口，从而实现户籍制度的一元化。

3. 加快户籍立法

近年来，各个城市在改善农民工进城务工的法律政策环境、完善户籍制度相关的法律法规方面做了许多有益的尝试，但是，户籍改革仅仅停留于公安部、国务院的"通知"层面，户籍制度改革中的法律实践则相对落后。现在各地的立法和政策因为地区的差异而各自为政，导致出现了"蓝印户口"、"红本户口"、"居住证"等不同形式和性质的户口并存的混乱局面。因此，户籍制度改革必须加快立法进程，推动户籍制度改革纳入法制化轨道。国务院应出台户籍改革的人大立法方案，尽快修订户口登记条例并出台《户籍法》，进而形成宪法性的文件，确保户籍改革落到实处。在中央统一政策的规范下各个地区结合自身发展的条件应逐步制定出地方性法规。

四 中原经济区城镇化土地制度改革与创新

（一）土地制度创新的方向选择

1. 稳定和完善农村土地承包经营制度

党的十七届三中全会《决定》指出"现有土地承包经营关系要保持稳定并长久不变，要搞好农村土地确权、登记、颁证工作，完善土地承包经营权权能"。稳定和完善农村土地承包经营制度，是党的农村政策的基石，是保障农民权益、促进农业发展、保持农村社会稳定的基础，对于全面繁荣农村经济、加快农村小康建设具有重大而深远的意义。

2. 实行土地"三权分离"，破解土地流转"瓶颈"

现实中，农村土地已形成"三权分离"的局面，即所有权归集体，承包权归农民，经营权可以流转。农村土地"三权分离"的现状决定了农民拥有的土地承包权已经不再是一种债权而是一种具有物权属性的财产权，因此应当继续以"三权分离"作为未来我国农村土地产权制度改革的基本点，给农民发放所承包土地的长期使用权证，确保农民对土地长期甚至永久的承包权，进一步明确农民在土地流转中的主体地位，允许在土地用途不发生从农地向非农用地转换的前提下，土地可以进行转让、转租，并且土地使用权证也可以抵押。

3. 加快征地制度改革，建立征地保障新机制

加快征地制度的改革，当前应明确限定政府行使征地权的范围，严格界定公益性和经营性建设用地，逐步缩小征地范围；建立城乡一体化的土地市场，真正实现国有土地和集体土地的"同地、同价、同权"；农村集体土地征收的程序要保证公开、公正、公平，让农民有更大的知情权与参与权；切实维护农民土地合法权益，统筹建立符合现代农民要求的补偿机制，提高征地补偿标准，建立适应农村基础设施建设和保障农民长远生计的征地保障长效机制。

4. 创新农村宅基地制度，切实维护农民权益

目前，农村宅基地管理方面的立法滞后，存在大量的法律真空，有关这方面的法律法规内容粗浅，存在着效力低等问题，造成农民宅基地权益被侵害现象屡有发生。在坚持宅基地集体所有的前提下，如何使宅基地资产价值得到很好体现，避免农村土地资源浪费，但又不使农民流离失所，保持农村社会稳定，是城镇化建设中值得认真研究的重大课题。一要立法使农民对农村宅基地拥有物权化的使用权、处置权，实行自愿、有偿流转，充分提高农民对宅基地的资产价值意识，明晰宅基地产权。二要加快宅基地登记发证工作步伐，解决农村宅基地登记发证中超占面积、一户多宅等问题，并积极开展农村宅基地流转试点工作，加强农村宅基地流转的变更登记工作。三要探索宅基地的有偿退出机制，建立完善规范的转让程序，对于自愿放弃宅基地的农民，应保障其利益不因放弃宅基地而受损。

（二）土地制度创新的内容

1. 成立土地产权交易所

农村产权交易所是以服务"三农"为宗旨、不以营利为目的和为农民提供方便快捷的产权及资本流动的产权交易平台。成立农村产权交易所，为推动农村产权流转、吸引社会资本投向农村、繁荣农村经济和加快城镇化的进程提供强有力的保障措施。国务院发展研究中心研究员李佐军博士认为："农村产权交易所是为农村产权交易市场做的一项制度性安排，使得交易有了规则，也利于土地资源优化配置。"农村产权交易所服务范围包括林权、农村房屋产权、土地承包经营权、集体建设用地使用权、农村经济组织股权、农业类知识产权等农村产权流转，同时，还提供农业产业化项目投融资专业服务。

2. 创新土地征用和补偿机制

近年来，在城镇化、工业化快速推进中，农村的土地被大量征用，造成了新的群体——失地农民，失地农民的生活保障问题日益突出。目前，对土地征用的补偿主要是货币补偿，很多村土地补偿费的处理办法是分到村民个人手中。但是由于农民文化水平较低，风险意识较差，拿到土地补偿费后，不做长远规划，不会理财，只是用来满足眼前的短期消费，有限的补偿费很快就用完了，后续生活就失去了保障。因此，在征地补偿过程中，政府应当尽快完善征地补偿机制。2013 年的中央一号文件提出要加快征地制度改革，提高农民在土地增值收益中的分配比例，确保被征地农民生活水平有所提高、长远生计有保障。一是加快修订土地管理法，尽快出台农村集体所有土地征收补偿条例。二是适度提高征地补偿标准。除土地补偿费、劳动力安置补助费和青苗补偿费外，还应对被征地农民就业转移、生活条件改变等造成的间接成本进行补偿。三是完善征地补偿办法，合理确定补偿标准，严格征地程序，约束征地行为，补偿资金不落实的不得批准和实施征地。四是通过立法明确规定用一定比例的土地补偿费为失地农民缴纳社会保险，从根本上解决后顾之忧；通过立法明确用一定比例的土地补偿费对失地农民进行技能培训，加快失地农民就业创业步伐，同时鼓励村集体拿出一部分土地补偿费用作为对失地农民的就业扶持资金，并努力为失地农民搭建就业创业平台。

3. 建立和完善土地制度法律法规

随着改革发展的不断深化，原有的土地管理法律法规已经不适应当前的社会形势，因此政府应尽快制定出符合实际状况、具有中国特色的土地基本法，尽快出台土地征用方面的法律和法规，完善与新《土地管理法》相配套的各种单行法律，如土地管理部门的职责、土地登记、耕地保护、土地监察等方面的法律法规。建立完善的土地利用和管理法律体系，使得土地开发利用有法可依和减少土地管理、开发利用过程中的人为干扰因素，必将有效地遏止土地开发利用中的腐败现象。

五 中原经济区城镇化投融资体制创新

近年来，为解决建设资金问题，河南在推进城镇化进程中，对投融资体制机制进行了大胆探索和创新。例如，河南省出台了《河南省新型城镇化规划（2014～2020年）》，对今后5～10年本省城镇化的发展目标、空间布局、中心城市、城镇发展、劳动就业、公共服务等做了总体要求和明确安排，也对投融资制度创新进行了部署。例如，河南一方面提出"多渠道筹集城镇化发展资金"，加大财政对城镇设施建设的投入力度；另一方面，明确要求，完善城市基础设施建设资金筹措机制。在推进城镇化实践中，河南省也探索了多种投融资模式。中原经济区城镇化投融资体制创新应当从以下方面着力。

（一）创新城镇化投融资机制的重点任务

从建立地方政府举债融资机制、创新政策性金融融资机制、完善公私合营（PPP）融资机制、完善风险控制机制、推进配套改革等方面，着力推进建立多元化可持续的城镇化投融资机制专项改革。

1. 建立地方政府举债融资机制

按照国务院批复同意国家发改委《关于2014年深化经济体制改革重点任务的意见》要求，加快建立以政府债券为主体的地方政府举债融资机制，推行权责发生制的政府综合财务报告制度，积极推动政府债券发行改革试点。

城镇化建设项目债主要用于涉及城镇化建设的基础设施、产业园区设施、公共服务设施和保障性住房工程等项目，逐步将项目范围扩展到综合性城镇化建设和改造项目。城镇化建设项目债由债券承销机构按照市场化原则规范发行，债券发行利率、期限、担保、品种设计等由发债主体自主选择，政府部门比照企业债进行备案管理。

建立政府债券管理机制。加快研究制定政府资产负债表，完善公共部门财务报表体系，推行政府综合财务报告制度，摸清资产和债务存量。建立政府信用评级方法与模型，完善信用评级体系，健全信用评级机制，提高政府债券的市场认可度和接受度。加强金融创新监管，防范和化解地方性债务风险。

建立政府债券发行机制。推进国有企业改革，按照现代企业制度和专业化原则，通过注入土地储备、国有资本金和国有企业股权等多种形式，将现有政府融资平台公司（城投、新区投等）改组为城镇化国有资本运营公司，作为债券发行主体。根据"资金实力雄厚、发行经验丰富、服务质量最优、资金成本最低"原则，确定债券承销商与分销机构，借助财政部国债招投标发行系统，向公开市场发售债券。城镇化国有资本运营公司在各县（市）设立分公司，负责县域城镇化项目的债券发行和融资业务。

建立和完善偿债保障机制。按照中央和省市政府发债规模的限额，结合城市城镇化资金需求和偿债能力，合理确定发债规模，并纳入全口径预算管理。建立偿债风险准备金和偿债基金，探索建立债券保险机构，为地方债外部增级，降低债券风险。

2. 健全城镇化公共资源交易平台

建立健全公共资源交易市场及其网站，加强整合并在制度上进行固化，对土地招拍挂、城镇化建设项目和运营项目，政府购买公共服务项目（包括教育、医疗、养老项目等），保障住房项目等各类城镇化产品进行招投标等市场化交易，完善市政建设和服务项目价格形成机制。有效降低城镇化成本，提高城镇化项目公开性，为未来的基础设施项目证券化提供市场化的定价基础。

将与城镇化相关的项目均纳入公共资源交易平台统一公布，吸引全国范围具备资质的企业参与竞争，形成公开、公平、公正的市场竞价。交易产品、流程、结果在平台专网进行公示，委托社会第三方进行监督，减少地方保护，切实提高城镇化建设的市场准入水平、成本透明度以及公共服务提供效率和质量，有效降低城镇化成本。

3. 创新政策性金融融资机制

加强同政策性银行、商业银行和非银行金融机构的合作，逐步形成以银行贷款为基础，其他金融机构资金为补充的信贷融资格局。建立健全与国家开发银行的合作机制，通过政策性贷款、专项债券和专项基金等政策性金融方式，支持城镇化建设。

充分发挥政策性金融在长期融资方面的优势，重点运用5年及5年以上期限的政策性金融工具支持回报期限较长的城镇化建设项目。探索建立政策性金融对直接收益不显著而间接收益较大、社会效益显著的城镇化建设项目的资金保障机制，完善政策性金融资金与城镇化建设项目债在项目选择上的互补机制，确保及时为政策性金融项目提供地方配套资金。发挥政策性金融工具对社会投资的引导作用和杠杆作用，撬动社会资本积极参与城镇化建设项目。

4. 完善公私合营（PPP）融资机制

深化公私合营（PPP）体制机制建设。编制城镇化项目建设规划和融资规划，发挥规划对资源配置的引导作用。从城镇化建设源头引入社会力量，建立并开放基础设施、产业园区、旅游园区方案社会申报机制和项目预评价机制，鼓励社会资本设计一体化的综合性建设解决方案。深入推动政府投资体制改革，编制《核准目录》和《禁投负面清单》，完善特许经营制度，明确社会资本参与各类公私合营（PPP）项目的资质、资金和运营门槛，加强事中、事后监管，建立企业失信黑名单制度。

进一步放宽民间资本直接投资限制。以全面深化改革为契机，探索城市建设领域负面清单管理制度，放宽民间资金投入条件，鼓励社会各类资金通过独资、合资、公私合营（PPP）等多种方式参与城镇建设，最大限度地减轻政府负债建设城镇的压力。

创新项目融资方式。围绕提高城镇化项目的运营效率和盈利能力，积极引入社会资本参与，向社会资本推出一批优质的城镇化投资项目。完善市政建设项目市场化甄选机制，防范不对等谈判风险，探索多个社会资本合作承担同一城镇化投资项目的模式，形成社会资本间的相互制约机制。建立市域公私合营（PPP）项目库，针对不同项目性质设计差别化的融资模式。探索完善建设－经营－转让（BOT）、建设－转让－经营（BTO）、建设－拥有－经营（BOO）、建设－转让（BT）等公私合营（PPP）方式。通过市场机制甄选市政建设项目，探索多个社会资本合作承担大型城镇化投资项目，不断发挥市政建设项目的规模效应。完善公私合营（PPP）运行保障机制，充分保障项目各方利益。

旅游资源丰富的地区可以重点依托丰富的旅游资源，充分保护文物古迹，引入先进经营理念和借鉴国内外成功经验，发挥专业公司的规划、建设和运营优势，通过公私合营（PPP）方式打造具备核心竞争力、吸引力的世界一流旅游产业园区，力争成为国内公私合营（PPP）项目典范。依托旅游产业园区公私合营（PPP）项目推进产城融合，促进农业转移人口就业，带动周边城市基础设施和商住社区建设。

（二）推进城镇化投融资机制配套改革

按照建立多元化可持续的城镇化投融资机制的要求，结合河南省基本省情和城镇化建设的实际，重点推进以下四项配套改革。

1. 建立和完善土地储备运行机制

首先，规划先行，统筹安排。依据城市规划编制城市基础设施建设规划和融资规划。增强规划的权威性和引导性，并以此作为各类开发建设、招商引资的纲领，吸引银行资金及社会资金的进入。

其次，加大土地整理和熟化力度，真正凸显土地的市场价值。在规划的指导下，合理储备土地，有计划出让熟化土地，使政府充分享有土地级差地租所创造的价值，并以此平衡城市的基础设施投入。

最后，合理控制经营性土地出让规模。规划、土地、财政部门要履行好各自的职责，相互配合，把握好经营性土地的出让节奏和规模，以期获得经营性土地的最大收益，积累更多的市政基础设施建设资金。

2. 建立和完善土地收益分配机制

将土地出让金纳入政府专项管理，确保主要用于城市基础设施建设。将土地出让收入列入财政预算，按政策分配，以保证基础设施建设的需要。出台规范《土地出让收支管理办法》，国有土地使用权出让总价款全额纳入地方预算，缴入地方国库，实行收支两条线管理。

3. 建立和完善投资补偿机制

逐步实行开放式投资准入政策，将有一定回报的项目推向市场，吸引社会各类投资主体进入，进行商业化操作和产业化经营。通过适当补贴和相关政策进行投资补偿，以保障投资者的合理收益。由发改、财政等相关部门制定相关的配套收费政策和建立经营收益补偿机制，吸引外来投资者参与建设。改变单一按项目申报土地的做法，将有价值的资源和建设的基础设施项目捆在一起运作，最大限度吸引金融资本、社会资本投入市政基础设施建设。

4. 建立市政资源特许经营权机制

理顺市政公用产品和服务价格形成机制，放宽准入，完善监管，制定非公有制企业通过 PPP 等模式进入特许经营领域的办法，鼓励社会资本参与城市公用设施投资运营。加快推进城市无形资产的开发和利用，将户外广告标牌经营权、公交线路经营权、加油站、城市设施冠名权等市政资源特许经营权进行统一整合，规范实施有偿转让、拍卖或租赁，积极筹措建设资金。

（三）创新多元化的城镇化投融资机制的政策建议

1. 建立农业转移人口市民化的财政转移支付机制

建立中央、地方、企业和个人四方分担的农业转移人口市民化改革成本支付机制。进一步规范转移支付使用方式，将各项资金支出明细到各项科目并进行公开，接受社会监督。合理测算农业转移人口市民化人均成本，明确就业、医疗、教育、养老、住房的事权财权主体及相应的资金（中央转移支付资金重点用于义务教育和公租房建设）。测算所需中央转移支付总额、转移支付系数和中央与地方政府负担比例。以城乡建设用地"增减挂钩"为基础，农村宅基地交易所得资金扣除复垦成本和财务成本后全部返回转户居民，提高转户居民自我承担城镇化成本的能力，建立农村宅基地退出的市场化机制，动态调整与人口分布相适应的城乡土地空间格局。

2. 编制公开透明的政府资产负债表

加强全过程预算绩效管理，将政府性债务纳入全口径预算，有效防范和化解财政风险。按照先易后难、逐步推进的原则，分步编制政府资产负债表。省、市、县分别编制本级政府资产负债表，向社会公开编制标准及编制程序。将全省各级、各部门财政预算、决算全面向社会公开，公开内容细化到各项科目，更加全面、完整地体现政府财务收支、运营情况和资产负债状况。引入社会监督，建立公开、公平、高效的新型政府资产负债管理机制、权责对等的市场约束机制，提高市政信用等级，在此基础上试点自发自还的地方政府市政债。

3. 完善市场开放、信用健全、监管有力的投融资环境

建立公开透明、公平诚信的市场规则，有效提高金融开放度，鼓励跨地区金融合作，积极吸引其他地区金融机构和金融资本为城市城镇化发展服务。健全社会征信体系，建立政府部门统一的数据库系统，建立覆盖政府、企业、居民的信用平台，实现政府部门对参与城镇化建设企业信用记录的便捷化查询。完善城镇化投融资监管制度，防范信用风险和流动性风险的发生，加强与城镇化投融资相关的司法服务，提高司法效率。加强舆论宣传，增强居民金融参与意识，开展金融知识普及教育，有效控制不当宣传和虚假宣传。

六　中原经济区城镇化公共服务体制创新

在中原经济区城镇化进程中，顺应全面小康社会建设和提高人们生活水平的需要，对公共服务的内容和水平质量要求不断提高，必须不断完善公共服务体制机制。公共服务体制创新的总体目标，是按照党的十八大报告的总体部署，即到2020年，基本公共服务均等化总体实现，全民受教育程度明显提高，就业更加充分，收入分配差距缩小，社会保障全民覆盖，人人享有基本医疗卫生服务，住房保障体系基本形成，社会和谐稳定。总的要求，是以科学发展观为指导，坚持以人为本，统筹城乡、区域协调发展，促进社会和谐。

近年中央文件明确要求，加快促进城镇化成为经济增长的新引擎，要推进城镇化发展的制度创新。在行政管理制度创新上，要求推动经济发展快、人口吸纳能力强的镇行政管理体制改革，下放管理权限；在社会保障制度创新上，要求着力解决新生代农民工问题，允许符合条件的农业转移人口在城镇落户，并将其纳入城镇社会保障、住房保障等公共服务体系，享有与城镇居民同等的权益。

河南根据城镇化发展的战略需要，相继对公共服务体制机制进行了探索和创新。例如，河南提出，加大城镇教育投入，完善医疗、文化等城市公共服务设施布局，加快推进城市社区卫生服务中心和文化馆、博物馆、图书馆达标建设；加强住房保障能力建设，积极引导房地产业持续健康发展，加快廉租住房、经济适用住房、公共租赁住房等各类保障性住房建设，建立满足不同收入家庭、多层次城镇住房保障体系。

新型城镇化要始终坚持以人为本，高度重视民生事业发展，加快就业、医疗、教育和社会保障等公共服务体系建设，让全体人民能共享发展成果。一是积极促进就业。加大就业领域投入，落实各项促进就业再就业政策，把促进就业作为民生工作重中之重，扩大就业总量；鼓励人们自主创业，落实各项创业扶持资金和政策，扩大就业渠道；加强就业服务平台建设，完善就业服务体系，确保广大城镇居民劳有其岗、劳有所得。构建统一的就业制度，一方面要加快城市部门劳动就业制度改革，取消不合理的就业限制及就业门槛，加大对进城农民工的就业培训及就业指导，建立城乡统一、开放的劳动力市场；另一方面规范劳动关系，完善劳动合同、工资支付、劳动保护的监管制度，切实以法律为基础保障农民工的基本就业发展权益。还要提供针对农民工的就业信息渠道、就业指导服务和职业技能培训等。二是健全各项社会保障制度，形成覆盖城乡的社会保障体系。促进社会公平正义，使人们老有所养、病有所医、学有所教。完善社会保障制度，使城乡居民社会保障制度实现无缝衔接，解决农民进城的后顾之忧。三是加快保障性住房建设。优化住房供应结构，改善人民住房条件，满足不同群体的住房需求，实现居者有其屋。在城镇职工住房上，可以借鉴中国香港和新加坡等地的成功经验，根据各地区的实际，灵活选择适合本地的住房保障模式。而在失地农民和农民工住房问题上，可以借鉴采取"以宅基地换城市住房"的做法，通过体制机制的改革和相关政策的出台，实现农民工和失地农民在城镇中拥有真正意义上的居住权，从而在城镇安居乐业，落地生根。四是完善社会管理体系。加强基层社区建设，推进社区网格化管理，加强社区民主建设。精简办事流程，简化办事手续，减少办事费用，缩短办事时间，提高办事效率。五是发挥多元社会力量的服务功能。应进一步培育规范各类社会中介服务组织，为农民工群体提供相关法律援助、劳务信息和就业指导等一系列的就业跟踪服务，帮助农民工解决工作和生活上所遇到的各种实际困难。

参考文献

〔英〕埃比尼泽·霍华德:《明日的田园城市》,金经元译,商务印书馆,2000。

〔日〕岸根卓郎:《迈向 21 世纪的国土规划——城乡融合系统设计》,高文深译,科学出版社,1990。

〔美〕刘易斯·芒福德:《城市发展史》,倪文彦、宋峻岭译,中国建筑工业出版社,1989。

欧文:《欧文选集》(第 1 卷),商务印书馆,1979。

马芒:《城乡一体化:新农村建设的必然选择》,《中国发展观察》2006 年第 3 期。

车生泉:《城乡一体化过程中的景观生态格局分析》,《农业现代化研究》1999 年第 3 期。

桂水清:《新时期城乡一体化发展战略研究》,《商业研究》2005 年第 5 期。

杨政明:《城乡一体化制度创新探究》,《现代商贸工业》2007 年第 1 期。

韩士元:《天津城乡一体化的战略思考》,《城市》2007 年第 5 期。

郑新立:《建立促进城乡经济社会发展一体化制度》,《宏观经济管理》2008 年第 11 期。

河南省统计局、国家统计局河南调查总队:《河南统计年鉴》(2010~2014 年),中国统计出版社。

中华人民共和国国家统计局:《中国统计年鉴》(2010~2014年),中国统计出版社。

崔雪松、李海明:《我国生态城市建设问题研究》,《经济纵横》2007年第2期。

王明浩:《对当前中国城市发展若干问题的思考》,《城市发展研究》2008年第5期。

陈华斌:《紧凑型城市空间发展模式探讨——以济南为例》,《规划师》2007年第11期。

《郭庚茂同志在全省推进城乡建设加快城镇化进程工作会议上的讲话》,http://www.nanyang.gov.cn/structure/zfxxgk/zwdt/bmdtxx_59097_1.htm.2010-09-08。

仇保兴:《实现我国有序城镇化的难点与策略》,http://news.hexun.com/2009-11-06/121601604.html? from=rss,2009-11-06。

苟君厉:《城市公共安全面临的问题以及预防与处理机制浅析》,http://www.zgscjj.org/html/zhuanjiashidian/2009/0723/35.html,2009-07-23。

柏程豫:《建设紧凑型城市的若干思考》,《中州学刊》2010年第4期。

徐瑛:《"美丽中国"的内涵、制约因素及实现路径》,《理论界》2013年第1期。

李建华、蔡尚伟:《"美丽中国"的科学内涵及其战略意义》,《四川大学学报》(哲学社会科学版)2013年第5期。

张文斌、颜毓洁:《从"美丽中国"的视角论生态文明建设的意义与策略》,《生态经济》2013年第4期。

孙丽霞:《谈"美丽中国"建设的内涵和实现途径》,《商业经济》2013年第10期。

王兰、顾浩:《匹兹堡中心城区转型的过程及规划》,《国际城市规划》2013年第6期。

宋会永、沈海滨:《莱茵河流域综合管理成功经验的启示》,《世界环境》2012年第4期。

谢华:《蓝天碧水中的花园城市——新加坡城市美化绿化之研究》,

《城市规划》2000 年第 11 期。

辜胜阻、武兢：《培育内生动力 保障经济持续成长》，《中国经济导报》2009 年第 12 期。

谭文华：《自主创新：区域经济发展的内在动力》，《科技管理研究》2008 年第 11 期。

湖南省统计局：《扩大内需增强湖南经济增长内生动力》，http://www.hntj.gov.cn/fxbg/2010fxbg/2010jczx/201009/t20100913_ 80062.htm。

张玉红：《奋进五十载　河南谱新篇——新中国 50 年河南经济建设综述》，《河南省情与统计》1999 年第 9 期。

张汝立：《我国的城乡关系及其社会变迁》，《社会科学战线》2003 年第 5 期。

白雪瑞：《中国城乡关系与经济发展》，《北方论丛》2007 年第 3 期。

《河南省人民政府关于印发河南省国民经济和社会发展第十二个五年规划纲要的通知》，《河南省人民政府公报》2011 年 6 月 25 日。

尹继东、陈斐：《中部六省工业化水平比较与发展对策》，《经济研究参考》2003 年第 3 期。

王群：《中国中部地区走新型工业化道路研究》，《河南社会科学》2004 年第 3 期。

王桂平：《东西部城乡一体化水平比较研究》，西北大学硕士学位论文，2008。

郭小燕：《永城市城乡统筹规划建设的实践与启示》，《城乡建设》2011 年第 8 期。

郭小燕：《找准传统农区"三化"协调发展的对接点》，《小城镇建设》2011 年第 7 期。

河南省社会科学院城市发展研究所课题组：《新型城镇化进程中实现农村人口有序转移研究》，《区域经济评论》2013 年第 1 期。

郭稳才、王英：《作为产业工人的农民工的现状及权益维护问题》，《红旗文稿》2004 年第 5 期。

蔡继明、熊柴、高宏：《我国人口城市化与空间城市化非协调发展及成因》,《经济学动态》2013 年第 6 期。

赵海娟:《推进土地制度改革 应区别对待小产权房》,《中国经济时报》2012 年 3 月 8 日。

陈承明、张永岳:《我国农村征地制度的改革和完善》,《上海市经济管理干部学院学报》2012 年第 3 期。

张际达:《大城市发展规模需严控》,《中国建设报》2012 年 3 月 6 日。

王景全:《农村就地城镇化的有益探索——河南新型农村社区建设的调查与思考》,《洛阳师范学院学报》2014 年第 3 期。

张富良:《制度变迁对农民工向产业工人转变的影响》,《党政干部论坛》2004 年第 4 期。

《中华人民共和国国民经济和社会发展第十一个五年规划纲要》。

吴海峰:《结合区域主体功能定位确定新农村产业发展方向》,《红旗文稿》2007 年第 2 期。

刘政永、冯小翠:《河北省农业转移人口市民化问题研究》,《商业时代》2014 年第 29 期。

王竹林:《基于农民工市民化特征的城市化战略研究》,《大连理工大学学报》(社会科学版) 2007 年第 3 期。

河南省中国特色社会主义理论体系研究中心:《有序推进农业转移人口市民化》,《经济日报》2013 年 3 月 29 日。

毛俊杰:《重庆市城镇化进程中人口转移特征及规划对策研究》,西南大学硕士学位论文,2008。

蒋珊、蒋苏:《建立多元化服务机制 推进城乡基本公共服务均等化》,《宏观经济管理》2010 年第 6 期。

汪冬梅:《我国城镇化的制度支撑体系:一个系统分析框架》,《工业技术经济》2010 年第 8 期。

刘庆斌:《城镇化视域下的农民工市民化问题探究》,《中共珠海市委党校珠海市行政学院学报》2012 年第 5 期。

王兆辉:《欠发达地区农村剩余劳动力转移路径探讨》,《当代经济》2010 年第 2 期。

王庆丰：《中国产业结构与就业结构协调发展研究》，南京航空航天大学博士学位论文，2010。

吕军：《推进河南省经济发展方式转变的路径探讨》，《河南工程学院学报》（社会科学版）2010年第1期。

王建国：《河南构建现代城镇体系的现状分析及对策思路》，《城市》2009年第12期。

刘文桂：《优化河南工业布局研究》，《开放导报》2011年第3期。

龚绍东：《加快产业升级为河南工业添动力》，《河南日报》2014年1月15日。

郭瑞东：《发达国家构建现代产业体系对河北的启示》，《未来与发展》2010年第11期。

刘玉梅：《结构调整，一道迫切的待解之题》，《河南日报》2009年4月8日。

宋歌：《基于传统优势产业发展战略性新兴产业——以河南省为例》，《企业经济》2012年第12期。

赵西三：《中原经济区产业升级的路径与动力研究——基于国内价值链构建的视角》，《黄河科技大学学报》2012年第1期。

茶洪旺：《摆正政府在新型城镇化发展中的位置》，《探索与争鸣》2014年第2期。

茶洪旺：《论新型城镇化发展中的政府有限主导》，《中州学刊》2013年第11期。

辜胜阻：《培育内生动力 保障经济持续成长》，《中国经济导报》2009年12月1日。

吕军、李志强：《河南内需主导型经济增长模式探析》，《特区经济》2010年第6期。

吕军：《河南省内需拉动型经济发展模式研究》，《郑州轻工业学院学报》（社会科学版）2010年第1期。

《河南省人民政府关于印发河南省自主创新体系建设和发展规划（2009—2020年）的通知》，《河南省人民政府公报》，2009。

周英:《城市化模式选择:理论逻辑与内容》,《生产力研究》2006 年第 3 期。

周英:《城市化模式研究》,西北大学博士学位论文,2006。

解本政:《现代城市发展模式与策略研究》,天津大学博士学位论文,2004。

张少辉:《河南省城镇化水平的综合测度研究》,郑州大学硕士学位论文,2004。

王志电:《河南城镇化进程及对策研究》,《学习论坛》2008 年第 2 期。

彭迈:《河南省新型农村社区建设实践及现实意义》,《经济研究参考》2013 年第 1 期。

河南省社会科学院课题组:《实现"三化"协调发展的战略抉择》,《河南日报》2012 年 8 月 17 日。

河南省社会科学院课题组:《实践中探索区域科学发展之路——河南以新型城镇化引领"三化"协调发展的认识与思考》,《中州学刊》2012 年第 5 期。

〔英〕埃比尼泽·霍华德:《明日的田园城市》,金经元译,商务印书馆,2000。

邵益生、石楠:《中国城市发展问题观察》,中国建筑工业出版社,2006。

图书在版编目（CIP）数据

中原经济区城镇化模式创新研究／郭小燕著.—北京：
社会科学文献出版社，2015.11
（河南省社会科学院学术书系）
ISBN 978 - 7 - 5097 - 8099 - 2

Ⅰ.①中… Ⅱ.①郭… Ⅲ.①城市化 - 发展模式 -
研究 - 河南省 Ⅳ.①F299.276.1

中国版本图书馆 CIP 数据核字（2015）第 225612 号

河南省社会科学院学术书系·文库
中原经济区城镇化模式创新研究

著　　者／郭小燕

出 版 人／谢寿光
项目统筹／任文武
责任编辑／丁　凡

出　　　版／社会科学文献出版社·皮书出版分社　（010）59367127
　　　　　　地址：北京市北三环中路甲 29 号院华龙大厦　邮编：100029
　　　　　　网址：www.ssap.com.cn
发　　　行／市场营销中心　（010）59367081　59367090
　　　　　　读者服务中心　（010）59367028
印　　装／三河市东方印刷有限公司

规　　格／开　本：787mm × 1092mm　1/16
　　　　　　印　张：20.25　字　数：319千字
版　　次／2015 年 11 月第 1 版　2015 年 11 月第 1 次印刷
书　　号／ISBN 978 - 7 - 5097 - 8099 - 2
定　　价／58.00 元